KB146985

박홍규 지음

카프카,
권력과
싸우다

이 도서의 국립중앙도서관 출판예정도서목록(CIP)은 서지정보유통지원시스템 홈페이지(http://seoji. nl.go.kr)와 국가자료공동목록시스템(http://www.nl.go.kr/kolisnet)에서 이용하실 수 있습니다.(CIP 제어번호: CIP2018005749)

카프카, 권력과 싸우다

초판 1쇄   2018년 2월 27일

지 은 이   박홍규
펴 낸 이   이정원
책임편집   이동하
디 자 인   김정호
마 케 팅   나다연 • 이광호
경영지원   김은주 • 박소희
제   작   구법모
관   리   엄철용

펴 낸 곳   도서출판 들녘
등록일자   1987년 12월 12일
등록번호   10-156
주   소   경기도 파주시 회동길 198번지
전   화   편집부 031-955-7385 마케팅 031-955-7378
팩시밀리   031-955-7393
홈페이지   www.ddd21.co.kr
페이스북   www.facebook.com/bluefield198
I S B N   979-11-5925-319-5 (04080)

박홍규의
호모 ——
크리티쿠스

박홍규 지음

카프카,
권력과
싸우다

푸른들녘

카프카, 권력과 싸우다

'일제시대, 서울 변두리 중국인 짜장면 집에서 태어나 총독부 관리로 일하며 밤에 일본어로 소설 몇 편을 쓴 사람이 죽은 지 수십 년이 지나 세계적인 작가가 되었다'는 경우는 없다. 상상하기도 어렵다. 그러나 비슷한 일이 유럽의 체코에서 있었다. 바로 카프카였다.

물론 이런 비교에는 문제가 많다. 일제 지배는 36년에 그쳤으나, 독일인의 체코 지배는 그 열 배가 넘는 392년(1526-1918년)에 이르렀고, 카프카가 산 19세기 말 20세기 초(1883-1924년), 체코인의 독립운동이 거세어져 결국 체코는 1918년 독립했다. 그 6년 뒤 카프카는 죽었다.

카프카의 41년의 삶은 비참했다. 유대인이었던 카프카의 부모는 그 독일에 기생해 살았다. 그래서 철들면서 부모가 비겁하다는 것, 그리고 밖으로 비겁한 만큼 안으로는 폭군이라는 것을 뼈저리게 경험했다. 그리고 부모가 편드는 권력자 독일인이 나쁘고 독일인이 지배하는 체코인이 불쌍하다는 것도 알았다.

그러나 그가 미워한 권력자 독일인은 물론, 그가 좋아한 체코인도 카프카를 비롯한 유대인을 싫어했다. 그는 부모에 의해 독일인처럼 키워졌으나, 결국은 유대인이었으니 당연히 독일인의 경멸을 받았다. 반면 독일인과 다름이 없었으니 체코인의 멸시를 받기도 했다. 결국 그에게는 체코인도 권력자였다.

사실 여기서 경멸이니 멸시니 하는 말들은 적절치 못하다. 유대인들은 언제 거리에서 맞아 죽을지 몰랐기 때문이다. 유대인 6백만 명을 죽인 히틀러의 선구자들은 수천 년간 수없이 많이 유럽의 거리를 활보했다. 6백만 명이 죽은 강제수용소가 세워지기 전에도 유대인들의 삶은 크게 다르지 않았다.

그런 절박한 상황에서 유대인들은 고뇌하며 글을 썼다. 그래서 그들의 삶이나 생각, 글쓰기는 극단적이었다. 현대의 세 천재라 불리는 마르크스, 프로이트, 아인슈타인을 생각해보라. 나는 그 셋에 카프카를 더한다. 어쩌면 카프카는 그 셋을 합친 것보다 더한 고뇌를 글쓰기로 풀어냈다고 할 수 있다.

세 명의 천재는 전부 독일사회에서 살아간 유대인이었다. 그러나 카프카는 소수 독일인이 지배하고 다수가 체코인인 상황에서, 극소수의 유대인으로 살았기에 그 셋보다 더욱 절박했다. 게다가 카프카는 유대인도 권력자로 싫어했다. 이처럼 그 누구보다도 강력한 권력의 지배를 받았기에 카프카는 철저히 권력을 거부했다. 내가 이 책의 이름을 '카프카, 권력과 싸우다'라고 부름은 그런 까닭이다.

카프카의 삶은 세 명의 천재와 달리 분열되어 있었다. 평생을 혁명가로 산 마르크스, 정신과의사로 산 프로이트, 물리학 교수로 산 아인슈타인과 달리, 카프카는 낮에는 법을 다루고 밤에는 글을 썼다. 게다가 세 명

의 천재는 생전에 이름을 날렸으나, 카프카는 평생 거의 무명으로 살다
죽었다.

카프카는 극단의 삶을 살면서, 극단적으로 고뇌해야 했고, 극단적인
글쓰기를 할 수밖에 없었다. 왜냐하면 그런 삶과 고뇌 속에서 글쓰기란
그것들을 이길 수 있는 유일한 길이었기 때문이다. 그야말로 쓰지 않을
수 없어, 쓰지 않으면 달리 살 수 없었기에, 지극히 투명한 글을 썼다. 그
래서 그의 삶과 글은 권력과 싸운 한 인간의 소중한 진실이다.

이 책은 그런 카프카의 삶과 글을 살펴보려는 것이다. 우리는 물론 카
프카와 다르다. 그러나 우리가 카프카의 극단을 이해하고 공유하는 것은
우리의 삶이나 사회도 그가 산 것과 크게 다르지 않기 때문이다. 그것은
바로 권력이라고 하는 괴물의 지배를 동시에 받고 있다는 점이다.

여기서 이 책의 결론부터 말하자. 도대체 왜 카프카인가? 그는 그를 지
배했고 지금 우리도 지배하고 있는 권력이라는 괴물을 몸서리치게 싫어
하면서 그것을 집요하게 묘사했다. 그의 삶은 권력의 지배하에 있었기에
고통스러웠다. 그 고통을 이기기 위해 그는 괴물에게 도전했다. 권력이란
괴물을 있는 그대로 묘사하여 그 괴물을 죽이고 괴물에게 복수하고자
했다. 따라서 그의 작품은 모두 권력에 대한 철저한 비판이다.

여기서 권력이란 정치권력만을 뜻하지 않는다. 그의 삶이나 글에서 흔
히 핵심으로 지적되는 '아버지'로 상징되는 가정의 권력을 포함하여, 교
사로 상징되는 학교의 권력, 직장 상사로 상징되는 사회의 권력, 그리고
전제와 전쟁을 일삼는 정치의 권력, 나아가 사회 운동의 권력, 문화의 권
력, 지식의 권력, 언론의 권력 등등 그 모든 권력을 카프카는 거부하고

권력이 없는 새로운 사회를 지향했다.

그러나 카프카에 대한 수많은 책들은 그렇게 말하지 않는다. 권력으로부터의 해방을 카프카가 꿈꾸고 그 꿈을 글로 썼다고 말하지 않는다. 그냥 불안과 고독의 작가라고만 말한다. 그래서 나는 화가 났다. 이 책은 그 화풀이다. 나는 이 책이 카프카처럼 권력이라는 괴물 밑에서도 정의롭게 살고, 권력에 대한 진실을 투명하게 쓰려는 사람들에게 도움이 되기를 빈다. 최소한 화풀이나 푸닥거리라도 되기를.

2003년 카프카 탄생 120주년에 낸 책을
카프카 탄생 135주년에 다시 내어주는 푸른들녘에 감사드리며,

박홍규

저자의 말 · 4

여는 글 · 11

변명 | 카프카의 대표작? | 나의 『변신』의 변신 | 내 친구 카프카 | 카프카를 완전히 거꾸로 다시 읽다 | 친구가 어려운가? | 미남 카프카? 수많은 카프카 영화 | 카프카 연극 | 한국에서 카프카는 '불안과 고독'이다 | kafkaesk? kafkasch? | "이것도 문학이냐?" "이런 개새끼를 내가 읽다니!" | 카프카는 기괴하고 난해한가? | 동서양의 가교 카프카? | 카프카를 마르크스주의자로 본다? | 현미경 또는 미니멀리즘 카프카 | 『소설 카프카』 | 카프카 전기들 | 불안 때문에? | 카프카 삶에 대한 새로운 인식 | 카프카의 사상? | 해석의 다의성? | 카프카의 새로운 전기들 | 카프카 삶의 특징과 구분 | 용어와 연대 및 인용의 문제점

1장 어두운 성장 · 82

프라하의 장삿거리 카프카 | 시간이 멈춘 곳 | 유대인 | 족보 | 의무교육 | 부모 | 출생 | 유년 시절의 아버지 | 초등학교 | 어린 시절의 에피소드

2장 고통의 십대 · 114

세기말 | 반유대주의 | 유대인의 교양주의 | 빈, 프로이트, 유대인 사회주의 | 김나지움 입학 | 김나지움의 분위기 | 김나지움 교육에 대한 평가 | 카프카의 김나지움 시절 | 소년 카프카의 공격성 | 정신적 스승들 | 유대주의에 대한 입장 | 아나키즘과 사회주의 | 최초의 창작 | 성에 대한 관심과 어머니 공격 | 졸업시험 | 첫 해외여행

3장 갈등의 대학 · 170

법학부 시절 | 폴라크 | 브로트 | 새로운 친구들 | 오스트리아 정치, 문화, 법 | 빈의 그리스 르네상스 | 프라하의 문화 | 카페의 카프카 | 법학 공부 전기의 고통 | 법학공부 후기와 졸업 | 대학시절의 변화 | 세기말의 프라하 문학과 카프카의 문체 | 소수적인 문학 | 카프카의 독서 편력 | 초기 작품들

4장 안정된 직장 · 216

직장 찾기 | 「시골의 결혼 준비」 | 미술에 대한 관심 | 1907년 여름 | '일반보 험회사' | 산업재해보험공단 | 카프카의 직장 생활 | 직장 밖 생활 | 육체에 대한 혐오와 숭배 | 파리와 베를린 여행

5장 지독한 사랑 · 246

1911–1914년 | 창작에의 자신감 | 크라우스와 투홀스키 | 유대 재인식 | 정 치에의 관심 | 독서와 집필 | 바이마르 여행 | 펠리체 | 「선고」의 줄거리와 종 래의 견해 | 「선고」에 대한 나의 견해 | 「화부」 | 「실종자」 | 「변신」 | 「변신」에 대한 해석 | 다시 펠리체 | 사랑의 방황 | 세상사에의 관심 | 브로흐 | 왜 결 혼을 거부했는가? | 펠리체의 편지

6장 참혹한 전쟁 · 300

제1차 대전 | 「소송」 | 「소송」에 대한 나의 해석 | 「법 앞에서」 | 전쟁의 파국 | 「유형지에서」 | 창작의 중단 | 창작의 재개 | 정치소설 | 「학술원에 드리는 보고」

7장 새로운 혁명 · 332

1917년 | 취라우 | 다시 프라하 | 전후와 사랑 | 「아버지께 드리는 편지」 | 밀레나 | 밀레나에게 보낸 편지 | 1920년대의 사회관 | 1920년의 단편들 | 1921년 | 「돌연한 출발」 | 「어느 단식 광대」 | 「성」 | 「성」에 대한 해석 | 마지막 단편들 | 다시 팔레스타인 | 도라 디어만트 | 최후의 작품 「요제피네, 여가수 또는 서씨족」 | 죽음

닫는 글 · 388

카프카에 대한 평가 | 카프카와 법 | 국가권력 비판으로서의 「성」과 「소송」과 새로운 세계 | 밀레나의 편지

카프카 연보 · 400

인용 범례

자주 인용되는 아래 책들은 '주(註)'로 인용하지 않고, 본문에서 쪽수를 인용하고, 나머지 자주 인용되지 않는 책들은 '주'
로 인용한다.

1. 카프카 작품 인용
『변신』- 『카프카전집』 1, 이주동 역, 1, 솔, 1997.
『실종자』- 『카프카전집』 4, 한석종 역, 솔, 2003.
『성』- 『카프카전집』 5, 오용록 역, 솔, 2003.
『카프카의 편지』- 『카프카전집』 9, 변난수, 권세훈 역, 솔, 2002
『카프카의 엽서』- 『카프카전집』 10, 편영수 역, 솔, 2001.
『아버지께 드리는 편지』- 정초일 역, 푸른숲, 1999.
『사랑의 형이상학』- 김창활 역, 가정문고사, 1976.
『심판』- 박종서 역, 박영사, 1958.

2. 기타 인용
『카프카와의 대화』- 야누흐, 정규화 역, 녹진, 1988.
『카프카 문학사전』- 뮐러, 권세훈 외역, 학문사, 1999.
바겐바하- 『카프카』, 전영애 역, , 기린원, 1989.
티에보 - 『카프카』, 김택 역, 시공사, 1998
들뢰즈 - 들뢰즈, 가타리, 『카프카-소수적인 문학을 위하여』, 이진경 역, 동문선, 2001.
임철규 - 『카프카와 마르크스주의자들』, 까치, 1986.

3. 편집자 일러두기
◆ 주요 인물과 작품의 경우 처음 표기할 때에만 원어를 병기했다.
◆ 작품을 언급할 때 단행본으로 출간된 타이틀은 『』로, 논문이나 개별 저작은 「」로 표기했다.
◆ 신문이나 음악, 미술의 타이틀은 〈〉로, 잡지 타이틀은 《》로 구분하여 표기했다.
◆ 본문에 사용한 모든 사진은 〈위키미디어〉와 〈셔터스톡〉이 제공하는 자유저작권 이미지다.

변명

앞 머리말에서 카프카를 '일제시대 서울 변두리 중국인 짜장면 집에서 태어나 총독부 관리로 일하며 밤에 일본어로 소설 몇 편을 쓴 사람'에 비유한 점에 기분 나빠 할 사람이 있을지 모르겠다. 그 말에 '총독부가 지배하는 식민 권력사회를 비판하는 소설'이라고 더해도 마찬가지일지 모르겠다. 도리어 '총독부를 비판하다니'라고 화낼 사람도 있을지 모르 겠다.

왜냐하면 카프카는 이미 세계적인 작가이고, 우리나라에서도 너무나 유명하기 때문이다. 그의 작품은 수많은 언어로 번역되었고, 우리나라에 서도 1950년대부터 지금까지 대부분의 작품이 여러 번 번역되었다. 그에 대한 책이나 논문은 세계적으로 수만 편이 쓰였고, 우리나라에서도 수 백 편이 쓰였다. 요컨대 세계문학의 최고봉이라고 해도 과언이 아니다.

그러나 누구나 경험하듯 그의 글을 처음 읽으면 무슨 소리인지 알 수 없다. 그래서 그 '세계문학의 최고봉'이란 평가만 없어도 당장 집어던지고 싶어진다. 고서점에 나돈 카프카 소설 책 뒷면에 "이것도 문학이냐?"라든 지 "이런 개새끼를 내가 읽다니!"와 같은 낙서를 볼 수 있었다고 하는 말이 실감난다.

정말 그것이 일제 때 중국집 아들로 태어난 사람이 쓴 것이었다면 누구도 읽지 않으리라. 기껏 중국식의 황당한 꿈 얘기 정도로 평가되었으리라. 게다가 총독부 관리로 일했으니 친일분자로 낙인찍혔으리라. 아니 총독부를 비판했다면 당장 쫓겨났으리라.

그러나 카프카는 '다행히도' 유럽에서 태어났다. 그곳이 체코이긴 하지만 유럽은 유럽이다. 게다가 독일어로 썼다. 영어나 프랑스어 또는 스페인어보다도 그 사용인구가 절대적으로 적지만 그래도 유럽어의 하나이다. 그가 체코어로 글을 썼다면 일본어를 사용한 경우보다 세계적으로 알려지는 데에는 불리했을지 모른다.

그를 세계적으로 알린 사람들은 그의 동족인 유대인들이었다. 전 세계에 퍼져 있는 유대인들은 중국인 화교처럼 뛰어난 장사술로도 유명하나, 중국인과는 달리 일찍부터 서양에 동화되어 지금은 미국을 비롯한 전 세계의 정치, 경제, 사회, 문화를 석권하고 있다. 카프카도 그런 유대인 문화의 하나이다.

여기서 '전 세계'라는 말에는 약간의 문제가 있다. 적어도 유대인에 적대적인 아랍권에서는 유대인들이 득세하지 못하기 때문이다. 카프카가 유대인 작가인 만큼 아랍권에서 읽혀지리라고 기대하기 어렵다. 그 밖에도 그런 지역들은 많이 있으리라. 우리는 그 점을 유의하며 여기서 '세계'란 주로 유럽과 남북 아메리카 대륙 등, 백인 중심의 사회를 말한다는 점을 염두에 두자.

그렇다면 우리는 무엇인가? 백인 사회가 아닌, 유대인이 거의 없는, 한국에서 카프카가 유명한 것은 무엇 때문인가? 아랍처럼 반유대주의가 없어서인가? 이에 대한 답은 우리가 백인 중심의, 특히 미국의 우산 밑에 살기 때문이라는 것밖에 없다.

그런 정도로 세계를 이해한다고 해도 카프카가 세계적으로 알려진 데에는 이런 여러 요소가 작용한 것이 사실이다. 그러나 그렇다고 해서 그의 문학에 가치가 없었다면 이처럼 널리 알려지지는 않았으리라. 분명 뭐가 있으니 그렇게 유명해졌으리라. 유대인 작가가 많은데 유독 그가 그렇게 유명한 것은 결국 작품의 가치 때문이리라.

그렇게 보지 않는다면, 예컨대 우리가 백인 중심, 미국 중심으로 살기 때문이라고 본다면 우리의 카프카 읽기란 너무나도 허무한 것이 아닌가? 따라서 우리는 카프카에게 어떤 가치가 있는가를 검토할 필요가 있다. 백인들의 문화를 그냥 흉내 내는 것이 아니라면, 왜 우리는 카프카를 읽어야 하는가?

결론부터 말하자면 그가 '총독부가 지배하는 식민 권력사회를 비판하는 소설'을 썼다는 점 때문에 가치가 있다는 것이다. 그리고 그런 권력사회가 지금도 여전히 우리를 지배하기에 읽을 가치가 있다는 것이다. 그러나 지금까지 누구도 그렇게 이야기하지 않았다. 카프카는 세계적으로 유명하니 읽어야 한다는 정도의 이야기에 그치고 있다.

카프카의 대표작?

카프카 작품은 그다지 많지 않다. 그중에서 대표작으로 꼽히는 것이

넷 있다. 하나는 그의 작품 중 가장 짧은 1920년 작인 「작은 우화*Kleine Fabel*」이다. 독일의 오토 만Otto Mann은 이를 대표작으로 본다. 짧기는 하지만 카프카 문학을 대표하는 작품이라는 것이다. 그러니 전문을 모두 읽어보자.

> "아아" 하고 쥐가 말했다. "세상이 날마다 좁아지는구나. 처음만 해도 세상이 하도 넓어서 겁이 났었는데. 자꾸 달리다 보니 마침내 좌우로 멀리 벽이 보여 행복했었지. 그러나 이건 벽들이 어찌나 빨리 마주 달려오는지 어느새 나는 마지막 방에 와 있고, 저기 저 모퉁이엔 내가 달려들어갈 덫이 놓여 있어."―"넌 오직 달리는 방향만 바꾸면 되는 거야" 하며 고양이가 쥐를 잡아먹었다(『변신』 567쪽).

이를 막다른 골목에 처한 현대인을 표현한다고 보는 견해가 있다.* 또는 인간의 운명을 표현한다는 견해, 쥐는 카프카 혹은 유대인이라는 견해, 쥐는 연약한 삶이고 고양이는 그것에 승리하는 활력적 삶이란 견해, 쥐가 계속 달렸다면 구원을 받았을 텐데 기회를 놓쳤다고 아쉬워하는 견해, 계몽주의에 의해 편견과 인식능력이 비판받는다는 견해 등등이 있다(『카프카 문학사전』 201-202쪽). 뒤의 세 가지는 황당하긴 하나, 그런 견해도 있다니 참고하자.

여기서 우리는 일단 카프카 개인이나 유대인에 대해서는 흥미를 갖지

■　* 김천혜, 신비로운 부정의 문학, 김광규 편, 『카프카』, 문학과지성사, 1978, 56쪽.

말고 현대인이란 것에 신경 쓰자. 우리와 같은 현대인은 쥐처럼 막다른 골목에 있다? 좋다. 현대인은 누구나 그렇게 느낀다고 하자. 그러나 왜? 달려오는 좌우 벽과 마지막 방은 무엇인가? 덫은 누가 놓았는가? 고양이는 누구인가? 고양이는 또 하나의 현대인이 아닌가? 아니면 다른 거대한 힘인가? 예컨대 국가권력인가? 자본주의인가? 좌우 벽이란 자본주의와 사회주의를 말하는가? 마지막 방은 체코나 한국 같은 약소국인가?

우선 이 문제를 제쳐두고 다른 견해를 살펴보자. 둘째로, 조켈Walter H. Sokel(1917-2014)은 「선고」라는 짧은 소설을 대표작으로 본다. 1912년에 쓰인 이 소설은 친구에게 편지를 썼다는 이유로 아들에게 물에 빠져 죽으라고 명령하고, 아들은 그 명령대로 빠져죽는다는 내용이다. 위의 쥐처럼 아들이 잡아먹히지는 않지만, 물에 빠져 죽어버리니 첫째 이야기와 크게 다를 바 없다. 아버지는 고양이와 등치되는 것처럼 보인다.

셋째, 알레만Beda Allemann(1926-1991)이 대표작이라고 본 것은 카프카 작품 중 가장 긴 장편소설인 1922년의 『성Das Schoß』이다. 번역본으로 350쪽이 넘으니 당연히 모두 인용할 수는 없다. 그러나 줄거리는 간단하다. 주인공이 '성'에 가려고 하지만 길을 못 찾아 제자리걸음만 한다는 내용이다. 위의 쥐보다는 나은 형편이나, 목표에 영원히 도달하지 못한다면 크게 나을 것도 없다.

카프카는 '성'을 추악하게 묘사한다. 그래서 성을 가부장적 권위나 부패한 권력을 상징한다고 보는 견해가 있다. 반대로 기독교나 유대교의 절대신이라고 보는 견해도 있으나, 추악한 '성'의 모습과는 어울리지 않는다. 그 밖에도 많은 견해가 있으나, 대체로 황당한 것들이니 무시하자.

넷째, 바이스너Friedrich Beißner(1905-1977)는 1920년에 쓰인 작품 「귀향」을 대표작이라 한다. 이 소설의 주인공은 오랜만에 고향에 돌아왔는데, 고향을 낯설게 느낀다. 여기서 주인공이 겪는 기분을 학자들은 '소외'라는 어려운 말로 부르는데, '낯섦'이라 말해도 충분하다. 이 이야기는 일견 평범해 보이지만 '성' 앞에서의 제자리걸음과 다를 바가 없다. 카프카의 작품들이란 대충 이런 분위기이다. 그러나 위 네 작품만큼, 또는 그것들보다 더욱 대표적인 것으로 나는 「변신」을 꼽는다.

아니 「변신」 전에 나는 카프카 작품 중 정말 가장 짧은 1912년의 「인디언이 되고 싶은 마음Wunsch, Indianer zu werden」을 소개하고 싶다. 단 한 문장으로 이루어진, 정말 짧은 작품이니 역시 전문을 읽어보자.

> 진짜 인디언이라면, 달리는 말에 서슴없이 올라타고, 비스듬히 공기를 가르며, 진동하는 땅 위에서 이따금씩 짧게 전율을 느낄 수 있다면, 마침내는 박차도 없는 박차를 내던질 때까지, 마침내는 고삐 없는 말고삐를 내던질 때까지, 그리하여 앞에 보이는 땅이라곤 매끈하게 다듬어진 광야뿐일 때까지, 벌써 말 목덜미도 말머리도 없이(『변신』 41쪽).

나는 카프카가 이렇게 모든 것을 초월한 인디언처럼 살고 싶어 했다고 본다. 여기서 말과 인디언은 혼연일체가 되어 있다. 이미 인디언은 말로 변신해 있다. 그런 변신을 카프카는 꿈꾸었던 것이 아닐까?

나의 「변신」의 변신

카프카의 대표작이라고 하는 「변신*Die Verwandlung*」을 나는 50여 년 전에 읽었다. 10대 중반, 인간이 벌레로 변한 그 이야기를 처음 읽었을 때 나 역시 스스로 벌레같이 변했다고 느꼈다. 중·고등학교의 엄격한 교육에 찌든 나 자신이 벌레로 변신한 그레고르였다. 그렇게 느끼는 것이 옳은 줄 알았다. 그렇게 배웠기 때문이었다.

지금도 그런 식의 견해가 일반적이다. 예컨대 민음사 『세계문학전집』 제4권 『변신·시골의사』에 나오는 다음 역자 해설을 보자. 그 역자는 서울대 독문과 교수이고 카프카의 전기를 번역했으며 『카프카, 나의 카프카』라는 시집도 썼으니 그 해설은 충분히 권위를 인정받으리라.

> 소유의 세계의 대립적인 긴장 가운데서 그것으로 하여 개인이 겪는 압박과 소외가 마침내는 무력한 한 인간을 한 마디 흉측한 해충으로 변신케하는, 그리고 그 해충마저도 아버지가 던진 사과 한 알에 치명상을 입어, 그리고 그보다 더욱 쓰라린 고독으로 하여 죽어가는 길이다.*

이런 해설을 읽은 10대의 가난한 사춘기 소년이 '소유의 세계의 대립적 긴장', 즉 빈부갈등 속에서 '압박과 소외'로 '무력하게' 자신을 '흉측한 해충'(역자는 이를 독일어 원어의 뜻과 운율까지 살린 명역이라고 칭찬한다)으로, 학교 교사나 아버지의 매질을 그레고르가 맞은 사과처럼, 그리고 '쓰라

■　*　전영애 역, 『변신·시골의사』, 『세계문학전집』 제4권, 민음사, 1998, 244쪽.

린 고독'으로 자살 충동까지 느낀 것도 독자들은 이해하리라. 그래서 그렇게 그레고르를 사랑했음도 동정하리라.

그 후 나는 카프카처럼 전혀 흥미 없는 법을 공부했고, 다시금 법을 직업으로 삼았다. 카프카는 노동자의 산업재해를 담당하는 공무원이었으나, 나는 산업재해를 포함한 노동법을 가르치는 선생(한때는 공무원)이란 점이 달랐지만, 나는 그게 그거라고 본다. 그리고 낮에는 그런 직업에 종사하면서 해가 지면 직업과는 다른 글을 쓰는 것도 비슷했다. 물론 그 수준에는 하늘과 땅의 차이가 있지만.

그러나 그렇게 성년이 되면서 자신을 '흉측한 해충'으로 변한 '쓸모없는 존재' '해로운 존재'가 아니라, 무언가 다른 '쓸모 있는 존재' '이로운 존재'(예컨대 말 달리는 인디언처럼!)로 '변신'하고 싶다던가, 아예 '인간이 아닌 다른 존재'로 '변신'해 '이 세상에서 사라지고 싶다'는 욕망까지 갖게 되어 나는 다시 「변신」을 읽게 되었다. 어쩌면 내가 어린 시절 읽은 「변신」이 잘못 읽은 것인지도 모른다는 생각을 하면서.

그러자 내게 놀라운 「변신」의 '변신'이 왔다. 내가 새롭게 읽은 「변신」은 엄청난 권력 앞에서 언제나 불안한 존재가 그 권력에 저항하는 수단으로 작은 것으로 변신한다는 것이었다. 이는 「변신」에서는 처음부터 벌레가 된 모습이 등장하나, 그것보다 5년 먼저인 1907년에 쓴 「시골의 결혼 준비Hochzeits vorbereitungen auf dem Lande」에서 결혼식에 가기 싫은 주인공이 스스로 벌레가 되어 일상에서 숨고자 하는 묘사를 통해 새롭게 느낀 것이었다.

이러한 느낌에 의문을 가질 사람이 많을 것이기에 그들을 안심시키기 위해 1981년 노벨문학상을 받은 카네티Elias Canetti(1905-1994)의 권위를 빌려보자. 이런 식으로 소위 권위 있다는 것을 인용해야 한다는 점은 대단히 역겨운 일이다.

> 부당한 모독과 박해를 우리는 가능한 한 사라져버림으로써 벗어나지 않으면 안 된다. 카프카의 주인공들은 다른 사람들이 살인과 무자비를 통해 저지르게 되는 죄를 덜어주기 위해 아주 작아지거나 아니면 곤충으로 변해버리는 것이다. 그들은 구역질나는 관습으로 그들을 혼자 묶어두려는 자들로부터 "굶음으로써 벗어난다".*

'굶음'이란 카프카의 단편 「어느 단식 광대Ein Hungerkünstler」를 말함과 동시에 카프카 자신의 오랜 식이요법과 굶어죽음을 뜻한다. 이는 소유의 탐욕을 벗어나 가난하게 사는 것을 뜻한다. 이렇게 카프카는 나에게 다시 왔다. '구역질나는 관습을 벗어나' 새롭게 살아가는 길을 제시한 친구로 다시 왔다.

흔히 카프카는 그런 새로운 길을 제시하지 않았다고들 하나, 카프카의 마지막 작품인 「요제피네, 여가수 또는 서씨족Josefine, die Sängerin oder Das Volk der Mäuse」에서 묘사된 쥐 사회가 보여주듯 어떤 위계도 없이 누구나 평등하고, 어른은 아이에 군림하지 않으며, 아이를 훈련하는 학교도 없고, 절대자도 지배권력도 없는, 인간을 공동체에서 내모는 지적

■　　* 카네티, 반성완 역, 『말의 양심』, 한길사, 1984, 134쪽.

노동 대신 인간을 인간들에게로 이끄는 자급자족적인 육체노동만이 존재하는 이상적인 공동체를 카프카가 추구했음을 알았다.

그러나 위에서 나열한 우리나라 카프카 관련 책들은 내가 10대에 매혹된 '불안과 고독' 등을 여전히 뇌까리고 있다. 그래서 여전히 그렇게 읽는 10대들도 있는 모양이다. 나처럼 뜻도 모르고서. 그러나 나이 50이 넘고 카프카처럼 살아본 지금 나는 카프카에 대한 느낌이 다르다. 바로 내가 '권력과의 투쟁'이라고 부르는 새로운 카프카 상이 내게 왔다. 그래서 나는 이 책을 쓴다. 다른 카프카도 있다고. 아니 카프카는 절대 그렇지 않다고.

내 친구 카프카

카프카라고 하면 누구나 그의 대표작인 「변신」을 떠올리리라. 그렇다. 그 작품은 대표작으로 읽힐 만하다. 그러나 그것과 함께, 아니 그것보다 먼저 나는 『아버지께 드리는 편지*Brief an den Vater*』를 권한다. 최근 우리말로 두 번이나 소개된* 그 책을 읽고 나는 내가 아버지께 드리는 편지라는 느낌을 받았다. 카프카의 아버지는 나의 아버지였고, 카프카는 바로 나 자신이었다.

그 편지는 카프카가 36세인 1919년, 체코에서 쓴 것이었다. 나는 지금 체코와는 지구 반대쪽에 있는 한국에서 2018년을 살고 있으며 나이는

■　* 이 책에서 인용된 정초일 역과 이재황 역, 『아버지에게 드리는 편지』, 문학과지성사, 1999.

65세이나, 그에게 완전한 일체감을 느끼는 것은 무엇 때문일까?

그동안 카프카를 읽어온 탓일까? 그의 책을 읽은 지 어언 30년이 다 되어 가는 탓일까? 그러나 그렇게 오랫동안 읽어도 일체감을 느끼지 못하는 작가는 너무나도 많다. 같은 나라, 같은 시대를 사는 우리 작가로부터도 마찬가지이다. 예컨대 2003년대 초반에 베스트셀러가 된 『아버지』라는 책이 그렇다. 그런데 역자는 그 『아버지』와 같은 해설을 한다.

> 카프카와 비슷한 아픔을 겪어보았거나 겪으며 살아가고 있는 사람들이라면 이 책을 통해 틀림없이 따뜻한 위안을 찾을 수 있을 것이며, 사랑하는 사람에게 무심코 고통을 주지 않기 위해 더욱 조심하게 될 것이다(『아버지께 드리는 편지』 7쪽).

그러나 나는 '위안'을 받거나 '조심'하게 된 것이 아니다. 그 책은 폭군 아버지에 대한 처절한 고발이다. 여기서 폭군이란 폭력을 휘두르는 아버지가 아니다. 카프카의 아버지는 폭력을 휘두른 적이 없다.

문제는 아버지라는 권력이다. 그 권력의 해부가 이 책의 핵심이다. 우리에게는 누구나 아버지가 있다. 그러나 감히 아버지를 권력으로 철저히 '관찰'하고 '해부'하거나 그것에 '저항'하지 못한다. 그러나 카프카는 그렇게 한다.

> 가령 아버지께서는 먼저 체코인들에 대해, 다음으로 독일인들, 그다음엔 유대인들에 대해 불평하셨고, 심지어 온갖 사람들을 온갖 관점에서 불평

하셨죠. 급기야 아버지로부터 욕을 먹어보지 않은 사람은 아버지만 남게 되었습니다. 그리하여 아버지께서는 적어도 저에게만은 불가사의한 특징을 지닌 분이 되어 갔습니다. 전제군주들의 권능은 그들의 이성적 판단이 아닌 그들 자신에 근거를 두고 행사되거니와, 이 때문에 그들이 공통적으로, 갖게 되는 그런 불가사의한 특징을 지닌 분으로 생각되었다는 말입니다(위 책 34쪽).

반면 아버지는 고위직에 있는 사람들에게 너무나 쉽게 현혹되고(위 책 63쪽), 종업원들에게 심한 욕설을 퍼붓는 '전제 군주 같은 난폭한 행동'을 일삼으며(위 책 76쪽), 성에 갓 눈뜬 소년 카프카에게 사창가로 가라고 말한다(위 책 137쪽). 그 결과 카프카는 아버지로 인해 자신의 세계는 다음과 같이 세 부분으로 분열되고 말았다고 말한다.

그 하나는 저라는 노예가 살고 있는 곳이었습니다. 이곳은 저만을 위해 제정되었고, 이유는 모르지만 아무튼 제가 한 번도 완벽하게 지키지 못한 법의 지배하에 있는 세계였습니다. 저의 세계에서 아득히 먼 곳에 있는 두번째 세계는 아버지께서 사시는 곳이었습니다. 여기에서 아버지는 자신의 통치를 위한 일, 즉 명령을 내리고 명령 불이행 때문에 분노하는 일에 종사하셨지요. 그리고 세 번째 세계는 다른 사람들이 행복하게, 명령과 순종으로부터 자유롭게 살아가는 세계였습니다(위 책 41-42쪽).

제1의 세계는 자신의 현실이고, 제2의 세계는 자신이 증오하는 아버지의 세계이며, 제3의 세계는 카프카가 이상으로 생각하는 세계이다. 이제 카프카는 제1의 세계를 버리고, 제2의 세계도 부정하며, 제3의 세계로 나아가고자 한다.

그 편지는 20년 전 소년 시절 성문제로 고민하던 카프카에게 사창가로 가라고 했듯이, 36세가 된 카프카가 가난한 여성과 결혼하고자 했을 때 사창가에나 가라는 아버지의 말(위 책 142쪽)을 듣고 분노하여 쓰인 것이다.

이 편지는 아버지에게 쓴 것이나 끝내 아버지에게 전해지지 못했다. 그 이유를 위 해설은 아버지의 각별한 사랑을 잃어버릴까 두려워한 탓이라고 한다. 그러나 이미 사랑은 끝났다. 벌써 전에 끝났다. 카프카는 아버지와 다른 세계에 살고 있고, 또 다른 세계로 가고자 한다.

이 책은 카프카 작품 중에서 가장 중요하고, 특히 그의 삶을 이해하는 데 필수이며, 나아가 그의 작품을 이해하기 위해서도 반드시 읽어야 할 책이다. 흔히들 "카프카의 '글쓰기의 주제는 아버지'이고, 아버지는 카프카의 작품 세계를 여는 열쇠이다"라고 한다(위 책 210쪽.)

그러나 카프카를 아버지 문제로만 이해해도 좋을까? 카프카를 정신분석학적으로 해석하는 이들은 그렇게 보고 있는 듯하나, 아버지 이야기만으로 카프카는 나에게 의미가 있는 것은 아니다.

이 편지는 우리나라에서 흔히 말하듯 아버지에 대한 아들 카프카의 내면의 기록으로만 읽혀서는 안 된다. 카프카의 모든 작품이 그렇듯 그가 산 시대의 맥락을 통해 읽어야 한다. 따라서 내면의 기록으로만 이해하는 우리 번역자들이나, 그들이 준거하는 독일 주석자들의 태도에 나는 찬성하지 않는다.

카프카의 초상화

여기서 아버지는 권력 그 자체이고 동시에 다른 모든 권력을 뜻한다. 즉 국가, 자본, 사회, 교육, 문화 등의 모든 권력이다. 아버지에 종속된 아들은 초라하기 짝이 없는 인민이자 노동자이다. 카프카는 그들에게 권력을 거부하라고 촉구한다.

그래서 나는 그의 독자이다. 우리의 희생하는 『아버지』에 감동할 수 없듯이, 개인 차원의 정신적 갈등의 대상인 『아버지께 드리는 편지』였다면 나는 감동하지 않았으리라. 나에게 『아버지께 드리는 편지』는 『선생님께 드리는 편지』였고, 『사장께 드리는 편지』였으며, 『대통령께 드리는 편지』였다.

이런 공감에 독자들은 조금도 놀랄 필요는 없다. 나는 카프카를 어떤 식으로든 나와 같다고 이야기할 생각은 없다. 그는 세계적으로 위대한 작가이고 나는 아무것도 아니다. 그러나 카프카의 삶이 나의 삶과 같다는 느낌이 드는 것은 어떻게 된 일일까? 나는 아버지께 편지를 쓰진 못했지만, 카프카의 글은 내가 쓴 것만 같은 공감대를 자아낸다. 나는 『소송Der Prozeß』을 못썼지만 내가 소송에 대해 느낀 것과 같은 것을 그는 쓰고 있다. 그의 모든 작품이 내게는 그렇다.

그가 얼마나 위대한 작가인지는 나의 관심 밖이다. 내가 그를 좋아하는 이유는 그가 내 심정을 대변하기 때문이다. 내가 가슴에 숨기고 있는 것을 그는 드러내주기 때문이다. 나의 생각, 나의 느낌과 너무나도 같기 때문이다. 그래서 그는 나의 친구이다. 독자들은 이런 식의 부름이 위대한 작가에 대한 실례라고 할지 모른다. 그러나 내가 좋아하는 사람, 내가 사랑하는 사람을 친구라고 부름을 용서하라.

카프카를 완전히 거꾸로 다시 읽다

내가 카프카를 친구로 여김은 내가 카프카처럼 법을 공부한 탓이기도 하다. 사실 나는 카프카의 대부분 작품이 법에 관련된 것이라고 생각한다. 그러나 독문학자들은 그렇게 생각하지 않는다. 내가 이 책을 쓴 이유 중의 하나가 그 점이기도 한데, 이는 카프카를 제대로 이해하기 위해서는 반드시 주의해야 할 사항이라고 본다.

카프카는 1901년 대학에서 법학을 공부하고부터 1924년 죽기까지 24년간 하루도 빠짐없이 법에 관련되었고, 1908년부터 1922년까지의 14년간 산재보험공단의 성실한 관리로 살았다. 나는 이 점이 카프카 작품의 이해에 필수적인 요소라고 생각한다. 그는 관리로서 관료사회의 병폐를 매일 뼈저리게 체험했다.

『소송』이나 『선고』를 비롯한 그의 모든 작품은 바로 그가 본 법 현실의 묘사였다. 그 관료체계의 정점인 국가가, 바로 지배자가 사는 『성』으로 나타난다. 하급관리로서 그는 언제나 성의 주변을 맴돌았다. 프라하에 가서 성을 관찰하면 40년을 그렇게 방황한 그의 모습이 쉽게 떠오른다. 특히 법은 그가 평생 다룬 소재였다.

그 대표적인 작품인 「법 앞에서*Vor dem Gesetz*」와 「법에 대한 의문 *Zur Frage der Gesetze*」을 읽어보자. 1919년 출판된 단편집 『시골 의사*Ein Landarzt*』에 수록되고 장편소설 『소송』의 일부가 된 「법 앞에서」는 법이란 언제나 누구에게나 들어갈 수 있는 것으로 생각한 사람이 그 문지기에 의해 영원히 법에 들어갈 수 없음을 말한다. 나에게 이 단편은 법에 대한 접근이 봉쇄된 현대 법 생활을 묘사하는 것이다. 그래서 카프카는 그런 문지기에 저항하도록 요구하고 있다고 생각한다.

그런데 이에 대해서는 여러 가지 해석이 있다. 예컨대 종교적 해석은 법을 낙원, 문지기를 권력으로 보고, 작품의 주제를 신과 인간의 괴리로 본다. 그러나 카프카는 법을 낙원으로 보지 않았다. 한편 심리학적 해석은 법을 성적 대상으로서의 어머니, 문지기를 어머니에 대한 접근을 거부하는 아버지로 본다. 그러나 카프카는 어머니를 사랑하지 않았다. 그것도 성적 대상으로 본 것은 절대 아니었다.

법은 법이다. 카프카에게는 법에 이르는 법정이란 무고한 사람들을 구속하고, 그들을 억울하게 소송에 빠져들게 하는 혐오스럽고 부패한 강력한 조직일 뿐이다. 법정은 처형이며 즉결재판이다. 피고는 『소송』에서와 같이 개처럼 죽을 뿐이다. 카프카는 그것을 비판하고 있다. 이를 극복하는 구체적인 방법이 제시되지 않았다는 비판이 있으나, 그것은 작가의 몫이 아니다.

카프카의 작품에는 법이 자주 등장한다. 해석자들은 카프카의 법을 신의 명령, 신적 세계질서, 인간 본성, 인간 내부의 파괴할 수 없는 것, 발전된 윤리체계, 정신세계의 빛, 자연법, 처벌하고 감시하는 명령체계, 계급 이데올로기 등으로 설명한다.[*] 또한 노장사상의 도와 일치한다고 보는 견해[**]도 있다. 그러나 카프카의 법은 법에 불과하다. 그 법을 카프카는 찬양하지 않는다. 해석자들은 카프카가 마치 법을 대단하게 보는 것으로 착각한다.

■   [*] 편영수, 위의 책, 79-80쪽 참조.
      [**] 편영수, 위의 책, 81-83쪽.

카프카가 생전에 출판하지 않아, 사후에 유고집에 수록된 단편인 「법에 대한 의문」은 소설이 아니라 하나의 논문이라고도 할 수 있다. 이 글은 당시에 풍미한 역사법학파나 실정법학파에 대한 비판이자, 그런 학설들을 넘어 법과 법률가 자체에 대한 비판이다. 즉 법이, 권력이 그런 소수에게 독점되어 있음을 비판한다.

「법 앞에서」처럼 우리는 "그것에 가까이 갈 수 없다."(『변신』 554쪽). 그러나 사람들은 그 소수를 인정한다. 따라서 이 글은 국가권력에 대한 신봉과 정치적 미숙에 대한 풍자이자, 자신들의 지배를 합법화시킬 수 없는 권력을 공격하는 글이다. 마찬가지로 나는 소설 『소송』을 문자 그대로 소송이 상징하는 권력에 대한 소설로 본다.

물론 법이란 카프카에게 권력의 일부에 불과했다. 따라서 그 법은 사회, 체제, 질서 자체를 뜻하는 것이기도 했다. 그리고 카프카는 그 권력에 절망하고 그것을 투명하게 묘사하여 그 전복을 꿈꾸었다. 카프카의 작품에는 법정이 자주 등장한다. 그는 『아버지께 드리는 편지』에서 부자관계를 소송에 비유한다. 여러 단편이나 편지에서도 그런 표현이 자주 등장한다.

흔히 카프카의 장편소설 『소송』 『실종자 Der Verschollene』 『성』을 카프카의 '고독의 3부작'이라고 한다. 그러나 이제 나는 그것을 '법의 3부작', '권력의 3부작' 또는 '저항의 3부작', 아니 '권력에 대한 투쟁의 3부작'이라고 부른다. 그의 다른 작품에 대해서도 마찬가지다. 아니 카프카의 삶을 그렇게 부른다. "카프카, 권력과 싸우다"라고.

친구가 어려운가?

그런데 흔히들 카프카는 어렵다고 한다. 『아버지께 드리는 편지』의 역자도 역자 서문에서 처음부터 그렇게 말한다. "카프카는 역자에게 늘 그 사고의 궤적을 따라잡기 벅찬 작가였다. 그의 작품이나 연구서에서는 그의 세계로 들어가는 통로를 찾아내기가 어려웠다."(『아버지께 드리는 편지』 5쪽) 역자는 대학에서 독일어를 공부하고 독일에서 공부하기도 한 사람인데 이렇게 말한다. 따라서 나 같은 사람은 감히 카프카를 안다고 말할 수 없을지도 모른다.

그러나 나는 친구에 대해 말하기로 했다. 카프카에 대해서 말하고 싶은 것이 있기 때문이다. 그가 아버지에 대해, 소송에 대해, 인간에 대해, 권력에 대해, 세상에 대해 말한 것을 내 나름대로 이해하여 말하고 싶다.

사실 카프카에 대해 다시 한 권의 책을 보탠다는 것은 어쩌면 수많은 카프카 책 공해에 일조하는 꼴일지도 모른다. 한 사람의 작가 치고 카프카만큼이나 많은 작품의 번역과 작품론이 나온 경우가 또 있을까? 대부분의 작품이 여러 차례 번역되었고, 1997년부터 전집이 간행되기 시작했으며, 1999년에는 뮐러Hartmut Müller의 『카프카 문학사전Lexikon für Kafka-Literatur』까지 번역되어 나왔다. 그런데 왜 다시 나는 카프카를 쓰는가?

적어도 내가 아는 한 카프카에 대한 글들은 국내외의 독문학자들이 쓴 것이다. 말하자면 문학이라는 전문영역의 글들이라는 것이다. 이 책은 우선 그렇지 않다는 점에서 특이하다. 즉 비전문가가 쓴 책이라는 점이 하나의 특징이다. 비전문가-아마추어-보통 사람의 입장에서 쓴 책이라는 것이다. 나는 그동안 카프카에 대한 책을 꽤나 읽었다. 그러나 난해한 글 투성이었다. 그래서 나는 책을 쓰면서도 그런 전문가들의 난해한 책들을 대부분 무시했다.

전문가들은 카프카가 난해하다고 입을 모으고 있다. 그러나 나는 그들이 카프카를 난해하게 만든다고 생각한다. 특히 독일에서의 잡다한 해석을 가지고 열심히 소개하는 것이 나에게는 전혀 이해될 수 없었다. 독일인 특유의 관념적인 소리들에 어지러울 뿐이다. 그러나 예컨대『아버지께 드리는 편지』에 무슨 난해한 점이 있단 말인가? 나는 그것이 난해하지 않다고 주장한다. 그래서 나는 이 책을 쓴다.

1999년 내가『내 친구 빈센트』(소나무, 1998)를 썼을 때 사람들은 '법학자의 입장'에서 쓴 것이라고 하는 전제에서 이러쿵저러쿵 떠들었다. 나는 그 책에서 법에 대해서는 그야말로 'ㅂ' 자도 말하지 않았는데 사람들은 책이란 반드시 어떤 전문 직업적 입장에서 써야 하는 것인 양 말하기 좋아한다. 이는 "학자가 아니면 책을 쓸 수 없다"라는 묘한 생각과도 통한다. 보통 사람은 그런 책을 쓸 수 없다는 식이다.

이 책도 나는 보통 사람의 입장에서 썼다. 카프카를 사랑하는 한 사람의 독자로서 썼다. 물론 이 책에는『내 친구 빈센트』와는 달리 법에 대한 이야기가 있다. 그러나 이는 카프카가 법에 대한 이야기를 썼기 때문이지 내가 법학자여서 그렇게 쓴 것은 아니다. 말하자면 나는 법학자의 입장에서 카프카를 쓴 것이 아니다.

그런데 이 책에서 나는 독문학자들이 카프카의 법에 대해 그다지 많은 이야기를 하지 않은 것에 비해서는 훨씬 많은 이야기를 했다. 그러나 이 점도 내가 법학자여서가 아니라, 법학을 공부하고 그것으로 직업생활을 한 카프카이기 때문에 당연히 그렇게 이야기할 수밖에 없기 때문이다.

독문학자들은 대체로 카프카를 고독과 절망의 작가로 보는 것 같다. 그러나 나에게 그는 권력을 거부하고 권력 없는 공동체를 열망한 희망의 작가이다. 이는 마치 내가 『내 친구 빈센트』에서 반 고흐를 광기와 자살의 화가로 보는 것을 거부하고 지성과 민중의 화가로 본 것과 같다. 카프카는 고독과 불안, 절망과 소외에 허우적대다 죽은 것이 아니다.

미남 카프카? 수많은 카프카 영화

카프카 책이면 어디에서나 흔히 그를 '불안과 고독'의 상징인 양 부른다. 그러나 그 책들에 등장하는 그의 멋진 사진(나는 미남이라고 본다!)을 보면 '불안과 고독'이라는 그의 이미지와는 전혀 맞지 않다는 느낌을 받는다.

그 사진들 중에는 그가 결핵으로 고통을 받을 때 찍은 것들도 있으나, 결핵환자이기는커녕 '불안과 고독'의 냄새조차 전혀 풍기지 않는다. 카프카 생전 그를 알았던 사람들은 하나같이 카프카가 나이보다 훨씬 젊게 보였다고 증언했다. 그는 겨우 41세로 죽는다.

카프카는 소설가 치고는 지극히 드물게 두 영화에 등장했다. 스티븐 소더버그가 감독한 영화 〈카프카〉(1993년, 단 전기 영화라고 보기는 힘들다)에서 카프카 역을 한 제레미 아이언즈는 카프카와 많이 닮았다. 그러나 그의 이미지는 카프카 사진에서 보는 멋진 청년이라기보다도 '불안과 고독'이라는 카프카 이미지에 보다 가깝게 상당히 우울하다.

카프카 본래 모습에 더욱 가까운 것은 차라리 베라 벨몽이 감독한 영화 〈밀레나〉(1991년)에 카프카로 나오는 필리프 안그림이다. 우리나라에는 전혀 알려지지 않은 배우이니 금방 그 이미지가 떠오르지는 않으리라. 위의 두 작품 모두 다운로드 할 수 있으니 흥미가 있다면 참조해도 좋으리라.

카프카 자신이 주인공인 영화가 아니라 카프카 작품을 영화화한 것에도 사실 카프카는 그 주인공들로 등장한다. 많은 영화가 있으나 우리나라에 소개된 것은 데이비드 존스 감독의 〈심판〉(1994년)이다(과거 〈심판〉으로 번역된 이 작품은 지금은 〈소송〉으로 번역된다). 이 영화에서 칼 멕클라클런이 주인공 K로 나오는데, 감독은 분명히 카프카의 얼굴을 염두에 두고 배역을 정했으리라.

또한 거장 오손 웰스가 감독한 〈심판〉(1962년)을 우리는 보기 어렵지만, 거기에 K로 나오는 앤서니 퍼킨스는 고전영화를 좋아하는 영화 팬이라면 기억하리라. 물론 전형적인 미남배우라고 할 수 있는 퍼킨스도 K와는 느낌이 다르나, 웰스가 나름대로 K를 매력적인 인물로 묘사한 점을 비롯하여 이 작품은 카프카의 원작을 가장 완벽하게 소화한 걸작으로 평가되고 있다. 나는 K로서는 물론 카프카로서도 미남 퍼킨스가 가깝다고 느낀다.

위의 네 배우 모두 장신이라는 점에서도 182센티미터의 카프카와 크게 다르지 않다. 카프카는 제레미 아이언즈를 비롯한 배우들처럼 근육질은 아니었으나, 매일처럼 체조를 하고, 배젓기, 승마, 수영, 테니스를 즐긴 스포츠맨이었다. 채식주의에 젖은 탓으로 몸은 말랐으나, 죽기 직전 45킬로까지 야윈 때를 제외하면 결코 보기 싫은 몸집도 아니었다.

카프카의 친구들은 그를 세련된 우아함을 지닌 멋쟁이, 심지어 바람둥이의 전형인 돈 후안에 비유하기도 했다. 사실 그는 돈 후안 정도는 아니었지만 바람둥이라고 해도 좋을 만큼 짧은 생애에 수많은 여인을 사랑했다.

우리나라에 소개되지 않았지만 카프카 전기 영화로 피터 카팔디가 감독하고 영국 BBC에서 제작한 〈F.K. 멋진 인생〉(1993년)이 있다. 나는 이 영화를 보지 못해 그 내용을 언급할 수는 없으나, 제목이 '고독과 불안'이 아닌 '멋진 인생'인 점은 매우 흥미롭다.

역시 우리나라에서 접하기 힘든 영화를 만드는 고다르 감독이 BBC를 위해 만든 영화, 〈변신〉(1983년)에서는 팀 로스가 주인공 그레고르로 나온다. 팀 로스를 아는 사람들은 그가 전혀 카프카를 닮지 않았다고 느낄 것이 분명한데, 이는 감독이 카프카보다 벌레로 변하는 그레고르의 이미지를 중시해 팀 로스를 배역한 탓이리라. 〈변신〉은 프랑스 앙탠 2에서도 장 다니엘 베아게가 1983년 TV용 영화로 만든 적이 있고, 그 앞 1951년에 미국에서 윌리엄 헴프턴 감독에 의해 최초로 영화화되기도 했다.

『변신』이 3회 영화한된 것처럼 『성』도 3회나 영화화되었으나, 역시 우리가 보기는 어렵다. 독일의 루돌프 놀테가 감독하고 막시미리언 셸이 K로 나온 1968년 작품, 프랑스의 장 케르시브롱이 감독하고 다니엘 메스기시가 K로 나온 1984년 작품, 핀란드의 자코 파카스비르타가 감독한 1986년 작품이 그것들이다.

『실종자』는 과거의 〈아메리카, 계급투쟁〉이라는 제목으로 프랑스-독일

합작으로 1984년 영화화되었다. 이탈리아의 거장 페데리코 펠리니도 『실종자』를 영화화하고자 한 적이 있으나, 제작되지는 못했다.

영화 전문가가 아닌 내가 확인한 위 정도의 목록만으로도 카프카는 작가로서는 보기 드물게 그 생애가 두 번이나 영화화되었고, 이른바 '고독의 삼부작'이라고들 하는 카프카의 장편 셋이 모두 몇 번이나 영화화되고, 대표 단편인 『변신』도 3회나 영화화되었음은 그의 생애나 작품이 모두 영화로 만들 정도로 흥미롭다는 것을 말해준다.

카프카 연극

카프카의 작품은 영화만이 아니라 연극으로도 자주 각색되고 상연되었다. 그 대표작은 1947년 앙드레 지드Andre Gide(1869-1951)가 각색하고 프랑스의 명우 장 루이 바로Jean-Louis Barrault(1910-1994)가 연출한 〈소송〉이다. 프랑스는 물론 세계적으로 성공한 이 작품은 상당히 고전적으로 종교적 차원, 즉 신의 정의라는 미스터리에 의해 고통 받는 현대인의 삶을 보여주었다. 바로는 1956년 『성』과 『실종자』도 공연했다.

1953년 카프카의 친구 브로트Max Brod(1884-1968)가 『소송』을 각색하여 독일 베를린에서 상연했다. 이어 12년 뒤 1965년, 장 루이 바로가 다시 브로트가 각색한 『소송』을 상연했다. 브로트는 1957년 『실종자』도 각색해 상연했다.

그러나 1963년 프라하에서 상연된 〈소송〉은 민주혁명을 표현한 작품으로 1968년 '프라하의 봄'에 영향을 미친 것으로 평가되나, 카프카를 마르크스주의적으로도 평가하게 된 1963년 이후 체코슬로바키아에서는 카프카의 작품이 금지되었음은 아이러니하다.

『소송』의 각색으로 또 하나 소개할 필요가 있는 것은 서독의 작가 바이스Peter Weiss(1916-1982)에 의한 1975년 상연이다. 마르크스주의에 입각한 이 작품은 요제프 K를 역사의 필연적 진보를 모르고 프롤레타리아 정당을 제대로 이해하지 못한 소시민으로 다루었다. 바이스는 『성』도 각색하여 사회적 참여라는 측면에서 정치적 의미를 전면에 내세웠다. 바이스에게 카프카는 가장 위대한 프롤레타리아 소설가였다.

그 밖에도 『변신』은 여러 차례 연극으로도 상연되었다. 그 중에서도 레이 피스카토르가 1968년 파리에서 상연한 무대는 연극사에도 길이길이 남아 있다. 같은 해 독일에서 상연된 연극 〈변신〉은 영화감독 로만 폴란스키가 그레고르 역을 맡은 것으로도 유명하다.

그러나 새로운 연출로 가장 돋보인 것은 1994년, 프라하에서 여성인 마르셀라 살리바로바 비도가 연출한 것이리라. 그것은 주권을 빼앗긴 민중(유대인으로도 볼 수 있고 체코인으로도 볼 수 있는)이 스스로를 비웃으며 증오하는, 기나긴 고통에서 비롯된 유머를 보여준다.

카프카의 단편 「학술원에의 보고Eine Bericht für eine Akademie」는 1962년 서독 공연을 시작으로 여러 나라에서는 물론 우리나라에서도 〈빨간 피터의 고백〉이라는 제목으로 추송웅(그의 원숭이 분장은 지금까지도 기억되고 있다)에 의해 오랫동안 연극으로 상연되었다. 그밖에도 카프카 작품은 다른 나라는 물론 우리나라에서도 연극으로 상연되었다.

카프카 작품 중 「단식 광대」, 「굴Der Bau」은 물론 그야말로 편지인 「아버지께 드리는 편지」조차 연극으로 상연되었음을 안다면 모두 놀라리라. 또한 카프카의 시나 아포리즘은 수많은 가곡으로 작곡도 되었고, 1966 년『실종자』와『소송』은 오페라로도 만들어졌음을 알면 더욱 놀라리라.

이상의 열거에 독자들은 어리둥절할지 모른다. 이미 카프카 작품을 읽은 독자라면 흥미로울지 모르지만, 아직 읽지 않은 독자들에게는 위에서 한 얘기들이 좀 황당하리라. 그러나 적어도 카프카 생애가 흥미롭고, 그의 작품은 더욱 흥미롭다는 증거로 한 얘기 정도라고 이해할 수는 있으리라.

또 하나는 카프카의 생애나 작품이 다양하게 해석된다는 점도 독자들에게 흥미를 줄 것으로 생각된다. 물론 작품에 하나의 답을 요구하는 독자에게는 지겨울지 모르지만. 위의 영화나 연극에서 적어도 세 가지 해석이 있음을 우리는 알 수 있다.

하나는 앙드레 지드나 막스 브로트로 대표되는 종교적 해석이다. 또 하나는 민중의 해방이라고 보는 정치적 해석(특히 카프카의 고향인 체코에서)이다. 마지막 하나는 바이스 등의 사회주의적 해석이다. 이러한 해석에 대해서는 뒤에서 다시 상세히 언급하겠다.

나는 카프카의 생애를 영국 TV 제목처럼 '멋진 인생'으로 부를 생각은 없으나, 예컨대 그가 민중의 해방자라는 이미지가 있다면 그렇게 불러도 무방하리라. 나 역시 이 책의 제목처럼 카프카를 적어도 '권력과의 투쟁가' '권력으로부터의 해방자'라고는 부르니, 그런 입장과 전혀 다르지는 않다. 작품 해석도 마찬가지다.

그러나 이러한 다양한 해석과는 달리 우리나라에서는 카프카가 '불안과 고독'의 대명사, 우울한 제레미 아이언즈나 팀 로스의 신경질과 함께 여전히 남아 있다. 그래서 카프카가 우리에게도 불안하고 고독하여 여전히 가깝게 느껴지지 못한다. 왜 그럴까?

한국에서 카프카는 '불안과 고독'이다

최근 우리나라에서 스스로 '결정판'이라고 부르는 『카프카 전집』(솔, 1998-2003)이 나왔다. 우리나라에 나온 외국인 작가의 '전집'(사실은 대부분 '선집'에 불과하나)은 몇 개나 될까? 셰익스피어, 헤밍웨이, 괴테, 헤세, 지드, 카뮈, 톨스토이, 도스토옙스키, 푸쉬킨 정도가 아닐까? 그 9명과 함께 카프카는 흔히 말하는 세계 10대 작가 중 한 사람이어서 전집까지 나왔을까? 전집이 나오기 전에도 이미 카프카 작품 대부분이 번역되었다.[*]

그런데 그 10명 중에서 사전까지 나온 경우는 카프카뿐이다. 개인 작가의 문학 사전이 나온 것은 외국인 작가만이 아니라 내국인 작가를 포함해도 카프카뿐이 아닐까? 아니 분야를 막론하고 개인의 사전이 나온 것은 카프카가 유일하지 않을까? 카프카의 방대한 수용사에 대한 책도 나왔다.

뿐만 아니다. 『카프카의 슬픔』(진춘석, 시문학사, 1992), 『카프카, 나의 카프카』(전영애, 민음사, 1994), 『카프카의 집』(신중신, 문학과지성사, 1998), 『카프

■　　* 일기와 편지까지 두 번씩 번역되었다. 일기는 김창활 역, 『사랑의 형이상학』, 가정문고사, 1976, 그리고 박환덕 역, 『젊은 산책가의 노트』, 삼문, 1994. 어느 것이나 초역본이어서 내용은 상당히 다르다.

카 황금소로를 따라서』(이영희 외, 창조, 1999)라는 시집들까지 나왔다. 이처럼 예술가를 소재로 한 시집은 카프카와 빈센트 반 고흐뿐이리라. 어디 그뿐인가? 카프카가 소재로 된 소설도 나왔다. 『카프카의 결혼』(정석, 1998)이 그것이다.

신기어 『카프카의 연인 밀레나』(마가레테 부버-노이만, 장홍 역, 범조사, 1987)과 『카프카 영화관에 가다』(한스 치쉴리, 이은희 역, 영림카디널, 1997)도 번역이 나왔다. 앞에서 소개한 영화 〈카프카〉를 토대로 한 『소설 카프카』(프랑수아 리비에르, 송기형, 홍혜리나 역, 풀빛, 1992)까지 나왔다. 그러나 도대체 왜 이런 책들이 번역되는지 알 수 없다. 전기도 브로트, 바겐바하, 티에보, 로베르에 의해 네 가지나 나왔다. 만화 『소설 카프카』까지 나왔다 (데이비드 제인 마이로비치, 유승은 역, 이두, 1995).

카프카 사전은 독일에서 나온 책의 번역이니, 적어도 한국과 함께 독일에는 그런 사전이 있다. 그러나 독일에도 그런 시집이나 소설은 없다. 독일에는 카프카 작품이 당연히 하나씩만 존재한다. 카프카가 태어난 체코에서도 마찬가지다. 그러나 우리나라에는 같은 작품에 수많은 번역이 있다. 무슨 이유로 번역이 그렇게 많을까?

게다가 카프카에 대해서는 수많은 책이나 학위 논문을 비롯한 많은 논문이 쓰였다. 독일이나 체코에 비해서는 그 수가 적을지 모르나, 그 이유가 될, 카프카가 독일어로 글을 썼고, 체코에서 태어났다는 사실과 전혀 무관한 우리나라에서는 특이한 현상이다. 게다가 카프카 학회까지 있다. 왜 우리나라에서는 이렇게 카프카, 카프카일까?

위 전집의 발간사는 카프카 문학을 '불안과 고독, 소외와 부조리, 실존의 비의와 역설'이라고 요약한다. 다른 말은 이럭저럭 이해가 가나, 비의란 무슨 말일까? 국어사전에는 두 가지가 있다. 그중 悲意일까 非義일까? 전자라면 슬픔, 후자라면 부조리 비슷한 것이겠는데, 어느 것일까? 부조리란 말은 앞에서 나왔으니 슬픔일까?

실존이 슬프다는 것은 무슨 뜻일까? 실존이란 무엇일까? 그냥 지금 살아 있다는 것이 아닐까? 불안과 고독, 소외와 부조리는 실존의 그것들이 아닐까? 요컨대 살아가는 것이 불안하고 고독하며, 소외되고 부조리하고, 슬프고 모순이란 것이 아닐까? 카프카는 모호하다고들 한다. 그래서 우리말 전집의 발간사조차 그렇게 모호하게 쓰이는가? 그래서 카프카 문학사전까지 나와야 하는가?

지금도 나는 그 뜻을 제대로 모르는데, 하물며 10대에는 더욱 몰랐다. 그러나 '불안과 고독, 소외와 부조리, 실존의 비의와 역설'이라는 식의 말을 읊조리며 다락방에 숨어 카프카를 읽으며 사춘기를 보냈다. 거기다 '절망과 좌절, 몽상과 비애, 공포와 죽음' 따위를 끝없이 보태면서. 그리고 그런 말들로 사춘기는 서글프게, 별 뜻도 없이 끝났다. 지금 그것을 후회한다. 그래서 이 책을 쓴다.

kafkaesk? kafkasch?

『카프카 전집』 제1권의 역자 후기는 〈한국어판 '카프카' 결정본을 얻기 위하여〉라는 제목 아래 "우리는 종종 예술 작품이나 문학 작품 혹은 여러 매체 광고 등에서조차 프란츠 카프카의 성을 따서 만든 형용사 형태의 'kafkaesk'니 'kafkasch'니 하는 묘한 개념과 만나게 된다"라는 문장으로 시작된다(『변신』 681쪽).

그러나 나는 적어도 우리나라의 작품이나 광고에서는 그런 표현을 본 적이 없다. 따라서 위 문장에서 '우리'란 우리나라 사람은 아니고, 독일인을 말하는 것이리라. 그래서 위 글은 독일 문장을 번역한 것일까 하는 의문도 든다. 그러나 분명 역자 후기이고 글의 마지막에 역자 이름도 있으니, 번역도 아니고, 우리란 독일인을 말하는 것이 아니리라.

물론 그 '우리'를 독일 문학을 하거나 독일어를 잘 아는 한국사람 정도로 보면 문제는 없을 수도 있다. 사실 카프카에 대한 글에서는 그런 말이 곧잘 등장한다. 그러나 웬만한 독한사전에도 그런 말은 나오지 않으니, 나처럼 독일어에 약한 경우 정말 처음 대하는 말이다.

역자는 카프카가 수수께끼 같은 언어유희를 즐겼다고 하며, "체코어로 '까마귀kavka'라는 뜻을 지닌 자신의 이름이 주는 묘한 뉘앙스를 살려 고뇌하는 예술가의 실존적 삶이나 현대 인간의 불안 심리 및 소외 상태를 암시하고 있다"고 한다. 카프카 전문가의 말이니 믿지 않을 수 없겠으나, 나는 카프카가 그런 암시를 한 경우를 역시 본 적이 없다.

카프카가 언어유희를 즐긴 자라면 나는 아무 흥미가 없다. 특히 자신의 이름에 이상한 의미를 부여하는 자라면 더더욱 흥미가 없다. 게다가 '고뇌하는 예술가의 실존적 삶'이 관심 분야였다면, 그런 예술가나 카프카를 읽으면 된다. 도대체 '실존적 삶'이란 무슨 말인가? '지금 산다'는 것이 아닌가? 지금 현실 속의 구체적인 삶이란 것이 아닌가?

예술가는 왜 고뇌하는가? 무조건 고뇌하는 것이 예술가인가? 예술가란 무조건 고뇌하는 존재인가? '현대인간의 불안 심리 및 소외 상태'란 무엇인가? 이상하게 그린 추상화에 곧잘 붙여지는 이 황당한 말은 도대체 무슨 뜻인가? 현대인도 예술가처럼 무조건 불안하고 소외되어 있다는 것인가?

중요한 것은 카프카가 왜 고뇌하고 불안하며 소외되었는가 하는 점이 아닌가? 그 이야기를 왜 하지 않는가? 그것이 카프카의 이름 타령으로 설명되는가? 왜 나처럼 그가 산 시대나 나라 때문에, 그 권력 때문에, 그 법 때문에 고뇌하고 불안하며 소외되었다고 말하지 않는가? 그러나 위 책은 물론 카프카에 대한 어떤 책도 그것에 답하지 않는다.

반면 계속 이어지는 역자의 긴 해설은 주로 카프카 작품의 출판 과정에 얽힌, 몇 명의 독문학자들이나 관심이 있을 지극히 '전문적인' 이야기로 끝난다. 그래서 나처럼 카프카가 누구인지 알고 싶은 초보자는 결국 아무것도 모르게 된다. 아니 kafkaesk, kafkasch라는 기묘한 독일어 단어 두 개는 주어 듣게 되었다. 그게 이 기묘한 전말의 끝이다.

아니다. 아직 끝이 아니다. 이 말들은 그 뜻이 지극히 애매하고, 특히 동독에서는 '시민 계급의 퇴폐성'이란 뜻으로 사용된 만큼, 카프카 친구 브로트는 그 말의 사용을 거부했고, 유명한 카프카 연구자인 바이스너는 '말 같지 않은 너절한 단어', 엠리히Wilhelm Emrich(1909-1998)는 '유행에 따른 단어 남용'이라고 혹평했으니 우리도 아예 잊어버리자.

사실 나는 카프카에 대해 이런 책을 쓴다는 것에 몹시 두렵다. kafkaesk, kafkasch라는 단어도 모르는 주제에 카프카에 대한 글을 쓰자니 kafkaesk, kafkasch 같은 불안을 느껴야 할지도 모른다. 믿는 구석은 그런 불안밖에 없는지도 모른다. 최소한 그런 식의 카프카 같은 기분에서 쓰면 인정해줄지도 모른다고 하는. 그러나 지금 나는 그렇지 않다. kafkaesk, kafkasch 같은 불안은 전혀 없다.

"이것도 문학이냐?" "이런 개새끼를 내가 읽다니!"

『카프카 전집』 제4권 『실종자』 해설에서 역자는 1960년대 서울의 고서점가에서 나돌던 카프카 소설의 뒷면에서 "이것도 문학이냐?" "이런 개새끼를 내가 읽다니!"라는 낙서를 볼 수 있었다고 말한다. 그러면서도 카프카 작품이 끝없이 출판된 것은 다른 작가에 비해 특이하다고 말한다(『실종자』 333-334쪽).

개인적으로 어떤 작가에 대해 극단의 혐오감을 나타내는 경우는 비단 카프카뿐만이 아니리라. 그런 혐오감은 1960년대만이 아니라 지금도 있을 수 있다. 나 자신 그런 혐오감에 젖어 카프카를 멀리한 때도 있었고, 지금도 카프카를 읽지 않은 사람들은 수없이 많다.

그런 혐오감을 갖는 이유는 다양하리라. 나의 경우 혐오감은 카프카를 제대로 읽지 못하고, '불안과 고독'으로만 설명하는 우리 학자들 탓으로 생긴 것이라고 해도 과언이 아니다. 우리 세대 모두 그랬듯이 1970-80년대에 사회주의에 심취하면서 '고독과 불안'의 '퇴폐적인' 카프카를 간단히 버린 것이었다.

마찬가지로 김영현의 1992년 소설 「벌레」는 1970년대 말 정치 사회적 환경이 많은 사람을 벌레로 만들었다고 말하면서도 카프카를 '부르주아적 감성의 반민중성'으로 낙인찍는다. 이러한 카프카 이해는 그야말로 한국에서의 전형적인 카프카 이미지와 그것에 대한 사회주의적 반발이라고 해도 좋으리라.

이런 반발이 있음에도 불구하고 『실종자』 해설에서 역자는 우리가 왜 카프카를 읽어야 하는지 설명하지 않는다. 그 해설은 카프카란 체코어로 까마귀라는 뜻이라고 하며(이 점이 끝없이 설명되는 것은 무엇 때문인가!), 카프카 아버지는 그 상점 상호에 까마귀를 그려 넣었는데, 그것이 "상호 이상의 상징으로 사용된 듯"하다면서, 카프카를 "미래의 불길한 예감을 알려준 까마귀와 같은 존재임에 틀림없다"라고 말한다. 그러나 적어도 카프카 상점에서는 까마귀가 그런 상징으로 사용되지는 않았으리라. 당연히 장사가 되지 않았을 터이니.

그 해설은 그런 카프카의 삶과 『실종자』의 내용에 대한 언급으로 끝난다. 이래서야 "이것도 문학이냐?" "이런 개새끼를 내가 읽다니!"라는 물음과 개탄에 대한 답이 될 수 없다. 『카프카 전집』 제1권에 나오는 kafkaesk, kafkasch 같은 낱말로 제4권에서는 카프카 주인공이 소속된 다차원적인 공간을 Kafkanian으로 부른다는 말이 있다는 것 외에 새로운 것을 읽지 못한다.

다시 『카프카 전집』 제5권 『성』의 해설을 펼쳐보자. 그 해설은 밀레나에 대한 이야기로 시작된다. 『소송』을 통해 펠리체와의 단절을 극복하려 했듯이 『성』을 통해 좌절된 밀레나와의 사랑을 되새겨보려 했다는 것이다.

그러나 도대체 왜 우리가 이런 카프카 사랑의 넋두리를 읽어야 하는가? 그런데 이어지는 해설에서는 밀레나와의 사랑은 온데 간데 없고, 소설의 줄거리와 학계의 여러 해석을 소개하는 것으로 그치고 있다.

그리고 다시 『카프카 전집』 제9권 『카프카의 편지』의 해설을 보지만, 거의 1천 쪽에 이르는 편지를 다 읽기에는 여전히 왜 카프카인가, 라는 답을 갖기에 충분치 못하다. 『카프카 전집』 제10권 『카프카의 엽서』의 경우도 마찬가지다. 그래서 "이것도 문학이냐?"라는 생각 대신에 "이것도 해설이냐?"라는 느낌마저 갖게 된다.

카프카는 기괴하고 난해한가?

카프카에 대해 "이것도 문학이냐?"라는 생각을 내가 하지 못한 이유는 내가 문학을 모르기 때문이리라. 적어도 나는 문학 전문가가 아니라, 문학 애호가에 불과하다. 카프카 전문가에게는 꼭 카프카를 사랑해야 할 이유가 없어도 무방할지 모른다. 법 전문가라는 나에게 법을 사랑해야 할 이유가 없는 것처럼. 말하자면 직업에 불과할 수도 있다.

그러나 애호가에게는 그 이름처럼 애호, 즉 사랑하고 변호해야 할 이유가 있어야 한다. 물론 그냥 사랑하면 된다. 카프카도 그랬다. 그냥 사랑했다. 그러나 그 사랑이 무시당하면 당연히 변호를 하게 된다. "이것도 문학이냐?"라는 주장에 대해 뭔가 반박을 하고 싶어진다.

나는 그들에게 카프카 작품을 권한다. 아니 누구에게나 카프카를 권한다. 그런데 내 어린 딸이 『카프카 전집』의 모든 책갈피에 있는 설명에 서부터 질렸다고 말했다. 그 설명의 첫 문장은 "기괴하고 수수께끼 같은 작품 세계로 끊임없는 상상력의 나래를 펴게 하는, 신비하고도 난해한

'현대문학을 대표하는 작가'"라는 것이었다.

즉 카프카는 기괴하고 난해하다는 이야기에 처음부터 읽기가 싫어졌다는 것이었다. 어린 소녀인 내 딸이 그런 느낌을 받는 것은 당연했다. 기괴함은 소녀만을 질리게 할지 몰라도, 난해함은 요즘 소녀는 물론 소년까지도 질리게 하는 요소이리라.

난해란 두 가지일 수 있다. 하나는 문장이고, 또 하나는 내용이다. 그러나 적어도 문장은 아니다. 카프카의 문장은 무미건조할 정도로 간결하고 명확하기 때문이다. 즉 엄밀하고 냉철한 분석의 문체이다. 그래서 세기말적인 착란과 광기는 존재하지 않는다. 카프카 자신 괴물 이야기는 질색이었다.

이는 그가 법학을 공부한 것과도 무관하지는 않을 것이나, 그것 때문이라고 볼 수는 없다. 따라서 문장을 통해 카프카를 사랑하기란 그다지 어렵지 않다. 그의 문장은 너무나 쉽고 명료하다.

그러나 내용은 분명 황당하다. 우리가 보통 읽는 소설과는 전혀 다르기 때문이다. 예컨대 그의 대표적 소설이라고 하는 「변신」을 다시 펼쳐보자. 국판 크기의 우리말 번역으로 60쪽에 이르는, 소위 중편소설로 분류될 만한 이 소설에서 카프카는 벌레로 변한 인간을 장장 60쪽에 걸쳐 참으로 소상하게 묘사한다.

웬만한 소설가라면 여러 명의 인생살이를 다양하게 전달할 그 60쪽에 걸쳐 흥미로운 인생살이 이야기는 거의 없다. 그렇다고 해서 특별하게 이상한 심리를 세밀하게 묘사하는 것도 아니다. 그래서 우리는 카프카가 왜 이렇게도 상세한 묘사를 하는지 의문을 갖게 된다.

물론 그 의문에 답하기란 쉽지 않다. 분명한 것은 진짜 그런 것처럼 벌레로 변한 주인공을 우리가 본다는 것이다. 그렇게 멋지게(?) 보여주는 카프카는 정말 대단한 묘사가라는 생각을 버릴 수가 없다.

아니 나는 충격을 받는다. 그가 보여주는 현실과 인간은 극단적이다. 그러나 나는 「변신」을 이해한다. 매일처럼 나도 변신하고 싶다. 물론 실제로 변신할 수는 없다. 그러나 카프카는 변신한다.

나는 카프카를 읽을 때마다 그는 자신을 그렇게 느끼면서, 아니 스스로 벌레가 되어 그 벌레를 세밀하게 관찰하고, 그것을 투명한 일상어로 글로 쓴다고 본다. 바로 이것이 상상력이리라.

카프카는 우리 시대를 산 동시대인이다. 그러나 어쩌면 우리와는 다른 별세계, 다른 시대의 사람이다. 그런 사람이 우리를 관찰한다. 그리고 우리가 그냥 지나치는 것을 극명하게 보여준다. 그래서 그는 감동을 준다.

그러나 카프카를 다른 시대, 다른 세계의 사람이라고 할 수는 없다. 그는 분명 우리 시대, 우리 세계의 사람이다. 그러나 그의 눈은 현미경처럼 맑다. 그래서 우리가 잘 모르는 우리 시대 병균을 발견하고 알려준다.

동서양의 가교 카프카?

나는 카프카를 개인의 실존의 차원에서만 보아서는 안 된다고 생각한다. 위에서 인용한 우리의 『카프카 전집』 발간사도 카프카를 '실존적 차원'에 국한되지 않는다고 본다. 그러나 그 이유는 다르다. 위 발간사는 그 이유를 카프카가 동양과 서양, 유럽과 주변, 근대와 현대 및 미래의 가교로 새로이 해석될 필요가 있기 때문으로 본다.

그 근거로 체코가 본래 동서양의 가교였다고 말하나, 나는 그 점에 대해 잘 알지 못한다. 기껏 내가 아는 것은 지리적 위치로 인해 러시아를 포함한 동유럽과 서유럽의 가교였다는 정도이다. 따라서 그것을 동서양의 가교라고 말함은, 적어도 나에게 뭔가 어색하다.

그것은 한국에서 카프카를 연구한 사람들이 상당수 카프카를 동양사상과 연결시켜 보는 탓일지도 모른다. 이런 태도는 꼭 카프카에만 해당되는 것이 아니고, 독일 문학(예컨대 헤세에 대해서도 그렇다)에만 한정되는 것도 아닌, 한국의 독특한 서양문화 이해 방법의 하나이다. 그러나 적어도 인도에 심취한 헤세와 카프카는 다르다. 카프카는 『바가바드 기타』를 읽고 야누흐에게 다음과 같이 말했다.

> 인도의 종교서적들은 나의 마음을 끌리게 하지만 동시에 싫증도 나게 합니다. 독소처럼 무언가 유혹하는 것과 무섭게 하는 내용이 섞여 있습니다. 이들 요가 수행자와 마술사는 모두 자유를 향해 불타는 사랑으로써가 아니라 삶에 대해 이루 말할 수 없는 싸늘한 증오로써 자연의 포로가 된 삶을 지배하고 있습니다. 인도의 종교적 예배의 원천은 깊은 비관주의입니다(『카프카와의 대화』 111쪽).

그리고 중국의 공자와 노자에 대한 말도 들어보자.

> 공자의 『논어』에서는 (…) 모든 것이 점점 어둠 속에서 풀어지게 됩니다.

노자의 금언들은 (…) 그 알맹이는 내게 닫혀져 있습니다(위 책 200쪽).

여하튼 한국에서의 동양과의 비교가 주체적인 서양문화의 이해방법일까? 적어도 그런 독특한 하나의 관점 또는 영역이 되어 있는 이러한 한국 카프카 연구자의 태도는, 카프카에 대한 일반적 이해와는 상당히 동떨어진 것이리라.

나는 1980년대 이후 대두된 카프카에 대한 '사회적' 관점 대신, 한국에서는 동양사상이라고 하는 또 하나의 '반사회사적'인 '철학적' 측면이 강조된 점을 우려한다. 이를 극언하자면 우리 학자들의 '특수한' 것이지, 일반 독자를 위한 것이 아니다.

여기서 나는 동양사상 자체가 반사회적이라고 말하는 것이 아니다. 동양사상에도 사회적인 측면이 얼마든지 있다. 문제는 카프카를 동양사상과 연결시키는 경우의 반사회성 내지 신비화라는 경향이다.

카프카를 마르크스주의자로 본다?

물론 우리나라에도 예외적인 연구와 소개가 있었다. 가령 1986년에 나온 『카프카와 마르크스주의자들』(임철규 역, 까치, 1986)이란, 영문학자에 의한 영어 논문집 번역이 그것이다. 독문학자가 독일 책을 번역한 것이 아니라고 하는 점에서 분명 예외적인 그 책은, 1963년 이전에 쓰여진 마르크스주의 관점의 논문들 모음이다. 따라서 이 책도 1968년 이후의 사회사적 관점과는 또 다르다. 적어도 카프카는 마르크스주의와는 아무런 관련이 없다.

내가 쓰는 이 책은 나의 창조가 아니라, 1980년대 이후 독일어와 영어로 쓰인 카프카에 대한 사회적 관점의 평전을 나름대로 정리한 것이다. 물론 카프카를 아나키즘의 입장에서 '권력의 거부'로 본다든가, 그 권력의 하나로 법을 강조한다든가 하는 저자 나름의 입장은 분명히 있다. 그러나 무엇보다도 중시하는 것은 일반 독자를 위한 사회적, 법적인 관점이다.

카프카는 평생 아나키즘에 가까운 사회주의자였고, 동시에 법률가였다. 나는 그의 삶은 물론 그의 작품을 이해하는 데 이 두 가지가 핵심이라고 본다. 그래서 나는 카프카의 대부분 작품을 사회적으로 해석하고, 특히 법을 다룬 작품은 법에 대한 비판으로 본다.

먼저 '사회적으로 본다'는 것은 앞에서도 설명한 『변신』의 연극 중 체코슬로바키아에서 민중의 고통으로 해석한 것이나 『실종자』의 영화가 '계급투쟁'의 측면에서 묘사된 것과 마찬가지다. 이런 해석은 카프카의 모든 작품에 해당된다. 다음 '법적으로 본다'는 문자 그대로이다.

그러나 그는 정치적 혁명이나 경제적 투쟁에는 기울지 않았다. 아마도 그 '영웅적' 혁명가를 불신했기 때문이리라. 그는 어떤 선동이나 운동도 믿지 않았다. 그것은 또 하나의 허상이고 거짓 권위라고 생각한 탓이었다. 카프카는 여러 모양의 기를 들고 집회로 가는 노동자들을 보고 말한다.

> 그들은 자기들이 세계를 지배하고 있다고 생각합니다. 그러나 실상은 그들의 생각이 틀린 것입니다. 그들의 배후에는 비서, 관리, 직업정치인, 근대적 회교국의 군주들이 있는데, 이 사람들을 위해서 권력의 길을 만들어주

고 있는 것입니다. (…)

참으로 혁명적인 발전의 종말에는 언제나 나폴레옹 보나파르트 같은 인간이 나타납니다. (…) 혁명이 증발하면 나중에 남는 것은 새로운 관료정치의 진흙뿐입니다. 괴로운 인류의 쇠사슬은 관청 용지에서 생겨납니다 (『카프카와의 대화』 156쪽).

나는 위 말에서 모든 권력에 부정적이었던 아나키즘을 본다. 또는 이미 권위주의적 공산주의의 허상을 비판한 오웰의 『1984』가 1920년 카프카에 의해 말해졌음을 본다. 그러나 카프카는 오웰 역시 그랬듯이 당대 어떤 권력도 긍정하기는커녕 누구보다도 그것에 반항한다.

다시 말한다. 카프카는 권력의 거부자였다. 그리고 그것은 결코 도덕적, 윤리적, 종교적인 의미에서만이 아니었다. 물론 부분적으로 그런 의미를 포함하기도 하지만, 그가 평생을 두고 고통스러워한 것은 권력을 버리는 것이었다. 지금 우리에게 혁명이 의미가 있다면 나는 오직 카프카적인 권력의 거부만이 의미가 있다고 본다. 그런 권력의 거부 없이 어떤 정치적, 경제적, 사회적, 문화적 혁명도 불가능하다고 본다.

물론 우리는 카프카처럼 권력의 완전한 거부를 실천하기는커녕 꿈꾸기조차 어렵다. 그러나 우리는 카프카를 통해 조금이라도, 조금씩이라도 그것을 이루어야 한다. 그래서 카프카를 읽을 필요가 있다. 그래서 카프카를 이해할 필요가 있다. 카프카는 그냥 불안하고 고독해서 친구로 삼을 수 있는 사람, 작품이 아니다. 소외니 부조리니 하는 말을 함부로 써서도 안 된다. 권력의 거부에 대한 한 치의 갈구도 없이 함부로 떠들어서는 안 된다.

현미경 또는 미니멀리즘 카프카

나는 카프카의 소설을 읽을 때마다 현미경이나, 흔히 극사실주의라고 번역되는 미니멀리즘을 떠올린다. 여기서 우리는 카프카 만년의 연인(여기서 만년이라 함은 7, 80 나이를 말하는 것이 아니라, 41세에 죽는 그의 생애의 만년인 37세를 말하는 것이다) 밀레나가 카프카와 함께 우체국에 가서 전보를 친 일을 참고할 수 있다.

카프카는 전보문을 쓰고 난 뒤 그것을 여러 창구 중 어디에서 보낼 것인지를 찾기 위해 이곳저곳을 천천히 걸으며 기웃거린다. 이는 그가 우유부단한 탓이 아니다. 정서 불안 탓도 아니다. 그는 대단히 침착하다.

그는 모든 것을 관찰한다. 관찰을 위해서는 그 대상에 대한 흥미나 놀라움이 있어야 한다. 그에게는 여러 창구와 그 창구마다에 있는 직원들이 너무나도 흥미롭다. 우체국 창구만이 아니다. 세상 모든 일이 그에게는 경이롭다. 사실 세상에 놀랍지 않은 것이 없다. 그러나 보통 사람들은 그것을 그렇게 느끼거나 보지 않는다. 따라서 그와 우리는 다르다. 그는 우리가 그냥 지나치는 것을 유심히 들여다본다.

그의 첫 단편집 제목 『관찰Betrachtung』은 의미심장하게 느껴진다. 보통 단편집 제목은 그 책에 수록된 단편들 중에서 대표작이라고 생각되는 것의 제목을 따기 마련이다. 카프카의 다른 단편집도 그렇다. 그러나 그 단편집에는 '관찰'이라는 제목의 작품이 없다.

카프카가 왜 그런 제목을 붙였는지 모른다. 그 점을 설명하는 문헌도 없다. 나로서는 그가 세상만사에 대한 관찰을 한 것이라고 생각했기에 그렇게 붙였다고 생각한다. 사실 그 단편집에 나오는 단편들은 모두 관찰과 관련되어 있다.

나는 그 단편집을 그리 좋아하지 않는다, 나 자신이 그런 관찰자가 못 되기 때문이다. 그러나 그런 특이한 관찰력은 작가에게는 필수적인 것이리라. 그래서 카프카가 위대한 작가이리라. 그러나 카프카는 파브르와 같은 곤충기를 쓴 사람이 아니다.

카프카는 권력을 관찰한다. 물론 카프카는 재미로 관찰에 빠지거나 상상 속에 빠진 것이 아니다. 그는 우리 시대를 뼈저리게 느끼며 살았다. 그러나 우리와는 달리 철저히 보고 느끼며 살았다. 그래서 그는 곧잘 극단을 치달린다. 그러나 그 극단은 우리 모두에게 잠재되어 있다. 그래서 그에게 공감한다.

카프카는 그야말로 비판적인 관찰자로 평생을 살고 글을 썼다. 그는 사회주의, 아나키즘, 유대주의 등등, 당대의 모든 진보적인 사상에 공감하면서도 언제나 비판적으로 관찰했다. 물론 그는 자본주의를 비롯한 당대의 모든 권력에 대해서는 철저히 적대했다.

『소설 카프카』

앞에서 소개한 영화 〈카프카〉는 카프카 이야기여서 그런지 역시 무슨 이야기인지 잘 알 수 없었는데 그 뒤 그 영화를 토대로 한 『소설 카프카』

가 나왔기에 카프카를 이해하는 데 도움이 될까 하여 읽었다. 옛날 '진보적'인 책을 꽤나 출판한 풀빛이란 출판사에서 나왔기에 '진보적'이기를 기대하면서.

그러나 그런 기대는 곧 사라졌다. 그 소설의 역자 해설 역시 이상한 소리들만 했다. 예컨대 카프카 외가가 유대 랍비 출신이고 체코의 괴기소설가 마이링크Gustav Meyrink(1868-1932)의 영향을 받아서 카프카가 신비주의에 젖었으므로, 카프카를 이해하기 위해서는 유대 신비주의와 괴기소설의 전통을 알아야 한다는 것이었다.

어떤 소설을 이해하기 위해 그 배경이 되는 사상을 알아야 한다는 것은 당연한 이야기이나, 그렇다고 그 배경 사상을 모른다고 해서 그 소설을 반드시 이해할 수 없는 것은 아니리라. 일반 독자는 그 정도로 연구하는 자세로 책을 읽지 않기 때문이다. 그런 배경 사상을 모르면 카프카를 이해할 수 없다고 한다면, 나는 그렇게 어려운 카프카를 굳이 읽지 않겠다.

나는 분명히 말한다. 카프카는 어렵지 않다고. 카프카는 자기 이름으로 수수께끼 같은 언어유희를 즐긴 '이상한' 사람이 아니다. 카프카를 이해하는 데 유대 신비주의까지 들먹일 필요가 없다. 게다가 마이링크라는 우리가 이름도 모르는 작가를 이해할 필요도 없다. 도리어 카프카는 철저히 유대교를 부정했고, 더욱이 마이링크 같은 괴기소설가를 끔찍이도 싫어했다.(『카프카 문학사전』, 63쪽.)

따라서 나는 단언한다. 카프카를 어렵게 하는 것은, 소위 카프카 전문가들이라고. 극단적으로 말하자면 카프카로 먹고살아야 하는 사람들이 만들어낸 kafkaesk, kafkasch 같은 것이라고. 뭔가 어려운 것처럼 해야 이상한 해설이라도 쓰게 되는 사람들의 이상한 취향이라고. 그리고 다시 단언한다. 카프카는 쉽다고. 카프카만큼 명료한 글을 쓴 사람은 없다고.

그러나 카프카가 쉽고 어려운 게 무슨 상관인가? 쉽던 어렵던 우리에게 의미가 없으면 무슨 상관인가? 적어도 나에게는 의미가 있다. 카프카는 우리가 사는 사회와 인간을 누구보다도 명료하게 보여준다고. 그렇기에 카프카는 의미가 있다고. 그러나 아무도 그런 이야기를 하지 않기에 나는 이 책을 쓴다.

카프카 전기들

이 책은 카프카 평전이다. 평전이라고 하나, 기본은 전기이다. 우리나라에서는 전기와 평전은 구별된다. 예컨대 전기는 사실의 나열에 불과하나, 평전은 저자의 주관적 평가를 더한 것이라는 구별이다. 그러나 그런 전기란 없다. 따라서 모든 전기는 평전이다.

어느 작가의 경우도 그렇지만 나는 카프카의 생애를 아는 것은 특히 그의 작품 이해에 필수적이라고 생각한다. 그런 탓인지 카프카의 삶에 당연히 관심이 갔다. 내가 카프카의 생애에 대한 것으로 처음으로 읽은 책은 1970년대 초 야누흐의 『카프카와의 대화*Gespräche mit Kafka*』였다. 이 책은 우리말로 번역된 바겐바하Klaus Wagenbach(1930-)의 『카프카』에도 곧잘 인용되었다. 그러나 그 후 여러 가지 이유로 그 신빙성이 의문시되어 1980년대 이후에 나온 전기에서는 전혀 인용되지 않거나, 의문이

제기되고 있다.

이 책은 1969년 우리말로 처음 번역되었고, 1988년 그 증보판이 다시 우리말로 번역되었으나, 나는 이 책을 비판적으로 검토하여 신빙성이 있는 것만 인용하기로 한다. 특히 1920년대 카프카의 사회관을 알기 위해서는 반드시 인용되어야 할 내용도 있지만, 그 사실 여부는 객관적으로 검토되어야 하기 때문이다.

카프카에 대한 최초의 전기는 1937년과 1954년 브로트에 의해 쓰였다. 그러나 카프카를 성자처럼 묘사한 그 책은 벤야민Walter Benjamin(1892-1940)이 이미 1938년에 지적했듯이 뜨거운 우정의 표시에 불과했다. 물론 벤야민은 과도한 이념의 세계에서 살았던 만큼 그의 평가도 지나치다.

그러나 벤야민이 1937년 브로트가 쓴 카프카 전기가 다시는 읽히지 않으리라고 생각한 것과 달리, 1954년 다시 책이 나왔고, 그 브로트에 의한 시오니즘적, 종교적, 낙천적 입장의 왜곡이 비판됨에도 불구하고 친구가 아니면 그 누구도 쓸 수 없는 귀중한 에피소드를 많이 담고 있는 책으로 지금도 여전히 카프카 전기의 토대가 되고 있다.

내가 읽은 최초의 카프카 전기도 브로트가 쓴 『카프카 평전Franz Kafka』(홍경호 역, 문예출판사, 1981)이었다. 그러나 이 책은 카프카에 대한 몇 가지 정보를 준 것 외에 그 유대교적 성인상이나 카프카에 대한 종교적 해석이 왠지 황당했다. 아마도 당시 나는 카프카를 떠나 사회주의에 침잠해 있었기에 그런 느낌이 더욱 강했으리라.

1983년 나는 사회주의를 제대로 공부하고자 외국에 갔다. 그러나 나는 사회주의에 실망만 하고 2년 뒤 돌아왔다. 그래서 모든 권력을 거부하는 아나키즘에 빠졌다. 카프카가 다시 나에게 온 것은 바로 그때였다. 바로 '권력의 거부'한 작가로.

그러나 1987년 이후 우리나라에서는 대통령 직선제를 요구하는 '민주화' 바람이 불고, 일부에선 사회주의가 신봉되었다. 그래서 나는 숨어서 카프카를 읽어야 했다 카프카에 의하면 그런 민주화도, 사회주의도 권력을 향하는 대중의 몸짓에 불과하기 때문이었다.

그 후 바겐바하가 쓰고 전영애가 번역한 『카프카Kafka』를 읽었다. 그 책에는 원저에 대한 소개가 전혀 없으나, 1964년 서독의 로로로Rororo 문고로 나온 것인 듯하다. 최근 한길사 판까지 몇 번이나 번역된 그 문고가 다 그렇듯이, 독일어로 쓰인 가장 대중적인 전기라고 할 수 있는 그것은 사실 기본적인 욕구를 채워주는 정도에 그쳤다.

이 책에 앞서 바겐바하는 학문적이고 실증적인 카프카 전기의 효시라고 평가되는 『프란츠 카프카, 젊은 날의 전기, 1883-1912Franz Kafka, Eine Biographie einer Jugend, 1883-1912』(1958년)를 썼다. 이는 원래 박사학위 논문으로 제출된 것인데, 독일에서는 전기가 학위논문으로도 다루어진다니 놀랍다. 우리나라에서는 결코 그런 일이 있을 수 없기 때문이다.

그래서 우리나라 학자들은 좀체 전기를 쓰지 않는 것일까? '연구'니 '고찰'이니 하는 말을 붙이지 않으면 학문이 아니라는 것이 우리 학계이기 때문일까? 우리나라 대학원의 학위 논문에서 『프란츠 카프카, 젊은 날의 전기, 1883-1912』 같은 논제는 상상할 수도 없고, 그런 책을 누가 낸다면 소위 학술연구업적에서 당연히 제외되리라.

이 책은 카프카의 29세, 즉 1912년까지를 다룬 부분적인 전기임에도 불구하고, 독일 학계에서 전통적으로 형성되었고, 우리나라에서도 그대로 받아들여진 카프카에 대한 작품 내재적 해석에 반대하여 실증적 연구에 기초한 점, 특히 카프카의 사회주의와 아나키즘에 대한 공감을 적극적으로 부각시킨 점, 1912년을 카프카 생애의 결정적 전환점으로 본 점 카프카 언어의 순수성을 프라하 독일어의 언어적 궁핍으로 설명한 점, 등에서 그 뒤 카프카 연구의 토대가 되었다.

이 책은 우리말로 번역되어 있지 않다. 그러나 바겐바하가 대중용으로 쓴 로로로 문고의 『카프카』는 앞 책과 달리 카프카의 전 생애를 다루었고, 같은 저자의 책인 만큼 당연히 앞 책과 취지가 일치한다.

그러나 나는 뒤에서 밝히듯이 바겐바하의 의견에 동의하지 않는 부분이 많다. 예컨대 1912년은 카프카 생애의 전환기이기는 하지만 그 1년만을 특별히 강조하는 점에 대해서는 41년의 생애를 고르게 다루는 태도라고 보지 않는다. 또한 프라하 독일어가 특이한 상황에 있었다고 해서 그것만으로 카프카 문장의 순수성을 해명할 수도 없다고 본다. 왜냐하면 카프카와 동시대를 산 프라하의 독일어 사용 유대인 작가들에게서는 그런 특성이 나타나지 않기 때문이다.

그 후 프랑스의 갈리마르사에서 나온 티에보Claude Thiébaut의 책을 번역한 『카프카Les Métamorphoses de Franz Kafka』가 나온 1998년까지 내가 읽은 우리말 전기는 브로트와 바겐바하 책뿐이었다. 아니 그 사이 1995년에 나온 마이로비치의 만화 『카프카Kafka』도 더해야겠다.

내가 이 책의 원고를 다 쓴 무렵, 로베르Marthe Robert(1914-1996)의 『프란츠 카프카의 고독Seul, comme Franz Kafka』이 번역되어 나왔다. 이 책은 흔히 평전이라고 하지만, 평전이라기보다도 사실은 평론이다. 그것도 유대교적인 입장에서 쓰여진.

사실 위에서 언급한 브로트, 바겐바하, 티에보, 마이로비치, 로베르는 모두 유대인이다. 브로트의 카프카 전기에 대해 이미 벤야민이 오래 전에 '유대인 특유의 파시즘'이라고 비판한 바 있지만, 우리가 유대인 책이면 어디에서나 읽을 수 있는, 유대교 내지 유대에 대한 강조는 위의 책들 어디에서나 볼 수 있다.

그러나 카프카는 유대인이기는 했지만, 또한 유대 문제에 관심이 많았지만, 유대교는 물론 모든 종교를 부정했고, 그가 유대에 관심을 가진 것은 팔레스타인에 아나키즘적인 노동공동체를 수립한다는 것이었다. 우리가 키부츠로 아는 그 공동체는 지금 이스라엘에 극소수만 남아 있을 뿐이나, 카프카는 평생 그것을 꿈꾸었다. 따라서 나는 카프카를 유대교를 비롯한 유대적인 차원에서 보아서는 안 된다고 생각한다.

한편 2012년 이주동의 『카프카 평전-실존과 구원의 글쓰기』가 나오기 전에는 우리말 카프카 전기가 없었다. 그 전에 있었다고 한다면 김광규가 쓴 「카프카의 생애와 작품」(김광규 편, 『카프카』, 문학과지성사, 1978)과 박병화가 쓴 「카프카의 생애」(『카프카』, 건국대학교출판부, 1995)인데, 각각 39쪽, 26쪽 정도의 지극히 간략한 것이다.

그것도 전자는 바겐바하의 전기를 줄인 것이고, 후자는 가족, 학창시절, 직업, 동료, 야누흐, 연인들과 '프라하'라는 소제목에서 알 수 있듯이 그의 구체적인 생활이나 사상에 대해서는 거의 언급하지 않고 있다. 게다가 후자의 설명은 전혀 균형 감각이 없다. 예컨대 야누흐가 카프카 삶을 일곱

가지로 나누는 경우 그 하나로 등장할 만하다고는 생각되지 않는다.

한편 이주동의 『카프카 평전-실존과 구원의 글쓰기』는 카프카의 삶의 체험과 문학적 창작 과정을 연대기적 순서로 탐색하면서 사이사이에 중요한 주제와 작품 해설을 더한 카프카 평전으로 내가 쓴 이 책과는 관점이 많이 다르다.

그래서 그동안 뭔가 욕구가 채워지지 않아 독일어나 영어로 쓰여진 몇 권의 카프카 전기를 읽었다. 두께도 대부분 위 책들보다 몇 배였지만, 특히 사회적인 측면을 강조하는 것이 흥미로웠다. 이는 1968년 유럽 학생운동 이후 생긴 진보적인 분위기 탓이 아닐까 했다.

그런 책들은 카프카가 혼자서 유별난 삶을 산 것이 아니라, 그 삶이 그 시대 사회의 산물이고, 나도, 내 주변 사람 모두도 같은 시대 사회를 살고 있음을 보여주었기에 흥미로웠다. 그러나 '권력의 거부'라는 나의 카프카 이해와 반드시 일치하는 견해는 찾지 못했다.

여하튼 나는 오랫동안 그런 사회적 평전들이 우리나라에 소개되기를 희망했으나, 지금까지 전혀 소개되지 않았다. 왜 그런 새로운 관점의 책들이 소개되지 않았을까? 카프카는 끝없이 번역되고 가르쳐지며 연구되고 있는데 왜 새로운 관점의 전기가 나오지 않을까? 그것은 어쩌면 이미 그 전에 굳어진 '우리의 카프카 이해', 더 정확하게 말하면 '우리나라 독문학계 내지 문학계의 카프카 이해' 탓이 아닐까?

그런 이해를 한마디로 말하기는 어렵지만, 카프카가 처음 소개된 1950년대에 우리나라에 유행한 실존주의 철학의 하나로 카프카를 보는 것이라고 말할 수 있다. 바로 위에서 말한 '불안과 고독, 소외와 부조리, 실존의 비의와 역설'이라는 이해이다. 지난 반세기 동안 전혀 변하지 않은 카프카 상이다.

불안 때문에?

위에서 언급한 티에보는 카프카가 "거칠고 위압적인 아버지, 인간들 사이의 몰이해, 일과 문학이라는 고된 이중생활, 그리고 육체적 질병"이 그의 '불안과 소외'의 문학을 낳았다고 하고 카프카 삶을 '탄생을 앞둔 긴 망설임'이라고 한다(티에보 뒷표지). 그러나 나는 카프카가 그런 개인적인 이유 때문에 특별하다고는 보지 않는다.

왜냐하면 당시의 아버지는 보통 그러했고(지금도 그러하다!), 모든 사람에게 친절했던 카프카가 인간관계에 몰이해했다고 보기는 힘들며, 일과 문학은 그에게 꽤나 조화로운 일상이었고, 육체적 질병은 만년에 가서야 비로소 심각해졌기 때문이다. 그렇다면 다른 설명이 필요하다.

이에 대해 바겐바하는 카프카가 가족, 친구와 사랑을 거부한 이유를 카프카의 '불안' 때문이라고 설명한다. 그리고 그 불안을 "외부세계가 자기만의 고유한 현실 속으로 틈입해 오리라는 불안, 또한 이러한 내면의 자유가 죄에 의해 파괴되리라는 불안, 그리고 '살지 않은' 생에 대한 후회, 무에 대한 불안"으로 설명한다(바겐바하 95-96쪽).

분명 카프카에게는 그런 불안이 있었다. 카프카만이 아니다. 인간이면 누구에게나 그런 불안은 있다. 그러나 그런 불안 자체가 가족과 결혼을 거부한 이유가 되지는 못하리라. 그런 불안의 원인을 우리는 찾지 않으면 안 된다.

그 하나로써 바겐바하는 카프카의 '어느 정도로는 창녀로 요약'되는 여성관을 당대의 '수상쩍은' 섹스관, 결혼관, 윤리관 탓으로 설명한다(바겐바하 104, 101쪽). 카프카의 작품 속에 등장하는 여성을 창녀처럼 보는 것은 가능한 일이고, 무방한 일이다.

그러나 나는 적어도 카프카 생애에 등장하는 많은 여성들이 창녀이기는커녕, 지금 우리 입장에서 보아도 매우 혁신적인 진보적 여성해방 운동가들이었다는 점을 주목해야 한다고 본다. 그와 만년에 사랑을 나눈 유부녀 밀레나나 그가 평생을 두고 사랑한 막내 여동생 오틀라는 그 대표적인 여성들이었고, 펠리체처럼 카프카와 사랑한 여성들은 처음에는 보수적이었으나 그와 헤어진 뒤 대부분 사회주의자와 결혼했음을 보면 카프카의 일정한 영향이 작용했으리라고 짐작하게 한다.

카프카는 친구들을 열심히 사귀지는 않았고, 대부분 짧게 끝났거나, 브로트처럼 오랜 우정이 지속된 경우에도 중간 중간에 단절이 있었다. 그러나 그 단절에는 분명 이유가 있었다. 예컨대 카프카가 작가는 결혼해서는 안 된다고 믿은 바(물론 자신도 끝없이 방황했지만)를 브로트가 거부하고 결혼했다든가, 카프카가 싫어한 정치적 시오니즘 운동에 브로트가 투신했다는 등의 이유가 있었다.

부모와의 갈등은 뒤에서 보듯이 더욱 명백한 이유가 있었다. 이를 카프카의 아버지가 유난히 거칠고 위압적이었고 이에 대해 카프카가 지닌 오이디푸스 심리 탓이라고 과장해서 보아서는 안 된다. 나는 카프카의 작품 세계까지 그렇게 보는 입장에는 명백히 반대한다.

따라서 '불안과 고독, 소외와 부조리, 실존의 비의와 역설'만으로 카프카의 삶이나 글을 모두 설명할 수 없다. 카프카의 불안이나 고독도 우리의 불안이나 고독과 크게 다를 바가 없다. 특히 카프카라는 인간을 그렇게만 설명해서는 안 된다.

극단적으로 보면 이는 카프카를 일종의 정신병자, 상시 불안증자, 정서불안정자 등으로 취급하는 것과 크게 다를 바 없다. 그리고 그의 작품을 그런 환자의 독백으로 취급하는 것과 다를 바 없다. 만일 그에 대한 문학평론이란 것이 의사의 입장에서 내려지는 진찰 같은 것이라면 우리는 왜 그것을 읽어야 하는가? 일부러 불안해지기 위해서? 그냥 고독해지기 위해서?

카프카 삶에 대한 새로운 인식

지금까지 카프카는 주로 가정, 사랑, 직장에서 불안하고 고독한 인간으로 여겨져 왔다. 그러나 내가 새롭게 읽은 카프카는 반드시 그런 이미지만이 아니었다. 예컨대 카프카가 강한 아버지 밑에서 불안하고 고독했다고 하나, 그의 편지를 읽어보면 아버지에 대한 그의 태도는 의외로 강하다.

아니 아버지에게 편지를 쓴다는 것 자체가 아버지에 대해 자신이 강하다는 것을 뜻하지 않는가? 아버지에게 불만을 갖는다고 해서 그 이유를 한 권의 책으로 쓴다는 것이 보통 사람에게 가능한가? 적어도 나에게는 그것이 불가능하기 때문에 나는 카프카가 강한 인간이라고 생각한다.

수많은 여인들과의 관계도 마찬가지다. 그는 그녀들에게 강한 남자였다. 그는 자신의 아버지를 닮은 가부장적 인간이라고 할 정도로 그녀들에게 군림했다. 특히 그가 평생 근무한 직장에서 그는 태만하고 무능해 소외당했다고 여겨졌으나, 사실은 대단히 근면하고 유능한 공무원이어서 마지막에는 최고 직위까지 승진했다. 게다가 직장에 대해 17쪽에 걸친 논문으로 임금 인상을 요구할 정도로 철저하고 투쟁적이었다.

그러나 무엇보다도 나에게 카프카는 당대의 권력에 대해 가장 철저히 저항한 사람으로 새롭게 다가왔다. 여기서 '철저'란 구호를 외치며 혁명을 부르짖는 것이 아니라, 자신의 내면을 철저히 반권력적인 것으로 뒤바꾸고자 한 사람을 뜻했다. 즉 자기 밖으로가 아니라 자기 안으로 권력을 거부한 사람이었다. 그래서 아버지조차, 결혼조차, 친구조차, 직장조차 거부했다. 이 세상에 권력적이라는 이유로 아버지와 결혼, 친구 그리고 직장을 거부할 수 있는 사람이 몇 있을까? 그러나 카프카는 그렇게 강한 사람이었다.

물론 그는 그렇게 강직한 만큼 고독했고 방황했다. 그는 끝없이 자기 자신을 학대했다. 권력적으로 살지 않으면 죽을 수밖에 없다는 생각과, 그러나 절대로 그래서는 죽는 것보다 못하다는 생각의 방황 속에서 그는 평생을 괴로워했다. 그러나 끝까지 자신을 지켰다.

그리고 무엇보다도 그런 마음의 투쟁을 글로 썼다. 그의 글은 마음의 혁명을 추구하는 방황의 기록이다. 그는 글만큼은 돈벌이와 상관없는, 정신의 노동으로 삼았다. 그래서 법을 직업으로 삼았다. 마음이나 정신과 가장 무관한 무의미한 것이기에. 그러나 법이 그가 증오한 권력의 가장 중요한 수단임을 알고서는 다시 끝없이 고뇌했다.

나는 카프카가 병실의 환자처럼 병약하지는 않았다고 본다. 도리어 그는 너무나도 건강했다. 그는 내면의 혁명가였다. 마음의 혁명가였다. 나는 고뇌하는 자야말로 진정한 강자라고 생각한다. 고민할 수 있는 자야말로 진정한 승리자라고 생각한다. 고뇌나 고민이 없는 자는 바보에 불과하다 우리 주변에는 그런 바보들이 얼마나 많은가!

그래서 나는 그를 헤세의 소설 『황야의 늑대』처럼 '고독한 늑대'라고 부른다. 황야의 늑대는 대부분 무리를 짓는다. 그러나 카프카는 혼자이다. 그는 홀로 권력과 치열하게 대결했다. 그를 엄습한 권력이 그를 고독하게 만들었을 뿐이다. 그런 사회에서 그는 고독했을 뿐이다. 그런 사회 모순의 극단이 법이었다. 그는 법을 공부하고 법으로 평생을 산 사람으로서 권력의 화신인 법의 실체를 누구보다도 잘 알았다.

반면 지금까지 우리나라에서 카프카는 그를 둘러싼 사회와 법의 측면이 거의 주목받지 못했다. 그러나 나는 그의 인간과 문학은 당시 사회와 법에 대한 이해 없이는 불가능하다고 본다. 이는 카프카의 경우만이 아니라 어떤 문학인이나 예술가의 경우도 마찬가지지만, 특히 카프카의 경우 중요하다고 본다. 카프카가 그 시대의 아들이었음은 물론이지만, 우리나라에서는 그 점이 무시되었기에 특히 강조할 필요가 있다. 특히 카프카 시대 이상으로 우리나라만큼 천박한 자본주의, 그 권력, 그 법, 그 사회가 존재하는 곳은 다시없기에.

카프카가 태어난 19세기 말은, 그 후 '세기말'이란 말을 세계적으로 유행시킬 정도로 불안한 시대였다. 그가 태어난 프라하는 지금 세계에서 가장 아름다운 '황금의 도시'로 불리지만 당시는 '투쟁의 도시'였다. 그리고 그 투쟁의 전선에서 가장 불안하고 고독한 소수자의 입장에 놓인 것이 카프카와 같은 독일계 유대인이었다.

그 속에서 카프카의 아버지는 철저한 권력주의자, 순응주의자, 기회주의자, 자본주의자였다. 일제와 해방, 전쟁과 독재의 시대를 산 우리 아버지처럼. 따라서 카프카의 자기증오란 카프카 특유의 것이 아니라, 그 시대를 산 유대인에게는 공통된 현상이었다. 또한 그의 여러 가지 특이한 측면, 예컨대 채식주의, 자연요법, 농업생활, 이중여성상, 결혼공포 등은 당시의 지배적인 분위기였지, 카프카 개인에게만 특유한 것이 아니었다.

카프카의 사상?

나는 카프카가 사회주의와 아나키즘 등에 공감했다고 말했다. 이는 카프카에게 대단히 중요한 것이다. 그러나 위에서 검토한 『카프카 전집』 해설에는 그 점이 그다지 강조되지 않는다. 한편 책갈피 설명에는 카프카가 "소년기부터 스피노자, 다윈, 에른스트 헤켈, 니체의 열렬한 옹호자였고, 대학시절에는 무신론과 사회주의를 신봉했다"고 말한다.

그러나 이어 작품에 대해서는 그런 시각에 서서 결코 설명하지 않는다. 예컨대 위에서 보았듯이 『소송』과 『성』을 사랑의 단절을 표현한 것이라고 하거나, 공동사회로 진입하기 위해 노력하지만 실패한 것이라고 한다.

이러한 이야기의 단절은 위 문장에서 적어도 무신론과 사회주의에는 대학시절의 것이었다는 해석에 의하면 이해된다. 그러나 스피노자 등은 소년기'부터'라고 했으니, 평생 지속된 듯이 이해하게도 만든다.

그러나 이 책의 본문에서 보듯이 사실은 그 반대로서, 스피노자 등은 어린 시절 잠시 읽은 정도에 불과해 그야말로 독서의 에피소드 같은 것이었으나, 따라서 몇 줄만의 카프카 소개에서 언급될 필요도 없는 것이나, 무신론과 사회주의는 대학시절이 아닌 어린 시절부터 죽을 때까지 견지한 것이므로 대단히 중요하다.

이는 스피노자, 다윈, 헤켈, 니체는 그 어느 누구도 사회주의자가 아니라는 상식 수준의 이해에 따라서도 금방 이해되는 것이다. 다윈과 헤켈은 진화론자이자 니체처럼 무신론자였으나, 스피노자의 소위 범신론은 유무신론 어디에도 속하지 않는다. 카프카는 소년 시절 그들에 대한 독서를 거쳐(그리고 그 밖에도 수없이 많은 독서를 거쳐) 무신론자와 사회주의자가 되었다.

카프카의 무신론과 사회주의의 입장에서 보자면, 그의 작품에 나타나는 '공동사회 진입 실패'란 기독교 사회, 또는 자본주의 사회에 저항하는 무신론자이기에, 또는 사회주의자이기에 그렇게 실패한 것이라고 이해할 여지가 있을 수 있다. 물론 무신론자나 사회주의자도 사랑의 단절에 슬퍼하리라. 그러나 그의 소설 어디에도 사랑의 이야기는 없거나, 있어도 매우 부분적이다.

이 책의 가장 큰 특징이자 이 책을 쓴 가장 중요한 이유는 카프카를 아나키스트로 본다는 점이다. 나는 이미 카프카를 반권력주의자로서의 아나키스트로 설명한 바 있다.[*] 이는 로버트슨Richie Robertson이 카프카

■ * 졸저, 『법과 예술』, 영남대학교출판부, 1999, 그러나 편영수, 위의 책 101쪽은 카프카를 사회주의자 내지 무정부주의자와 연관지을 수 없다고 말한다. 그러나 그가 사회주의와 무정부주

를 좌와 우를 초월하는 '낭만적 반자본주의자'라고 부른 것과 유사하다.*

그러나 아나키즘은 반자본주의보다 넓어 공산주의도 거부한다. 나는 아나키즘을 자유·자치·자연으로 이해한다. 인간의 자유, 사회의 자치, 자연과의 조화를 이념으로 한다는 것이다. 또한 카프카를 낭만적으로 볼 수는 없다.

카프카가 자유와 자치를 추구한 사람임은 이미 앞의 설명으로 어느 정도 이해되리라. 그가 자연을 얼마나 사랑했는가는 그의 대부분 단편에 등장하는 동물 이야기로도 알 수 있다. 흔히 이 동물 이야기는 비유로 이해되나, 나는 카프카 작품의 법을 법으로 보아야 하듯이 동물도 동물로 보아야 한다고 생각한다. 권력에 저항하기 위해 '벌레'로 변신하듯이 카프카는 사랑하는 동물로 '변신'하기를 희망했다. 따라서 동물 이야기는 '비인간화'가 아니라 '초인간화'이다.

그러나 독자들은 아나키즘이나 아나키스트란 말에 대해 과도하게 예민할 필요는 없다. 또는 학자들이 카프카에 대해 이러쿵저러쿵 하는 것에도 신경 쓸 필요가 없다. 내가 보기에 그 대부분은 헛소리다. 중요한 것은 카프카가 평생 강력한 권력에 짓눌려 살았고, 그것에 대한 저항을

의를 어떻게 이해하는지에 문제가 있다. 마찬가지로 김성진은 『아메리카』(삼성당, 1970) 해설 (285-286쪽)에서 "카프카의 세계는 신이 없는 인간의 비참한 모습을 그린 것이 아니라, 신의 존재를 알고 있으면서도 천국과 지상을 엮는 방법을 모르기 때문에 신을 따라갈 수 없는 안타까움을 나타내고 있다." 그래서 그의 문학은 "신이 없는 신학"이라는 식으로 해설한다. 천국과 지상을 엮는 방법을 모르다니 도대체 무슨 소리인가? 또한 위의 책은 카프카에 대한 사회주의적 해석을 '상투수단을 써서 아전인수격으로 이론을 날조하는' 것이라고 매도한다. 그러나 과연 그럴까? 위의 해설이 1970년도에 나온 것임을 고려하면 이해되지 않는 바도 아니나 최근의 이해도 그리 다르지 않다. 내가 읽은 범위에서 이런 해석은 1950년대부터 우리나라에서는 일반적이었다. 예컨대 박종서 역, 『심판』, 박영사, 1958(『소송』이라고 번역함이 옳다).

* Richie Robertson, *Kafka: Judaism, Politics and Literature*, New York, 1987, p. 141.

벌레로 그렸다는 점이다. 그래서 나는 그를 사랑하고, 그를 친구로 둔다. 마찬가지로 카프카를 친구로 삼을 사람만이 이 책을 읽으리라.

대학생인 카프카는 친구에게 보내는 편지에서 다음과 같이 썼다. "우리가 읽는 책이, 우리들이 머리에 주먹으로 일격을 가해서 각성을 시켜 주지 않는 것이라면, 우리는 무엇 때문에 책을 읽겠는가? … 한 권의 책, 그것은 우리 내면의 얼어붙은 바다를 깨는 도끼여야 하네."

해석의 다의성?

흔히 카프카 문학의 특징으로 다의성이 지적된다. 즉 다양한 해석이 있다는 것이다. 그러나 이는 카프카 '문학'의 특징이 아니라 카프카에 대한 '문학론'의 특징에 불과한 것이다. 이러한 다의성은 카프카 문학만이 아니라 다른 작가의 문학에도 해당될 수 있으므로 카프카 문학론의 특징이랄 수도 없다.

이런 다의성이 카프카의 유별난 표현의지에서 비롯된다는 견해가 있다. 그러나 표현의지는 역시 모든 작가의 공통된 현상에 불과하고, 대부분의 작품을 불사르라고 유언한 카프카에게 그런 '유별난' 의지가 있었다고 보기도 힘들다.

여하튼 그런 문학론은 보통 다음 다섯 가지로 구분된다. 즉 종교적, 철학적, 심리적, 사회적, 마르크스주의적 입장이다. 그 밖에 문헌학적-전기

■ * 김용익, 『프란츠 카프카 연구』, 삼영사, 1984, 7쪽.

적 해석이 소개되는 경우도 있으나, 이는 해석이라기보다도 해석의 전제가 되는 검증의 방법에 불과하므로 무시할 수 있다.

첫째 종교적인 것은 카프카의 유대인 친구들인 브로트, 하스Willy Haas(1891-1973), 부버Martin Buber(1978-1965)가 주장하는 바, 카프카를 유대의 신비주의자로 간주한다. 특히 카프카 생애에 가장 친했던 친구였던 브로트는 카프카를 성인, 유대교 부흥자로 그렸고, 그의 작품을 신의 은총을 체험하기 위한 종교적 투쟁으로 해석했다.

둘째 철학적인 것은 우리나라 독문학자들 해석의 전범처럼 되어온 엠리히의 입장으로서, 카프카의 세계는 비이성화된 사회질서를 보여주며 카프카는 그 속에서 자유로운 자아에 이르려고 했다고 본다.

셋째 심리적인 것은 폴리처Heinz Politzer(1910-1978)나 조켈의 입장으로서 카프카 문학을 부자간 갈등으로 본다.** 카프카가 프로이트를 알았고, 『선고』를 프로이트로부터 시사를 받아서 썼음을 『일기』***에 적고 있음을 강조하는 입장이다.

넷째 사회적인 것은 아도르노Theodore W. Adorno(1903-1969)나 벤야민의 입장으로서, 카프카가 인간의 부패와 허위의식을 그렸으나 그 극복을 제시하지 못했다고 본다. 이는 철학적인 것과 유사하나, 카프카의 궁극적인 태도를 평가함에 차이가 있다.

■　　* 편영수, 『카프카문학의 이해』, 전주대학교출판부, 1998, 11쪽.
　　** 편영수, 위의 책 13-14쪽은 엠리히, 폴리처, 조켈 중에서 엠리히만이 한국에서 영향력을 행사하는 것을 '기형적으로 왜곡되어 수용될 위험성'으로 보고 있으나, 이러한 평가에는 문제점이 있다. 독일에서의 연구가 모두 우리에게 소개되어야 정상적 수용이라는 평가는 있을 수 없다. 엠리히만이 타당하다면 문제는 없는 것이다.
　　*** 『일기, 1910-1923』, Frankfurt a. M. 1975, p. 184.

다섯째 마르크스주의적인 것은 철학적·사회학적인 것과 유사하나, 루카치Georg Lucacs(1885-1971)처럼 카프카가 사회주의를 거부한 점을 비판하는 경우도 있고, 피셔Ernst Fischer(1899-1972)처럼 긍정적으로 보는 입장도 있다.

나는 이 책에서 우선 첫째의 종교적 입장은 부정한다. 왜냐하면 카프카는 무신론자였기 때문이다. 따라서 철학적·심리적·사회적·마르크스주의적 입장을 기본적으로 전제하되, 궁극적으로 카프카를 부정하는 아도르노, 벤야민, 루카치의 입장이 아니라, 카프카를 긍정하는 입장에 선다.

그러나 이 책에서 나의 입장은 무엇보다도 카프카가 법의 세계를 다루었고, 그 법의 세계는 무엇보다도 먼저 법의 세계 자체로서 보아야 한다는 점이다. 그러나 이에 대해서는 좀 더 상세한 설명이 필요하다.

이러한 다양한 해석은 흔히 카프카 작품의 위대성의 상징으로 말해진다. 그러나 그 어떤 해석에도 공통된 점은 카프카가 어떤 계획에 의해 논리적으로 썼고, 집필 과정 중 여기저기에 교묘하게 상징을 배치하여 신비화를 불러 일으켰다는 전제에 입각한다는 것이다. 따라서 그 상징을 해독하면 작품의 이해가 가능하다는 입장에 서 있다.

그러나 이러한 전제 자체가 카프카의 특유한 창작방법과 일치하지 않는 것이다. 카프카는 집필 계획 같은 것을 세우지 않고, 그냥 자신의 딜레마를 쓰는 사람에 불과했다. 여기서 우리는 그 집필 태도나 과정을 살펴볼 필요가 있다. 예컨대 하룻밤만에 「선고」를 쓴 1912년 9월 23일 밤, 카프카는 일기에 다음과 같이 썼다.

이야기가 어떻게 내 앞에서 전개되어 갔던 간에, 내가 홍수 속에서 앞으로 나아갔던 간에 그것은 무서운 긴장과 희열이었다. 어젯밤 나는 여러 번 어깨가 무거웠다. 어떻게 모든 것을 말할 수 있을까? 어떻게 모든 것, 극히 생소한 착상까지도 포함한 모든 것을 위해 그것들을 불살랐다가 다시 소생시키는 하나의 거대한 불을 마련할 것인가… 확실한 것은 내가 소설을 씀으로써 쓴다는 것을 수치스럽게 비하시키고 있다는 사실이었다. 오직 그렇게 해서만 글이 써진다. 그렇게 응집해서만, 그렇게 혼과 육이 개방됨으로써만 글이 쓰인다(바겐바하 94쪽 재인용).

'혼과 육의 개방', 그것이야말로 카프카 생애를 지배한 비밀의 핵심이다. 내가 이 책의 제목으로 삼은 것처럼 '권력의 거부', 즉 카프카는 어떤 인간관계에서도 그렇게 '혼과 육을 개방'하려고 했고, 그것은 특히 글쓰기에서 가장 완벽하게 추구될 수 있었다.

물론 카프카의 그런 글쓰기와는 무관하게 그의 작품을 두고 다양한 해석은 있을 수 있다. 그러나 그 어느 해석도 완전하지 못하다. 따라서 그 모든 해석은 종합적으로 이해되어야 한다. 그러나 역시 앞에서 말한 것처럼 여러 평자처럼 자신의 입장에 사로잡힌 편견에 의해 해석되어서는 안 된다.

카프카의 새로운 전기들

지금까지 수많은 카프카 전기가 쏟아져 나왔으나, 여기서 그 방대한 목록을 작성할 필요는 없으리라. 이 책을 읽는 일반인에게는 무의미한 일이고, 혹시 독일문학자가 이 책을 읽는다면 그는 최소한 한두 권의 독일어 카프카 전기를 보았을 터이니 그 참고문헌을 참고하면 되기 때문이다.

그러나 혹시 일반 독자가 카프카 전기를 읽고자 하여 영어로 된 카프카 전기 한 권만을 추천 받고자 한다면 나는 파웰Renst Pawel(1920-1994)의 『이성의 악몽: 카프카의 삶The Nightmare of Reason: A Life of Franz Kafka』(New York: Farar, Straus & Ciroux, 1984)을 권하겠다. 이 책은 여러 언어로도 번역되었다.

그 이유는 우선 권위를 자랑하는 『브리태니커Britanica』에서 종전에 나온 카프카 전기를 대폭 수정한 결정적인 전기라고 평가되기 때문이다.*
그러나 더욱 중요한 이유는 내가 이 책에서도 강조하는 카프카 시대의 사회적 상황에 대한 설명이 상당히 충실하다는 점이다. 나도 이 책을 쓰면서 파웰의 책으로부터 많은 점을 배웠다.

그러나 파웰이 유대인이라고 하는 점은, 같은 유대인인 카프카를 더욱 정확하게 이해시킬 수 있는 장점이기도 하지만, 반대로 유대인의 입장에 사로잡힐 수 있다는 점에서 단점이기도 하다. 유대인 책의 일반적 문제점으로 지적되는 유대주의가 이 책에서도 유감없이 나타나기 때문이다.

전기는 아니지만, 카프카 이해에 필수적인 문헌으로 나는 프랑스의 질 들뢰즈Gilles Deleuze와 펠렉스 가타리Félix Guattari가 쓴 『카프카-소수적인 문학을 위하여Kafka-Pour une litrtérature minieure』(Les Edition de Minuit,

---

■   * *Britanica*, 제6권, p. 679.

1975)를 추천한다. 이 책은 조한욱의 번역(문학과지성사, 1993)과 이진경의 번역이 있다(동문선, 2001).

저자들은 카프카 작품의 내용과 표현 모두 지배적, 주류적인 문학에 반하는 정치적 문학인 소수적 문학이라고 주장하고, 그런 소수적 문학이야말로 민중문학과 프롤레타리아 문학의 가장 올바른 것이라고 역설한다.

그러나 이 책은 그다지 쉽지 않다. 들뢰즈와 가타리의 사상과 문장에 상당 정도 익숙한 사람이 아니면 난해하다. 그래서 모레티Franco Moretti처럼 "정말 일방적일 정도로 말도 되지 않는 이야기"라고 혹평하는 사람도 있다.* 모레티는 들뢰즈와 가타리가 카프카를 소수적 문학이라고 주장하는 점에 대해서도 카프카는 표준 독일어로 썼다고 반박한다.

이처럼 '말도 되지 않는 책'이 우리나라에서 두 번이나 소개된 점에 모레티는 더욱 놀라리라. 그러나 나는 모레티처럼 생각하지는 않는다. 들뢰즈와 가타리의 책이 난해하지만 '말도 되지 않는' 정도라고는 보지 않는다. 나로서도 그것을 어느 정도 소화했는지 모르지만, 이 책에서도 그들의 견해를 가끔은 인용하고, 내 나름으로 소화해서 언급한다.

카프카 삶의 특징과 구분

카프카의 삶은 단조롭다. 그냥 단조로운 것이 아니라 단조롭기 짝이 없다.

■　　*　모레티, 조형준 역, 『근대의 서사시Modern Epic』, 새물결, 1999, 309쪽. 주 24.

그보다 16년 뒤에 태어난 미국의 헤밍웨이Ernest Hemingway(1899-1961)가 전 세계를 누빈 것에 비교하자면 더욱 그렇다. 카프카는 평생을 프라하란 작은 고도의 옛 광장을 둘러싼 수백 평 정도의 작은 둥근 땅에서 평생을 보냈다.

누가 작은 광장의 모퉁이에 서서, 사방을 둘러보며 저 골목에서 나는 태어났고, 그 옆 건물의 학교를 다녔으며, 그 뒤 건물에서 평생 사무를 보고 살았다고 말하는 장면을 그려보라. 그리고 뒤에 그의 묘지가 다시 또 다른 골목 안에 있다고 한다면. 나아가 자기 식구들, 부모들도 모두 그렇다고 한다면 아마도 답답하리라.

카프카의 모든 소설은 그의 삶처럼 답답한 작은 광장이다. 소설의 모든 무대는 그 좁은 광장 주변이고, 소설가 역시 그 광장 어느 구석의 작은방에서 그 모든 소설을 썼다. 광장은 사방으로 막혀 있다.

그가 체코 출신이라 그럴까? 아니다. 같은 체코 출신인 릴케Rainer Maria Rilke(1875-1926) 역시 세계를 누볐다. 게다가 당시의 체코는 변방이 아니었다. 한때 유럽 최대의 제국인 합스부르크 제국의 대도시 중 하나였다.

그에게는 작가의 인생이나 작품의 소재가 된 특별한 경험도 없다. 이렇다 할 투쟁도, 생명을 건 모험도, 일생을 좌우한 사랑도 없다. 결혼도 안(또는 못)했으니 쓰라린 이혼사연이 있을 리도 없다. 도대체 볼 게 없는, 정말 평범한 삶이었다.

동시대 위대한 작가와의 감동적인 만남 같은 사연도 찾아볼 수 없다. 릴케나 롤랑Romain Rolland(1866-1944)처럼 멀리 러시아까지 가서 당대 최고의 작가 톨스토이를 만난다는 것은 꿈도 꾸지 못했고, 하다못해 오스트리아의 동시대 저명 작가인 릴케, 무질Robert Musil(1880-1942)이나 호프만슈탈Hugo von Hofmannstahl(1874-1929)도 만난 적이 없다. 만나고자 했으면 당연히 만날 수 있었으리라. 하다못해 그들의 강연회라도 가서 볼 수 있었으리라. 그러나 카프카는 그런 만남 자체를 싫어했다.

그는 평생 몇 사람하고만 교제했고, 원고는 출판사가 의뢰를 해야 보냈다. 그는 소위 전업 작가가 아니었다. 16년 간 산업재해보험공단에서 일했고, 글은 그야말로 밤에만 끼적거렸다. 한마디로 그는 촌놈, 촌사람이었다.

그는 무명이었다. 그가 유명해진 것은 죽고 나 약 30년이 지나서였다. 그가 쓴 독일어의 전집이 나온 것은 1951년부터였고, 그가 평생을 산 체코의 언어로 최초의 번역이 나온 것은 1957년이었다. 우리나라에서 카프카 작품이 번역된 시기와 거의 비슷했다.

이런 단조롭기 짝이 없는 카프카의 삶을 구분하기란 쉽지 않다. 예컨대 파웰은 22장으로 카프카의 삶을 구분하고, 바겐바하는 8등분한다. 나는 기본적으로 바겐바하에 따르되, 앞에서 말했듯이 1912년을 별도로 나누지 않고, 1911-1914년까지를 하나로 나누고, 또한 바겐바하가 상당히 모호하게 두 개 장으로 다룬 1914-1919년, 1920-1924년과 달리, 제1차대전기인 1914-1918년과 1919-1924년으로 확실하게 나누었다.

사실 카프카 만년의 시기는 명확하게 구분하기가 쉽지 않다. 종래 제1차대전은 일기 등에 나타난 바 카프카의 삶에 그다지 영향을 주지 않은 것으로 다루어졌기에 카프카의 생애 구분에 중요한 의미를 갖지 않는 것으로 여겨졌으나, 나는 제1차 대전을 매우 중요한 시기로 본다. 예컨대 카프카와 동시대를 산 츠바이크Stefan Zweig(1881-1942) 같은 유대인 작가들에게 제1차 대전은 가장 중요한 삶의 전환기였다는 점과 비교하면 카프카의 삶에서 제1차 대전을 무시함은 문제가 있다.

그래서 이 책은 결국 7개 장으로 카프카 삶을 구분하는 것이 되었다. 그 하나하나를 특징에 따라 명명하는 것도 쉬운 일이 아니다. 고심 끝에 나는 제1장 성장, 제2장 십대, 제3장 대학, 제4장 직장, 제5장 사랑, 제6장 전쟁, 제7장 혁명으로 명명했다.

그러나 각 시대가 반드시 그런 명명에 적합하지는 않다. 특히 제4장 직장은 사실 제7장의 죽음 직전까지 이어지는 그의 직장 생활을 턱없이 줄인다던가, 제5장 사랑 역시 그 전후로 이어지는 카프카 평생에 걸친 사랑을 무시한다던가, 제7장 역시 죽기 전의 삶을 무시한다는 식의 오해가 없기를 바란다.

나는 제4장에서 그가 새로 출발하는 직장에 대해 상세히 설명하고, 제5장에서 카프카가 가장 길게 사랑한 펠리체에 대해 강조한 것에 불과하며, 제7장에서는 러시아 혁명 이후 마지막 죽음에 이르는 길을 설명했기에 각 장의 제명을 그렇게 단 것이다.

누군가의 삶의 이해할 때, 개인의 삶과 동시에 그 개인이 속한 사회와 시대의 삶을 짚어봐야 한다. 따라서 카프카의 삶도 그 시대, 사회, 문화와 동떨어진 것으로 다룰 수 없다. 앞에서 나는 1970-80년대 이후 카프카의 삶을 사회적으로 이해하려는 움직임이 있었다고 말했다. 그러나 나는 그런 노력이 그다지 성공적이라고 보지는 않는다.

따라서 나는 이 책에서 내 나름으로 그런 자료를 많이 넣고자 했다.

전통적인 평전 집필의 입장에서 본다면 일탈일지 모를 정도로 말이다. 적어도 나는 독자들에게 도움이 된다고 생각한 것이면 가능한 한 많이 보태려고 일부러 노력했다.

예컨대 제2장에서 나는 카프카 10대에 형성되는 유대인 교양주의 교육에 대해 많은 설명을 했다. 우리는 흔히 유대인이 전통적으로 교육열이 높았다고 알고 있으나, 나는 유대인 해방과 동시에 형성된 독일 계몽주의의 영향 탓이라고 보기 때문이다.

또한 제3장에서 나는 카프카에게 영향을 미친 당대의 오스트리아 및 독일의 법학이나 문화에 대해서도 많은 설명을 가했다. 이 점은 특히 종래의 어떤 카프카 전기에서도 주목된 바 없으나, 나는 카프카가 쓰는 모든 법적인 소재의 작품들이 19세기 말 20세기 초의 새로운 법학운동과 연관이 있다고 본다. 또한 그의 명증한 정신이나 문체도 당시 오스트리아를 풍미한 칼 클라우스Karl Kraus 등의 문학에 큰 영향을 입었다.

용어와 연대 및 인용의 문제점

카프카의 생애를 설명하는 경우 몇 가지 용어와 연대의 혼란이 있다. 예컨대 카프카가 법학부를 마치고 받는 학위는 Doktor라는 원어를 법학박사로 번역함이 보통이나, 이는 우리와 같은 법학박사가 아니라 우리에게는 법학사에 해당되는 것이다.

또한 카프카가 평생 근무하는 직장에 대해서다. 『카프카 전집』 책갈피는 이를 보험회사라고 하고 1908-1917년까지 근무했다고 한다. 그러나 그 해설에서는 노동자 상해보험회사(제4권)라고 하고, 바겐바하의 번역서에서는 근로자보험회사라고 한다. 우리나라에서는 이를 산업재해보험공단이라는 부르기에, 나는 그 말을 사용한다. 그리고 카프카가 그곳에서 근무한 기간은 1908-1922년이다.

산업재해보험공단에 근무하기 전 카프카는 몇 달 동안 사기업인 '일반보험회사'에 근무했다. 이를 우리나라에서는 고유명사라는 이유에서인 듯 원어 Assicurazioni Generali 그대로 표기하나, 불필요한 혼동만을 주는 것이라는 이유에서 이 책에서는 '일반보험회사'라고 표기한다. 더욱 사소한 일이지만 카프카의 직책에 대해서도 혼란이 있다. 예컨대 바겐바하 번역서에는 1910년부터 서기, 1913년에 부비서관, 1920년에 비서관, 1922년에는 비서실장이 되었다고 한다(바겐바하 80쪽). 이는 마치 카프카가 비서직에 근무했다는 인상을 준다. 서기-사무차장-사무부장-사무총장으로 번역함(김광규 27쪽)도 마찬가지다. 원어에 따라 번역하자면 부서기관, 서기관, 상급서기관으로 번역할 수도 있으나, 역시 어색하다.

그래서 나는 그 직책에 맞는 우리식 이름을 선택했다. 예컨대 직원, 과장(1913년 카프카는 30명의 직원을 거느렸다), 국장(1920년 카프카는 공단 4개국(局) 중 1국의 책임자였다), 이사(1922년 그는 최상급직에 승진했다). 그러나 여기서 중요한 것은 카프카가 관료로서는 거의 최고직까지 순탄하게 승진했다고 하는 점이므로, 그 이름에 굳이 연연할 필요는 없다.

카프카 생애에 등장하는 여러 인물이나 지명의 표기에도 혼란이 있다.

■ * '장교협회'라는 번역도 있다. 치췔러 18쪽.

프란츠 카프카(1883~1924)

독일인, 유대인, 체코인 등 국적이 다양한 까닭이다. 그런 인명이나 지명의 표시는 각 자국어의 발음에 따라 표기하는 것을 당연한 원칙으로 한다. 따라서 예컨대 체코인인 Janouch는 종래 독일어 식으로 야노우크로 표기하던 것을 이 책에서는 야누흐로 표기한다.

또한 카프카 작품명에도 혼란이 있다. 이미 종래『판결』이라고 하던 것은『선고』,『심판』이라고 하던 것은『소송』,『아메리카』로 하던 것은 그 원명 자체가『실종자』로 바뀌었으니, 바뀐 것을 그대로 사용한다.

카프카 작품의 인용은「변신」등의 단편,『실종자』,『성』,『카프카의 편지』,『카프카의 엽서』는『카프카 전집』에 포함된 각각을 인용한다. 무수한 번역이 있으나, 가장 새로운 번역으로 생각되므로 채택하여 인용한다.

그 밖에『아버지께 드리는 편지』, 카프카의 일기 초역인『사랑의 형이상학』, 밀레나에게 보낸 편지 초역인『밀레나 여사』,『카프카 문학사전』, 야누흐의『카프카와의 대화』등을 제목 그대로 인용한다. 또한 바겐바하, 티에보, 로베로, 들뢰즈와 가타리의 책은 각각 바겐바하, 티에보, 로베로, 들뢰즈로 인용한다. 그리고 그 인용은 별도의 주로 표기하지 않고, 본문 속에서 인용한 뒤 그 인용 쪽 수를 표시한다.

"한 권의 책은 우리 안의 얼어붙은 바다를 깨는 도끼여야 한다."

1장

어두운 성장

I

프라하의 장샛거리 카프카

프라하는 아름답다. 내가 세상에서 본 도시 중에서 가장 아름답다. 그러나 지금은 추악한 상업도시이기도 하다. 지금 그 거리는 온통 장사치로 흘러넘친다. 동유럽에서 마약이 가장 성행하고 범죄가, 특히 국제적인 범죄 조직이 들끓는 곳으로도 유명하다.

그런 장사 수단 중 하나가 카프카이다. 자본주의 사회에서 무엇이든 장사가 된다면 이용되지 않을 것이 없겠지만, 카프카도 상술에 이용되고 있다. 카프카의 이름을 단 온갖 상품이 팔린다.

몇 년 사이였다. 십 몇 년 전까지만 해도 프라하에는 카프카가 없었다. 그가 태어난 집 벽 꼭대기에 작은 카프카 얼굴 부조가 걸린 것도 1965년이었다. 물론 공산당의 지시에 의한 일이었다. 그러나 여전히 카프카 작품은 판금 상태였다.

2년 전인 1963년부터 스탈린주의로부터 동유럽이 조금씩 벗어나 인간의 얼굴을 한 사회주의라는 하는 것이 막 시작할 무렵이었다. 그 전에 카프카는 퇴폐적인 허무주의자로 알려졌을 뿐이다. 아니, 기실 누구도 카프카를 몰랐다.

1963년 5월 프라하에서 카프카 학술회가 열리면서 그 이름이 최초로 공개되었다. 피셔가 회의에서 발표한 글 마지막에 말했다. "카프카 작품의 억울하기 짝이 없는 유배를 풀어라! 그것에 영구적인 여권을 주어야 한다."(임철규 117쪽 재인용).

1965년부터 카프카는 자본주의가 낳는 소외에 대한 혁명적 비판자로 뒤바뀌기 시작했다. 그야말로 '변신'이었다. 그러나 그것은 얼굴 부조를 거는 정도로 끝났다. 1968년 '프라하의 봄'을 짓밟은 소련의 탱크는 인간의 얼굴이라는 환상을 파괴했고, 따라서 카프카 '변신'도 좌절당했다.

그러나 이미 벽에 붙은 카프카 부조는 떼이지 않았다. 그리 많지는 않았으나, 그래도 카프카를 찾아 프라하를 방문하는 사람들에 대한 상업적인 배려 탓이었을까? 베니스의 상인 못지않게 옛날부터 유명했던 프라하 사람들의 교활한 상술 탓이었을까? 아니면 그래도 공산주의 사회에서도 자기들 문화를 자랑하려한 자존심 탓이었을까?

1976년, 어느 미국 사업가가 미국대사관 벽에 '1917년 카프카, 여기에 살며 작품을 썼다'는 현판을 붙였다. 1917년 몇 달 동안 카프카가 살았던 곳이었다. 미국 사업가, 미국 대사관이 카프카와 연관되었다니 놀라운 일이다.

카프카 동상(© Myrabella, Wikimedia Commons)

그리고 1980년대 말, 소련이 무너지고 동유럽이 해방되어 미국식으로 바뀌자 카프카는 당장 장사의 미끼가 되었다. 카프카를 팔아라! 카프카는 팔린다! 1979년 카프카에 대한 가장 결정적이라고 평가되는, 두 권의 방대한 전기 『카프카 핸드북*Kafka-Handbuch*』(Kroner, 1979), 역시 두 권의 방대한 『기프카 주서*Kafka-Kommentar*』(Winkler, 1975)을 비롯한 많은 책을 쓴 빈더Hartmut Binder(1937-)마저 '카프카의 프라하 여행' 안내서를 썼다.

이제 학문은 여행 안내로 변신했다. 허기야 그런 변신이 어디 프라하의 카프카뿐일까? 우리나라에도 역사를 빙자한 그런 여행 안내서가 많지 않던가? 빈더의 책은 베스트셀러가 되지는 않았지만, 우리나라에서 카프카란 이름만 들어가면 베스트셀러가 되고 명성을 누린다.

프라하는 카프카의 일생을 담은 통조림 같다. 그것도 한눈에 다 보이는 조그만 거리 한 곳이다. 카프카는 평생 그 지역을 벗어나지 못했다. 지금도 관광의 중심인 구시가지 광장을 둘러싼 곳에서 카프카는 태어났다. 카프카는 그곳의 중고등학교와 대학을 다녔고, 그곳의 사무실에서 평생 근무했다.

시간이 멈춘 곳

그렇게 프라하는 변했지만, 그래도 이 도시는 시간이 멈춘 곳이라는 느낌을 준다. '백 탑의 도시'라는 별명답게 모든 시대의 건축물이 동거한다. 현실이 없는, 과거가 지배하는 유령의 도시라는 느낌을 지울 수 없다. 그야말로 지금까지 굳어진 몽환적인 카프카적 분위기에 꼭 어울린다.

유럽의 다른 도시에서는 그런 분위기가 없다. 유럽은 끝없는 전쟁의 역사를 갖는 대륙이다. 프라하도 끝없이 그런 전장의 무대가 되었으나, 결정적인 승리나 패배를 경험한 적이 없는 탓으로 과거는 흘러가지 않고 그대로 머물고 있다. 그래서 유럽에서는 유일하게 중세와 근대 그리고 현대가 공존하는 도시이다.

프라하는 오랫동안 보헤미아 지방을 지배한 왕국들의 수도였고, 지금은 체코공화국의 수도인 그곳은 천년의 고도이다.* 유럽 전체로 보면 프라하는 유럽의 한가운데이기도 하다. 그래서 프라하를 둘러싸고 수많은 전쟁이 벌어졌다. 식민지 쟁탈전이 벌어진 것이다. 10세기 무렵부터 프라하는 헝가리와 오스트리아의 지배를 받았다. 지금은 체코의 땅이다.

또한 지금의 체코 지역에 있던 보헤미아 왕국도 1526년부터 392년간 합스부르크 왕조의 식민지였다. 1618년부터 시작된 30년 전쟁으로 인해 체코인 3백만 명 중 가톨릭으로 개종한 80만 명만 살아남았다.

그리고 18세기 후반에 와서야 체코어가 공용어로 되었다. 체코인들은 민족국가의 제1단계로 오스트리아 헝가리 체코 연합을 희망했으나, 1869년에 성립한 것은 오스트리아 헝가리의 이중군주제였다.

카프카가 태어난 19세기 말 프라하는 슬라브족인 체코인을 독일계 오스트리아인이 다스리는 식민지와 같았다. 1880년 인구통계에 의하면 그곳 인구는 약 22만 명이었으나 카프카가 죽을 무렵은 두 배에 이르렀고, 지금은 다섯 배인 1백2십만 명이 넘는다. 물론 그래도 아직 서울의 10분

<hr>

■ * 체코슬로바키아의 역사에 대해서는 권재일, 『체코슬로바키아사』, 대한교과서주식회사, 1995가 우리말 문헌으로는 유일하다.

의 1도 안 되는 소도시이다.

19세기 말 그곳 주민의 대다수는 체코인이었고, 독일인은 점차 감소하여 최초의 언어 조사가 실시된 1880년에는 15.5%, 1889년에는 13.6%, 1910년에 오면 45만 명 가운데 독일어 사용 인구가 7.3%* 정도인 3만2천 명으로 줄었다.

국적이 없는 유대인은 체코인 또는 독일인 어느 하나에 편입되었다. 유대인 수는 독일인보다 조금 적은 2만5천 명이었고, 그중 1만4천 명은 체코어, 나머지 1만1천 명은 독일어를 사용했다. 그러나 카프카를 비롯한 다수의 독일계 유대 지식인들은 체코어를 배웠고 사용했다.

카프카 가족은 그 마지막 2%인 독일어를 사용한 유대인의 일부였다. 그러나 지배계층은 오스트리아인과 독일인들이었고, 유대인은 독일문화권에 속한 민족으로 여겨졌다. 따라서 유대인들은 독일인을 싫어하는 체코인들에 의해 가끔씩 격렬한 소요가 발생했다. 따라서 유대인인 카프카가 그곳을 좋아할 리 없었다.

역시 그곳에서 태어난 릴케는 프라하를 이해할 수 없는 혼란의 도시로 묘사했다. 위협적인 동시에 유혹적인, 끔찍스러운 곳이라는 회상이었다. 사랑이 아니라 불안과 중압감으로 가득 찬, 적대적인 악령의 도시였다.

릴케는 1875년 프라하에서 태어났으나 대학을 졸업한 1898년 이후 고향을 영원히 등지고 러시아, 독일, 프랑스에서 살았다. 그러나 그는 결국은 그곳으로 돌아가야 한다고 말했다. 즉 보헤미아의 풍경과 대지와의

■　* 따라서 전체 인구의 2분의 1이라는 오왕근의 해설은 오류이다. 오왕근, 「카프카의 프라하」, 오한진 편저, 『독일문학과 세계문학』, 제3권, 벽호, 1995, 194쪽.

결합만이 사물의 본질을 꿰뚫어볼 수 있게 한다는 것이었다.

그러나 그런 곳이 어디 보헤미아뿐이겠는가? 그곳이 시인의 고향이었기에 그렇게 말했으리라. 릴케와 달리 카프카는 평생을 프라하에서 살았으나, 릴케와는 달리 그런 고향성을 인정하지 않았다. 시인이 아닌 탓이었을까?

유대인을 포함한 독일문화권은 카프카가 다닌 하나의 종합대학, 공과대학, 5개의 김나지움, 4개의 실업계 학교, 2개의 대 신문사, 대 음악당, 3개의 극장을 중심으로 형성되었다. 그 규모는 체코인들의 문화보다도 광대했다. 예컨대 1920년 당시 신문은 체코계가 44개였으나, 독일계는 67개였다.

그러나 문화적 수준과 달리 독일계 주민은 유배된 삶을 살았다. 즉 독일 게토, 독일·유대인 게토, 그리고 시민게토에 갇혀 살았다. 카프카가 산 프라하도 사실 1평방 킬로미터의 구 시가지 게토였고, 그곳이 그의 작품에 등장하는 모든 장소였다.

카프카가 12세가 된 1895년, 유대인 거부지역에 대한 환경정화작업이 시작되어 10년 뒤인 1905년에 완료되었다. 그러나 옛 시가지는 유대인들의 의식을 지배했다. 카프카는 자신을 '반쪽 자리 독일인' 내지 이방인으로 느꼈고, 프라하를 증오했다. 그래서 평생 그곳을 벗어나고자 했다. 베를린 등에 가고자 했고, 심지어 팔레스타인에 이주하려는 꿈도 꾸었다.

카프카가 살았던 19세기 말 프라하는 그야말로 세기말의 도시였다. 그곳에서 유대인 작가들은 당연히 다른 어느 곳의 작가들보다 위기의식을 느낄 수밖에 없었다. 릴케와 카프카를 비롯한 많은 문인들이 등장하는 것도 그러한 위기의식 때문이었다.

이러한 종말론적 분위기에서 예술가들은 종종 과거의 위대한 것을 낭만적으로 갈구했다. 릴케의 전근대적인 순수와 소박함에 대한 애정이 바로 그것이었다. 특히 그의 『기도서Stundenbuch』세 권에 뚜렷이 나타난다. 그러나 카프카는 달랐다. 평생을 프라하에서 절망적으로 산 그는 릴케식의 신낭만주의를 받아들일 수 없었다. 대신 청소년시절의 그는 아나키즘에 기울었다. 물론 적극적이지 않았다. 왜냐하면 곧 부잣집 아들인 릴케와는 달리 먹고살기 위해 관리로 취직하는 데 필요한 품행방정증서를 얻어야 했기 때문이었다. 카프카가 관리가 된 것은 유대인으로서는 이례적인 일이었다.

유대인

프라하에서처럼 독일에서도 유대인은 전체 인구의 1%를 넘은 적이 없었다. 20세기 초엽까지 유대인들은 관계와 학계에 진출하지 못했고 주변적인 전문인에 그치는 경우가 대부분이었다. 그 점에서 본다면 관리, 그것도 일제의 총독부 같은 곳의 관료가 된 카프카는 매우 예외적인 존재였다.

18세기까지 유대인은 게토라고 불린 유대인 폐쇄사회 속에 갇혀 살았다. 그런 그들에게 1782년 오스트리아 황제의 '관용령'은 유대인과 비유대인 사이의 현실적, 법적 장벽을 허무는 다이너마이트 같은 것이었다. 그러나 명목상의 평등조차 그 후 다시 60년이 지나서야 비로소 가능해졌다.

'관용령' 자체가 유대인에게 자유를 주고자 한 것이 아니었다. 그 참된 의도는 유대인을 동화시키는 것, 즉 그들의 고유한 인종적, 언어적, 종교적 유산을 폐기시켜 유대인을 변화시키려는 것이었다.

1789년 프랑스 혁명이 터지고 난 직후인 1791년 프랑스에서 유대인이 해방되었다. 이어 나폴레옹 전쟁에 의해 독일의 유대인은 1812년 프러시아에서 시민적 동등권이 부여됨에 의해 해방되었다. 그리고 1848년 프랑스 2월 혁명 후인 1849년, 오스트리아와 프로이센에서 유대인 해방에 대한 여러 법률이 성립되었다.

1789년 이래 시행된, 인구 억제를 목적으로 한 당시 유대인 거주법은 유대인 자녀 중 장남만 결혼을 허용했다. 그런 제한은 1848년 혁명 이후 거주법의 폐지에 의해 풀렸다. 즉 결혼할 권리, 도시에 살 권리, 상업 등의 직업을 가질 권리가 인정되었다.

그러나 그런 조치는 인도적인 배려에 의한 것이 아니라, 유대인의 잠재력을 이용하고자 한 정책에 의해 내려졌다. 특히 유대인의 국제적인 단결력은 다민족국가의 존속을 위협하는 과격한 민족투쟁에 대한 대항수단으로도 유용했기 때문이었다.

그 전까지 유대인이 내야 했던 유대인세와 도시마다의 일정한 정원제가 폐지되었고, 장남만이 결혼 허가를 얻을 수 있었던 것도 폐지되었다. 또한 독일식 성명의 채택이 강제되었고, 출생이나 결혼을 증명하는 서류도 독일어로 쓰도록 강제되었다. 그리고 유럽 최초로 유대인에게 병역 의무도 부과되었고, 독일어를 사용하는 의무 교육도 강제되었다.

이어 1869년, 프로이센에서 유대인에게 공민권이 완전하게 인정되었고, 그것은 보불전쟁을 거쳐 1871년 독일 제국이 성립함에 의해 독일 전역에 확대되었다. 그 후 유대인은 시골에서 도시로 이주하여 급속하게 상류사회에 진출해 1900년에 와서 사업가, 의사, 변호사, 교수의 90%를 독일계 유대인이 차지했다.

족보

카프카의 아버지는 카프카가 그에게 보낸 편지로 유명하다. 그를 극빈에서 중류로, 이어 상당한 재산가로 상승하게 한 것은 그의 끝없는 이기주의, 권위주의, 금전주의, 출세주의였다. 그런 사람은 세상에 널렸지만, 그는 유독 그랬다.

나는 족보를 뒤적이는 취미는 딱 질색이지만, 카프카의 경우 당시 유대인의 삶을 이해하기 위한 하나의 자료로 그 족보를 살펴볼 필요가 있다. 카프카의 조상들은 오랫동안 체코인 마을로 둘러싸인 유대인 마을에서 살았다.

여기서 조상이라고 함은 한국식 족보 개념으로 부계만을 말할 것은 아니다. 그러나 누가 아버지보다 어머니 쪽을 더 많이 닮았다고 해서 모계만을 그 조상으로 보아서는 안 된다. 바겐바하처럼 흔히 카프카는 모계 피를 더 많이 갖는다고 하고, 모계를 중시하는 경향이 있는데. 이는 대단히 위험한 발상이다.

누구 또는 어느 쪽 피를 많이 가지느냐는 무의미한 것이고, 과학적이지도 못하다. 설령 카프카가 모계 쪽 사람들과 유사한 성향을 가진다고

■ * 한국인만이 아니라 독일인도 족보 타령은 심하다. 예컨대 바겐바하는 160쪽 책의 10쪽을 족보 타령에 할애하고 있다.

해도, 그것은 카프카의 삶과 시대 속에서 형성된 것으로 보아야 하지 유전적인 것으로 보아서는 안 된다.

마찬가지로 여기서 내가 족보라고 하는 것은 우리 식으로 이름 항렬을 따지거나 조상의 벼슬만을 따지는 것이어서는 아무런 의미가 없고, 어디까지나 하나의 역사로서, 생활사로서, 사회사로서 보아야 한다. 따라서 모계냐, 부계냐를 따질 이유도, 근거도 없다.

앞에서 프랑스 대혁명이 터진 1789년 포고에 의해 유대인들은 독일식 성을 갖도록 강요당했다고 했으나, 카프카의 조상들은 슬라브식 이름인 '카프카'를 선택했다. 체코어로 그것은 까마귀를 뜻하는 Kavka에서 유래했다. 그들이 산 지방에 까마귀가 많았던 탓일지도 모른다.

카프카의 할아버지 야콥 카프카Jakob Kafka(1814-1889)는 9형제의 차남으로 체코의 두메산골 보섹Wossek에서 태어나 방 하나밖에 없는 움막 같은 집에서 자랐다. 앞에서 본 1848년 유대인이 결혼을 자유롭게 인정한 법률에 의해 야콥은 이웃집의 38세 된 여인과 결혼을 했고, 백정 또는 푸줏간 일이라는 직업도 가졌으나, 여전히 빈곤에 시달렸다.

카프카의 할아버지가 백정이었다고 해서 특별히 생각할 점은 없다. 당시 유대인들은 대부분 천민이었기 때문이다. 게다가 우리 사회와 달리 백정이 특별한 최하층 천민도 아니었다. 야콥은 6남매를 두었으나, 그가 그렇게 자랐듯이 단칸방에서 아이들을 키워야 했고, 식구들은 거의 대부분 감자만 먹고살아야 할 정도로 가난했다.

그러나 그들은 모두 살아남았다. 당시로서는 살아남는다는 것이 가장 큰 일이었다. 이는 그들의 왕성한 생활력을 증명하기도 한다. 아이들은 어려서부터 수레를 끌면서 푸줏간 고객들 집으로 고기를 배달했다.

카프카의 아버지 헤르만 카프카Hermann Kafka(1852-1931)는 우리 아버지들이 그렇듯이 자녀들에게 그 어려운 시절의 고생담을 언제나 자랑스레 말했다. "너희는 얼마나 행복한지 모른다. 내가 너희들 만 할 때는." 운운하면서(『아버지께 드리는 편지』 69쪽). 물론 그런 말을 듣고 자란 우리가 그랬듯 카프카를 비롯한 헤르만의 자녀들은 그런 이야기를 혐오했지만.

그러나 카프카는 아버지가 어린 시절 경험한 것을 충분히 이해했다. 우리는 그 증거를 그가 죽기 직전에 쓴 최후의 단편 「요제피네, 여가수 또는 서씨족」의 다음 구절에서 읽을 수 있다.

> 우리의 삶이란 물론 어린 새끼가 조금만 뛰어다니게 되고 주위 환경을 조금만 구별할 수 있게 되면 곧 어른과 마찬가지로 스스로를 돌보아야 하는 그런 식이다. 우리는 경제적인 문제를 고려해서 흩어져 살아야 하는데, 그 지역은 너무나 광대하다. 우리의 적은 너무도 많다. 우리 주변 사방에 깔려 있는 위험들 또한 헤아릴 수 없이 많다-그러므로 우리들은 어린 새끼들을 생존의 투쟁으로부터 떼어놓을 수가 없다. 우리가 그렇게 한다면, 그것은 그들의 때 이른 종말이 될 것이다. 이러한 슬픈 이유들 속에는 물론 기운을 북돋아주는 것도 있다. 말하자면 우리 종족의 임신 능력이 그것이다. 한 세대가-모든 세대마다 수를 헤아릴 수 없지만-다른 세대를 재촉하고 있다. 어린 새끼들은 어린 새끼로 있을 수 있는 시간이 없다.(『변신』 314-315쪽)

여하튼 아버지 헤르만은 아들 카프카가 41세로 죽은 것과 달리 79세까지 장수해 아들이 죽은 뒤에도 7년을 더 살았다. 그리고 아들 덕분에 『아버지께 드리는 편지』의 주인공으로 유명해졌다. 그런 편지를 세계문학의 명작으로 남긴 작가는 카프카뿐이리라. 그러나 그 내용은 아버지를 비난하는 것이기에 우리식 효도로 평가되지는 않으리라.

의무교육

유럽에서 최초로 의무교육을 실시한 나라는 지금의 독일인 프로이센 제국이었다. '군인왕'으로 불린 프리드리히 대왕은 1763년 국내 모든 아동에게 최저 4년간의 의무교육을 강제했다.

프랑스 계몽주의를 숭배한 절대군주인 그는 국민의 교양을 높여 계몽주의를 실천한다고 주장했으나, 법적 강제에 의한 그 계몽은 사상의 자유라는 반봉건적 이상에 부응한 것이 아니라, 봉건사회의 유지를 위한 국민의 창출을 목표로 한 것이었다.

오스트리아 제국에서도 적국 프로이센을 모방한 의무교육이 1774년부터 시행되었다. 당시 오스트리아 황제였던 마리아 테레제는 계몽의 정신과는 아무런 관련이 없는 전제 군주였으나, 중앙집권 독재국가의 수립에 필요한 개혁은 실시했다.

당시 오스트리아 제국은 '오스트리아 헝가리 제국'으로 불렸으나, 그 영토에는 그 밖에도 11개 소수 민족이 있었다. 따라서 그 다양한 민족을 문화적으로 획일화하기 위한 교육개혁은 필수적이었다. 특히 다양한 언어가 국가 통합에 중요한 장애요인이었으므로 독일어를 공통어로 가르칠 필요가 있었다.

그러나 당시에는 민족주의 운동이 거세게 불어, 각 민족이 고유한 언어를 지키고자 함은 그 민족의 고유성을 확보하는 최고의 가치로 여겨졌다. 체코에서두 아이들에게 체코어를 가르쳐야 한다는 운동이 시작되었다. 학교는 언어 전쟁에 말려들었다.

그러나 유대인의 경우는 달랐다. 그들에게는 국가에 의한 교육이 그들을 게토로부터 탈출시키는 것이었다. 18세기까지 게토에 갇혔던 그들은 전통적인 유대식 교육을 실시했다. 유대 경전인 토라를 읽고 쓰는 능력은 유대 종교 의식에 참가하기 위한 최소한의 요건이었으므로 당시 대부분의 소수민족이 문맹이었던 상태와 그들은 달랐다.

물론 유대인 중에도 국가교육을 반대하는 사람들이 많았다. 그러나 1786년, 초등학교 졸업장이 없으면 결혼을 허가하지 않는다는 법이 제정되자 19세기 중엽에는 학교와 학생 수가 급격하게 늘어났다.

1852년에 태어난 헤르만 카프카는 당시 의무교육이었던 유대인 초등학교를 졸업했다. 모든 유대인들이 그랬듯이 집에서는 체코어를 사용했으나, 법률에 의해 학교에서는 독일어가 사용되었다. 초등학교가 유일한 교육이었던 헤르만은 독일어로 유창하게 말하기는 했으나, 세련된 독일어 문장을 쓰지는 못했다.

당시 유대법은 13세를 성년으로 정했다. 그 1년 뒤 헤르만은 자활을 위해 집을 떠나 행상인으로 성공했다. 당시 상품 생산은 상당한 정도로 발전되어 행상은 희망 있는 직종이었다. 특히 산업의 중심이었던 뵈멘(보헤

지그문트 프로이트

미아)에서 그랬다.

행상인의 일부는 뒤에 생산자로 출세했다. 예컨대 베르펠의 아버지는 뵈멘 최대의 장갑 공장을 가졌고, 프로이트의 아버지는 메렌(모라비아)에서 직물공장을 경영했다. 카프카의 아버지 헤르만은 소매상에서 도매상으로 출세했다

이는 19세기 후반에 와서 유대인의 경제적 사정이 급속히 개선된 것을 뜻했다. 그러나 그것은 그야말로 엄청난 곤경과 경쟁을 극복하면서 이룬 것이었다. 경제사정의 개선이 낳은 사고양식과 생활태도는 그 후 유대인 중산계급을 지배했다.

그 현상을 프로이트Sigmund Freud(1856-1939)만큼 정확하게 분석한 사람은 없다. 그의 아버지는 부유한 직물상이었으나, 체코의 반유대 반독일 불매운동에 의해 파산하고, 3세의 프로이트를 비롯한 일가를 데리고 빈에 갔다.

프로이트의 세계관은 19세기 오스트리아에서 경제적으로 상승한 유대인 중산계급의 그것이다. 그것은 동시에 카프카의 세계관이기도 했다. 프로이트가 말한 오이디푸스 콤플렉스는 카프카의 가정에서 전형적으로 나타났다. 그래서 카프카는 프로이트의 이론이 놀라울 정도로 타당하다고 보았다. 따라서 카프카의 작품을 정신분석적으로 보는 것이 무리도 아니나, 그것만으로는 볼 수 없다.

부모

젊은 헤르만은 6년 동안 뵈멘과 메렌의 시골을 행상인으로 걸었다. 그 후 20세에 징병 당해 2년을 복무하고 프라하로 갔다. 1848년 이후 수많은 유대인이 시골에서 도시로 이주했다. 특히 토지가 없는 빈곤한 농민에게 도시는 천국처럼 보였다.

게다가 당시 시골에서는 반유대주의가 더욱 격화되어, 대중성과 익명성을 특징으로 하는 도시는 자신들이 유대인임을 숨기기 좋은 곳이기도 했다. 19세기 후반에는 보섹과 같은 시골에서 예배에 필요한 최소한 인원인 열 명(13세 이상의 성년 남자)도 교회에 모이지 않아 유대 교회당(시나고그)은 폐쇄되었다.

재산도 연고도 없는 헤르만이 머물 곳은 빈민촌뿐이었다. 그곳은 중세 시대부터 유대인들이 거주지 게토를 형성한 곳으로, 불결한 매춘굴과 술집이 즐비했다. 게다가 헤르만이 프라하에 정착한 1년 뒤, 1873년, 주가의 폭락에 의해 20년 간 지속된 호황이 끝나고, 오랜 불황의 시기로 접어들었기 때문에 시대적으로 헤르만은 불운이었다. 게다가 당시 이미 반유대주의가 상당한 정도로 넓고 깊게 퍼져 있었다.*

그러나 인내와 근면과 절약에 도가 튼 청년은 1882년, 프라하에 온 지 8년만에 자신의 장신구점을 차렸다. 그 직전 그는 부유한 양조업자의 딸 율리에 레뷔Julie Löwy(1856-1934)와 결혼했다. 그녀는 헤르만보다 4세 연

■ * 바겐바하 20쪽은 이를 '진보적인 셈족 배척주의'라고 한다. 아마도 radikal를 '진보적'이라고 번역한 듯한데, 우리말로는 '과격한'이라고 해야 맞고, '진보적'이라고 하면 뜻이 전혀 달라진다(전혀 반대로 이해될 수도 있다).

하로 '이상한 사람들'이 많은 가계 출신이었다.

카프카는 자신이 모계, 특히 '이상한 사람들'의 피를 자신이 타고났다고 믿었다. 즉 아버지의 힘, 건강, 식욕, 성량, 타고난 말솜씨, 인간에 대한 이해, 대담성이 자신에게는 없다고 보았다. 대신 아버지가 명랑하지 못하고, 여기스럽게 어렵게 살며, 엄격한 점은 카프카 자신도 닮았다고 보았다(『아버지께 드리는 편지』 21-23쪽).

사실 이 점에서 그는 아버지 헤르만과 유일하게 의견일치를 보았다. 헤르만은 카프카의 비현실성과 에너지의 결여가 모계에서 비롯된 정신적 결함이라 생각했다. 그러나 이 점을 너무 강조해서는 안 된다.

히브리어 이름이 서로 같은 외할아버지에게 카프카는 친밀감을 가졌다. 그는 랍비이자 탈무드 학자로서 유대인은 물론 비유대인에게도 성자로 추앙 받았다. 그러나 성자는 주변 사람들에게는 독을 주기도 하듯, 그의 아내는 자살했고, 아들은 미쳤으며, 딸은 세 자녀를 낳고 전염병에 걸려 28세 나이에 죽었다. 그 셋 중 마지막 외동딸이 카프카의 어머니가 된 레뷔다.

카프카의 외할머니가 죽었을 때, 레뷔는 세 살이었다. 외할아버지는 곧 재혼해 세 아들을 낳았다. 그는 독일인 사회에 동화되기를 결심해 독일 황제에 충성을 맹세했다. 고향 시골에서 양조업으로 성공한 뒤, 프라하에 가서 다시 양조업으로 성공했다.

집안이 부유했음에도 불구하고 레뷔는 불행했다. 계모는 그녀를 시녀 다루듯했고, 6남매의 유일한 딸이어서 나머지 5형제의 시녀까지 겸해야 했기 때문이다. 그녀는 근면했으나, 부모는 그녀를 인정하지 않았다. 그래

카프카의 아버지와 어머니

서 어릴 때부터 그녀는 감정을 숨기는 태도를 익혔다. 카프카를 비롯한 자녀를 냉정한 태도로 대한 것도 이런 습관이 몸에 밴 탓이다.

그녀의 5형제는 모두 출세했다. 특히 장남 알프레트Alfred Löwy(1852-1923)는 스페인 철도청 총재, 차남 요셉은 파리 식민지 무역회사 사장이 되었다. 나머지는 평범하게 살았으나, 카프카는 비엔 시골의 의사로 사지크프리트Siegfried Löwy(1867-1942)를 가장 좋아했다.

헤르만과 레뷔의 결혼은 당시 대부분이 그랬듯이 중매결혼이었다. 레뷔가 헤르만을 사랑하는가는 문제가 되지 않던 시절이었다. 여자들은 결혼 후 남편을 사랑하면 된다고 여기던 시절이었다. 여성은 오직 안내로 결혼생활을 계속해야 했다. 그녀는 가끔 우울증에 빠지기도 했으나, 78세로 죽을 때까지 안내했다. 그녀 역시 장수해서, 카프카가 죽고 10년을 더 살았다.

체코의 과거나 지금의 한국에서나 중매결혼은 일종의 계급 결혼이다. 그런데 헤르만과 레뷔는 신분이 달라 사실상 결혼이 불가능했다. 헤르만은 체코어를 말하는 시골 가난뱅이 프롤레타리아 출신이었고, 레뷔는 독일어를 말하는 도시 부르주아 출신이었기 때문이었다. 헤르만은 장사로 성공해 이런 차이를 메울 수 있었다. 물론 그의 장사 기반은 레뷔가 가져온 결혼지참금이었다.

두 사람의 결혼은 결코 행복한 것은 아니었으나, 두 사람에게는 공통점이 있었다. 그들은 둘 다 행복한 어린 시절을 갖지 못한 고아였다. 그것이 그들을 평생 잇는 끈으로서 고된 결혼생활을 유지하게 했다. 그리고 그런 불행한 어린 시절은 자녀들에게도 마찬가지로 되풀이되었다.

출생

카프카는 1883년 7월 3일 프라하에서 태어났다. 당시 황제 프란츠 요젭을 따라 이름이 지어졌다. 유대인인 헤르만이 아들의 이름을 유대인 식으로 짓지 않고 당시 식민정부의 독일인 황제의 이름을 땄다는 것은 그가 이미 유대인이기를 포기하고 독일인으로 살겠다고 결심했음을 뜻한다. 당시 유대인 대부분이 그랬다.

카프카가 태어난 집은 지금 그 일부만 남아 있고 그 벽에 카프카의 부조가 붙어 있다는 것은 앞에서도 말했다. 그러나 그 건물은 카프카가 태어난 뒤 부근의 다른 건물들과 함께 20년 뒤 허물어졌다. 범죄의 소굴인 빈민가라는 이유에서였다. 그런 형편은 지금도 마찬가지라고 앞서 설명했다.

카프카가 빈민가에서 태어났다는 것이 그의 삶이나 작품에 영향을 끼쳤다고 보는 견해가 일반적이나, 나는 그렇지는 않았다고 본다. 헤르만은 그 빈민가를 하루빨리 벗어나고자 했고, 그 뒤 네 번이나 이사한 뒤 1889년 구시가 광장의 16세기에 세워진 건물 '미누타 하우스'에 정착했기 때문이다.

프라하의 유명한 관광 명소인 시계탑에서 몇 걸음 떨어진 그곳은 지금 시계탑처럼 유명한 관광 명소이다. 카프카는 그 집에서 6세부터 7년을 살았다. 따라서 카프카의 가정환경은 좋았다고 할 수 있다.

아버지의 사업은 불경기였음에도 불구하고 더욱 번창했다. 그의 목표는 오직 장사꾼으로서의 대성공이었다. 특히 결혼 직후 자신의 상점을 열고 나서 몇 년간 그는 더욱 바빠졌다. 그 시기는 카프카의 어린 시절이었다.

카프카는 바쁜 아버지를 거의 볼 수 없었다. 그러나 그 예외적으로 본 몇 번의 아버지는 군대식의 노성으로 어린 카프카의 뇌리에 공포의 대상으로 뿌리 박혀, 카프카는 평생 소음 과민증에 시달렸다.

어머니도 아버지 상점 일을 돕는 데 바빴다. 그러나 그것만이 아이들을 소홀히 한 원인은 아니었다. 그녀는 비굴할 정도로 남편에게 복종했기 때문에 자식은 염두에도 없었다. 그래서 아이들은 하녀와 가정교사들에게 맡겨졌다. 카프카는 『아버지께 드리는 편지』에서 다음과 같이 썼다.

> 아버지를 너무나도 지극하게 사랑하시고 아버지께 무척 충실하게 헌신하셨기에, 어머니는 아버지와 싸우고 있던 어린 아이의 지속적이고도 독자적인 정신적 지주가 될 수 없었습니다. 그것을 원하는 건 어린 아이의 당연한 본능이었으나, 세월이 흐를수록 어머니께서는 점점 더 아버지와 긴밀하게 결속되었습니다. 어머니는 자신과 관계된 일을 맵시 있고 온화하게 처리하셨죠. 단 한 번도 아버지의 기분을 몹시 언짢게 하는 일 없이, 나름의 극히 작은 영역 내에서 독자성을 유지하셨어요. 하지만 시간이 지날수록 완벽에 가깝게 어머니는 자식들에 관한 아버지의 판단과 선입견을, 그 이성적 측면보다 감정적 측면을 맹목적으로 수용하셨습니다.(『아버지께 드리는 편지』 82-83쪽).*

■ * 단 번역은 저자가 수정했다. 특히 "어린 아이 특유의 예리한 직관에 따르면, 세월이 흐를수록"이라는 번역 부분은 명백히 오역이다.

여기서 우리는 그야말로 오이디푸스 콤플렉스의 전형을 본다. 그 삼각 구도는 그 후 두 남동생이 태어났으나 곧 죽음에 따라 더욱 복잡해졌다. 두 동생이 어머니의 관심을 독점해, 카프카는 그들을 경쟁상대로 여겼으리라.

그러나 두 동생은 모두 태어난 지 1, 2년 만에 병으로 죽었다. 그것이 어린 카프카에게 공포와 죄의식을 심어주었으리라. 그런데 카프카는 평생 그 두 동생의 죽음에 대해 언급한 적이 거의 없다. 이를 그만큼 그 죄의식이 컸기 때문이라고 보는 견해도 있으나, 나는 그가 평생 거의 말하지 않은 것인 만큼 크게 문제가 되지 않았는지도 모른다고 본다. 아무튼 중요한 문제는 아니다.

유년 시절의 아버지

『아버지께 드리는 편지』에서 카프카는 유년 시절에 대해서는 단 한 가지의 사건만을 기억했다. 그것은 두 살의 카프카가 밤중에 물을 마시고 싶다며 훌쩍거리자 아버지가 발코니로 데리고 나가 닫힌 문 앞에서 셔츠 바람으로 혼자 서 있게 한 일이었다.

> 그 후 몇 년이 지나도록 저는 고통스러운 생각에 시달려야 했지요. 거대한 몸집의 남자, 최고의 권위를 가진 심판자인 나의 아버지가 굳이 그럴 만한 이유가 없는데도 어찌 그처럼 달려들어 나를 침대에서 들어 올려 낭하로 내리칠 수 있었을까? 그러니까 나는 아버지께 그토록 아무것도 아

닌, 하잘것없는 존재였구나. 이런 사무치는 아픔에 부대꼈던 것입니다(위 책 27쪽).

위 글을 쓴 것은 34년이 지난 뒤였기에 그것이 참으로 어떤 일이었는지는 정확하게 알 수 없으나, 그 경험으로 인한 마음의 상처는 대단히 컸던 것임에 틀림없다. 이렇게 어린 카프카는 참담한 추억밖에 갖지 못했다.

그러나 이런 정도의 기억이라면 우리 모두 가지고 있는 것이 아닌가? 특히 우리는 매질까지 당하지 않았던가? 그러나 카프카는 매질에 대해서는 전혀 언급하고 있지 않다. 따라서 적어도 지금 우리의 매질을 일삼는 아버지와는 달랐다.

부모의 관심 밖인 아이는 하녀와 가정교사들에게 맡겨졌는데 그들 대부분은 값싼 임금에 대한 분노를 아이들에게 터뜨렸다. 그중에서 아이들이 체코어로 슬렌치나(처녀를 부르는 존칭)라고 부른 하녀로부터 카프카는 체코어를 배웠으나, 그녀도 아버지를 대리하는 권력자에 불과했다.

그 뒤 카프카는 프랑스 여성 가정교사에게 프랑스어를 배웠다. 당시 프랑스어는 상류 사회로 진출하기 위한 중요한 도구였다. 그러나 그녀는 교육능력 때문이 아니라, 프랑스 출신 가정교사를 채용할 정도의 집안이라는 과시용으로 채용된 탓으로 카프카에게는 좋은 교사가 되지 못했다. 오히려 그녀는 카프카에게 최초의 막연한 성적 공상의 대상이 되었을지도 모른다.

초등학교

가정의 권력자 아버지는 학교에 가기 전까지 절대자였으나, 학교에 가게 되면 새로운 권력자인 교사가 등장한다. 학교를 졸업하고 사회에 나가면 다시 새로운 권력자로 직장의 상관이 존재한다. 동시에 사회에는 법이라고 하는 익명적이고 비인격적인 권력이 등장한다. 사실 학교나 사회도 그런 법이라는 권력에 의해 조종된다.

카프카에게 드리워진 새로운 권력은, 순종하는 아이를 순종하는 국민으로 바꾸도록 조직적으로 양성하고자 한 학교였다. 당시 합스부르크 제국에서는 부모가 6세의 자녀를 학교에 보낼 의무가 있었으므로 1889년 7월에 6세가 된 카프카도 그해 9월부터 독일인을 위한 초등학교를 다녔다. 그러나 학생 대부분은 유대인 자녀였다.

카프카는 죽을 때까지 학교를 '어른들의 음모'라고 부르며 증오했다. 어시장 주변에 있는 그 학교는 우리나라 학교가 대부분 그렇듯이 4층 군대식 건물이었다. 그러나 우리 학교는 대부분 양지 바른 곳에 위치하고, 운동장도 있다는 점에서 당시 유럽의 그것보다는 나은 실정이다.

그런 탓인지 당시의 아이들은 학교를 싫어했다. 아이들은 학교를 무서워했고, 학교를 오직 고통으로만 경험했다. 나 역시 그런 기억을 가지고 있으나, 묘하게도 우리나라 사람들 대부분은 그렇지 않은 듯하다. 대부분 학교를 좋아한 모범생이었다고들 말하니 더욱 이상하다.

당시의 학교는 우리의 학교처럼 공포와 증오를 통해 훈련시키는 곳이

* 바겐바하는 이 초등학교 시절에 대해 전혀 언급하지 않으나, 이 최초의 전제적 교육은 카프카에게 중요한 영향을 미쳤다.

PRAGUE · M. Klempfner · TEPLICE

다섯 살의 카프카

었다. 카프카는 학교에 들어가 1년도 안 되어 그런 공포와 증오에 질렸다. 다시 『아버지께 드리는 편지』를 읽어보자.

> 저는 초등학교 1학년 과정을 제대로 마치지 못할 것이리라 생각했으나, 무사히 해냈고 더구나 우등상까지 받았죠(『아버지께 드리는 편지』 123쪽).*

위 편지는 분명히 과장이다. 1학년만이 아니라 초등학교 4년 동안 그는 우등생이었기 때문이다. 그러나 우리의 우등생과 달리 카프카는 학교를 증오했고, 선생을 증오했다. 그가 받은 모든 교육에 대해서와 마찬가지로 그는 초등학교 교육을 자신에게 엄청난 독해만을 초래했다고 회상했다. 그러나 객관적인 자료에 의하면 당시 카프카가 다닌 초등학교는 대단히 진보적인 분위기였고, 교사들도 그러했다. 카프카가 지금 한국의 학교를 다닌다면 뭐라고 했을까?

어린 시절의 에피소드

공식적인 카프카 전기에는 결코 나오지 않는 얘기지만, 나는 여기에 카프카 어린 시절(반드시 10대 이전의 것도 아니나)의 에피소드를 기록하고 싶다. 그중 하나는 밀레나가 읽었다고 하는 한 신문에 나오는 것이다. 밀레나는 이 이야기를 "그보다 더 아름다운 일은 있을 수 없다"고 찬양했다.

■　 * 단 번역은 저자가 수정했다. 그 책의 "학년말 시험에 절대로 합격하지 못할 것이라고 예상했지만, 그 시험에 합격할 수 있었습니다"라는 것은 오역이다.

카프카의 어머니가 어느 날 20헬러짜리 동전을 주었다. 그것은 대단히 큰돈이었다. 그는 무언가 사고 싶어서 밖으로 나갔다가 여자 거지를 보았다. 그 순간 그는 그 돈을 거지에게 주려고 했다.

그러나 그 돈은 소년에게나 거지에게나 너무나 큰돈이었다. 카프카는 거지가 자기에게 머리를 굽실거리며 고마워하고 칭송할 것이 겁이 났다. 그래서 그 동전을 10크로이저짜리 동전 열 개로 바꾸었다.

카프카는 그녀가 자신을 같은 사람으로 알지 못하게 여러 골목을 돌면서 10개의 동전을 하나씩 쥐어주었다. 열 번이나 그렇게 한 나머지, 그리고 신경을 너무 쓴 탓으로 그는 마침내 녹초가 되어버렸다.*

이 에피소드는 카프카의 삶에 대한 태도를 이해하는 데 도움이 된다. 그는 남들에게, 특히 가난한 사람들에게 유독 친절했다. 그러한 태도가 십대부터 그를 사회주의와 아나키즘에 빠지게 하는 계기가 되었다. 이는 어쩌면 아버지에 대한 반발 탓이었는지도 모른다.

또 하나 소개하고자 하는 것은 야누흐가 카프카에게 들었다고 한 에피소드이다. 카프카가 8세 무렵 라바콜로 불린 아나키스트가 있었다. 당시 카프카는 아이들에게 나약한 유대인 취급을 당하기 싫어 싸움을 했으나, 언제나 맞는 편이었다. 그래서 옷이 찢어진 채 더러운 꼴로 집에 돌아오면 보모와 식모는 그에게 "너는 정말 라바콜"이야 라고 말했다.

그 후 카프카는 라바콜이 범죄자나 살인자를 뜻함을 알고 그들에게 따졌다. 그들은 카프카에게 그런 뜻으로 한 말이 아니라고 했지만, "그

■　　* 『카프카의 연인 밀레나』 100쪽.

말은 내게 가시처럼, 혹은 다시 말해서 온몸을 돌아다니는 부러진 바늘 끝처럼 남아" 있었다.

> 사람들은 나를 예전처럼 대해 주었지만, 나는 내가 추방된 사람, 범죄자, 다시 말하자면 라바콜이라는 사실을 알고 있었습니다. 그것은 나의 모든 행동을 변화시켰지요. 이제 다른 아이들의 싸움에 관여하지 않았고, 보모와 함께 항상 착하게 귀가했습니다. 사람들은 나한테서 내가 원래 라바콜이라는 것을 알아채지 못했습니다(『카프카와의 대화』 116쪽).

그 후 카프카는 라바콜의 전기를 비롯해 다른 여러 아나키스트들의 생애를 연구했다. 고드윈, 프라우드혼, 슈티르너, 바쿠닌, 크로폿킨, 터커, 톨스토이의 생애와 사상에 심취했고, 여러 집단과 모임에 참석했으며, 그런 일에 돈과 시간을 많이 투자했다.

카프카는 유대인들이란 모두 '배척된 라바콜'이라고 말했다. 즉 당시 가장 위험스러운 존재였던 것이다. 아나키즘에 대한 그의 관심은 그런 동류의식에서 생겨난 것이었다. 그에게는 아나키즘이 당시 권력에 의해 가장 배척된 존재였기에 관심의 대상이 된 것이었다.

2장

고통의 십대

I

세기말

카프카의 10대는 김나지움 8년이 그 대부분을 차지한다. 그 시기는 19세기 최후의 7년과 20세기 최초의 해인 1901년이었다. 19세기는 이데올로기와 과학기술, 프랑스혁명과 산업혁명의 결합으로 인한 진보의 시대였다. 1880년부터 1913년 사이에 세계의 상품생산은 그동안의 인구증가율을 세 배나 앞질렀다.

그사이 유럽 인구는 출생률의 저하와 약 3백만 명의 해외이주에 의한 인구 감소에도 불구하고 3억 4천만 명에서 4억 7천 5백만 명으로 늘었다. 그러나 그것은 국민총생산량의 급격한 증대에 의해 문제가 되지 않았다.

게다가 상품의 새로운 판로를 개척하고 원재료 생산지를 확보하기 위한 식민지 쟁탈전이 벌어졌다. 물론 새로운 빈부갈등은 심각하게 나타났다. 특히 과거의 농촌 인구 대부분은 도시 프롤레타리아로 변모했다.

그러나 오스트리아는 예외였다. 오스트리아 헝가리 제국에서도 사회적 유동성의 증대와 새로운 권력기구의 형성에 의해 봉건적 사회질서가 무너지고 다민족 국가의 존립 자체가 위기를 맞았으나, 관료주의에 젖은 빈 정부는 그것에 효과적으로 대처하지 못해 합스부르크 제국은 시대착오적인 유물로 변했다.

봉건제, 가부장적 통치, 제국주의적 교만에 의해 현실적인 정책은 전혀 도입되지 못했다. 도리어 사회변화를 저지하고자 하는 반동적인 조치만이 강구되었다. 그 결과 경제는 후퇴하고 근대화와 산업화는 지연되었다. 제1차 대전 전 합스부르크 제국은 유럽 제2의 대국이고, 인구 5천만은 유럽 제3위였으나, 주민 1명 당 수입은 독일 제국의 40%에 불과했다.

그 경제적 후진성은 정치적 후진성과 서로 맞물렸으나, 그 밖에도 여러 요인이 있었다. 열한 개 다민족이 거대한 영토에 흩어져 살았다는 측면이나, 원재료 생산지가 불규칙적으로 산재했다는 점 등이다.

경제발전은 특정 지역에 한정되었다. 특히 뵈멘과 메렌에 제국의 3대 기간산업인 직물업, 제당업, 금속가공업이 집중되었고, 노동자들 역시 집중되었다. 그러나 자본주들은 대부분 독일계 주민이어서 계급투쟁이 격렬하게 발생했고, 그것은 민족투쟁으로 나아갔다.

앞서 말했듯 카프카의 아버지가 프라하에 온 이듬해인 1873년, 주가 폭락에 의해 불황이 시작되었다. 장기간의 상품 과잉 생산으로 인해 시장에서 더 이상 소비되지 못한 결과였다.

그런 불황은 다른 선진국의 경우 쉽게 극복되는 것이었으나, 관료가 지배하는 제국에서는 오랫동안 회복이 불가능해 합스부르크가 멸망되기까지 경제는 호전되지 못했다. 그 결과 심각한 빈부갈등을 비롯한 사회 문제가 터졌다.

독일의 경우 당시 비스마르크는 '엿과 매'로 유명한 사회보장법과 반공법에 의한 경찰력으로 그런 사회 문제를 해결했다. 당시 오스트리아에도 유럽에서 가장 진보적인 사회보장법이 존재했고, 어떤 나라보다도 강력한 반공법과 경찰도 존재했으나, 독일과 달리 문제는 제대로 해결되지 못했다.

이 사회보장법에 의해 창설되는 산업재해보험공단에 카프카가 14년간 근무하는 이야기는 뒤에서 다시 볼 것이다. 그리고 그 강력한 반공법과 경찰력도 카프카 작품에 가장 중요한 주제인 법과 권력에 대한 비판으로 등장하는 점도 뒤에서 볼 것이다.

19세기 후반 오스트리아에도 노동운동과 사회주의 운동이 생겼으나, 1878년 설립된 사회주의 정당은 독일인에 대한 체코인의 불신 탓으로 노동운동과 결합하기는커녕 서로 분열되어 상대를 공격하기에 바빴다. 한편 중산계급은 인종과 민족의 대립을 경제전쟁에 끌어들여 독일 자본에 대한 불매운동을 벌였다.

독일인과 체코인의 대립은 르네상스기 후스 교도의 봉기로부터 시작되어 1945년 독일인 전원이 추방되기까지 5백년 이상 지속되었다. 그러나 언제나 무력이 약한 체코인은 패배했다. 19세기 후반 이래 저항수단은 무력 봉기가 아니라 다양하게 나타났다.

체코어를 독일어보다 우선시하는 운동도 그 하나였다. 특히 세기말 카프카의 어린 시절, 그 운동은 격렬하게 전개되었다. 그 결과 1891년 프라하의 모든 독일어 도로 표시는 체코어로 바뀌었다. 그것은 1918년의 독립을 예고한 상징적 사건이었다. 그리고 그 6년 뒤인 1924년 체코인들에게는 독일인으로 간주된 카프카가 죽었다.

반유대주의

반유대주의의 뿌리는 깊다. 카프카 시대에는 유럽인들의 빈곤, 절망, 환멸이 조직적으로 유대인 증오에 박차를 가했다. 체코인의 불매운동 결과 유대인 상점들은 대부분 문을 닫았다. 그러나 유대인은 단지 유대인이라는 이유만으로도 증오의 대상이었다.

즉 과거에는 종교적 구별을 뜻했을 뿐인 유대인이라는 말이 새로이 등장한 민족주의에 의해 다른 의미를 갖게 되었다. 과거에는 유대인이 기독교로 개종하여 다른 국민이 될 수 있었으나, 이제는 개종을 해도 독일인은 물론 체코인이 될 수 없게 되었다.

게다가 유대인이 해방되고 동등한 시민이 되었으나, 여전히 유대인은 비난받았다. 그들이 체코인보다 더 체코인처럼 행동해도, 독일인보다 더 독일인처럼 행동해도 도리어 그러면 그럴수록 더 심한 비난을 받았다.

이러한 집단적 히스테리를 이용한 사례는 히틀러에 의한 것보다 훨씬 빨리 카프카가 태어난 1883년에 터졌다. 그해, 체코, 독일, 헝가리의 과격한 민족주의자들은 반유대주의 대중운동을 일으키는 데 의견이 일치했다.

그 조직화는 결국 실패했으나, 1893년 헝가리의 시골에서 발생한 잔혹한 소녀 유괴 살해에 대해 아무런 증거도 없이 유대인이 범인으로 몰리는 사건이 발생해 전국적인 반유대운동이 전개되었다. 시체도 발견되지 않고 희생자가 살아 있다는 증언도 나와서 재판은 증거 불충분으로 끝났다.

오스트리아 제국은 18세기 말부터 그 붕괴의 불가피성이 예상되었을 정도로 낡은 체제였다. 황제는 그 기본 요인이었던 민족 대립을 완화하고자 1896년 독일계 이외의 반독일적인 중산계급 남성에게도 선거권을 부여하고자 했으나, 그것은 결국 실패했다.

왜냐하면 제국 의회의 비독일계 소수 민족 의원들이 법안의 심의를 거부했고, 반대로 지방 의회에서는 소수인 독일계 대표들이 마찬가지로 법안 심의를 거부했기 때문이었다. 그 결과, 황제, 내각, 관료에 의한 독재는 그대로 유지되었다.

한편 피억압 민족의 민족주의보다 독일 민족주의가 더욱 악질적이고 원시적인 과격주의로 치달았다. 고비노, 바그너, 니체 등의 독일 우월주의에 근거한 대중선동가 게오르그 리터 폰 세네라에 의해 1885년 반유대, 이민족배제, 범게르만주의를 주장하는 민족동맹이 결성되었다. 카프카가 태어나기 2년 전의 일이었다.

그 배경이 된 이유는 산업화의 진행에 의한 인구이동으로 당시까지는 독일인밖에 없었던 도시에 체코인과 유대인이 대량 유입되어 오스트리아 중산계급은 그들에 의해 포위된 느낌을 가졌기 때문이었다.

이어 1889년 공포된 언어령이 민족 대립을 격화시켜 황제는 그것을 취소했으나, 이에 대해 체코 민족주의자들이 격렬하게 반발했고, 동시에 세네라의 민족동맹에 박차를 가했다. 나치의 초기형태인 세네라 파는 1901년 의회에 21명의 의원을 당선시켰다. 그중의 칼 루에가는 1897년부터 1910년 죽기까지 빈의 시장을 지냈다.

그러나 1897년 10월, 프라하에서 터진 독일 학생과 체코 학생 간의 충돌이 반유대폭동으로 비화되었다. 카프카의 나이 14세인 김나지움 5학년(한국식으로 말하면 중학교 3학년) 때의 일이었다. 1897년 4월 새롭게 공포된 언어령이 충돌의 원인이었다.

그것은 독일어와 체코어의 완전한 평등을 실현하기 위해 모든 공무원에게 두 언어를 익히도록 요구한 것이었다. 그런데 당시 체코인은 대부분 독일어를 알았기 때문에 그 법령은 체코인에게 유리했고 독일인에게는 불리했으므로 독일인들은 격렬하게 반발했다.

폭동은 독일 상점과 문화적 시설 파괴에 이어 유대인 상점과 교회를 습격하는 것으로 비화했다. 카프카 아버지의 상점은 습격을 받지 않은 몇 개의 상점에 속했다. 체코어를 유창하게 말하는 헤르만이었기에 습격을 면했는지도 모른다.

1899년 동유럽의 드레퓌스 사건이라는 힐스너Leopold Hilsner 사건이 터졌다. 그 또한 1883년 사건처럼 시골길에서 체코 소녀의 시체가 발견된 것으로 시작되었다. 소녀는 유대인에 의해 강간당하고 살해되었다는 소문이 퍼졌고, 대중신문에 의해 17세의 유대인 힐스너가 범인으로 몰렸으며, 유대인 공동체가 살인을 교사했다는 등의 보도까지 이어졌다. 재판에서 힐스너는 사형을 선고받았다.

이때 프라하 체코 대학의 철학교수였던 마사리크Tomas Masaryk(1850-1937)

토마시 가리크 마사리크

가 법적인 문제점, 사실의 은폐, 법원의 편견 등을 치밀하게 분석하고, 재심을 요구하는 글을 발표했다. 드레퓌스 사건 때 졸라가 쓴 「나는 탄핵한다」(1898)를 연상시키는 그 글은 체코인의 반발을 불러 일으켜, 학생 데모대는 마사리크의 해고를 요구했고, 대학은 그의 강의를 중지시키고 그의 저서를 금서로 지정했다.

그러나 자유주의, 사회민주주자, 좌익계 학생들이 그를 지지했다. 유대인 조직도 재판을 지원했다. 그 결과 재심이 인정되어 다시 재판이 열렸다. 재판은 역시 사형 판결로 끝났으나, 집단적 히스테리 현상은 재현되지 않았다.

그 후 사형은 종신형으로 감형되고, 1918년 힐스너는 석방되어 몇 년 뒤 빈곤으로 죽었다. 마사리크는 그 후 체코슬로바키아 제1공화국의 대통령이 되었고, 지금은 명실공히 국부로 받들어지고 있다.

유대인의 교양주의

지금까지 살펴본 십대 시절 카프카의 체코 상황과 함께, 십대의 카프카가 본격적으로 받아들이게 되는 유대인 문화에 대해서도 설명할 필요가 있다. 흔히 우리는 유대인이 대단한 교육열을 가졌다고 하나, 그 배경이 되는 것은 유대 역사가 아니라, 그들의 해방사와 관련되기 때문이다.

유대인이 해방된 시대는 계몽주의의 성숙기였고, 중산 시민계급이 대두하는 때여서 유대인은 그 가치관을 받아들였다. 그것이 바로 교양 Bildung이었다. 이는 카프카가 평생 찬양한 괴테를 비롯한 고전주의 작가들이 추구한 것이었다. 괴테Johann Wolfgang Goethe(1749-1832)는 『빌헬름 마이스터의 수업시대』(1795-96)에서 그 이상을 '개인의 개성을 있는 그대로 계발하는 것'이라고 요약했다.

사실 카프카의 삶과 작품은 그러한 교양과 현실의 갈등을 표현하는 것이라고 해석될 정도로, 괴테를 비롯한 계몽주의적 인문주의의 영향이 깊었다. 괴테 역시 카프카처럼 평생을 관료로 보내며 글을 썼으나, 그에게는 그 두 가지가 조화로웠다는 점에서 카프카와는 달랐다.

독일 인문주의자 중에서 특히 레싱Gotthold Ephraim Lessing(1729-81)의 『현자 나탄』은 독일 유대인의 대헌장이었고, 교양과 계몽주의의 보급에 공헌했다. 이 작품은 특정 종교에 관계없이 인간성을 사랑하는 레싱의 신념을 보여주었다.

뒤에 아렌트Hannah Arendt는 그를 우정에 관한 고전적 작가로 불렀다. 레싱에게 우정이란 어두운 시대에 인간성을 상실하지 않도록 하기 위한 대화의 지속을 의미했는데, 거기엔 『현자 나탄』의 주제인 '독일인과 유대인'의 우정도 포함된다.[*]

그러나 사실상 그 교양이란 부르주아 물질주의를 장식하는 하나의 수단이었고, 시민사회는 국가주의와 국민주의의 미명하에 기성 질서를 지키기 위한 엄청난 규제와 관리를 요구했다. 카프카가 괴테와 다른 점은 그런 인문주의의 본질과 현실의 갈등을 깊이 체험했다는 점이다.

■ [*] Hannah Arendt. Karl S. Guthke, "Lessing und das Judentum, Rezeption, Dramatik und Kritik, Krypto-Sympozismus", *Wollfenbütter Studien zur Aufklärung* 4(Wolffenb ttel, 1977), S. 236.

피히테Johann Gottlieb Fichte(1762-1814)의 『독일 국민에게 고함』은 바로 그러한 국가주의의 전형적인 복음이었다. 초등학교의 엄격한 교육은 국가주의를 실질적으로 반영했고, 중등학교(김나지움)와 대학에서는 권위주의적인 교수들에 의해 학문이 관리되는 형태로 나타났다. 교수들이 숭배히는 것은 고대의 도리아식 원주와 쿠리트식 의사당으로 장식된 프러시아의 군대였다.

19세기 말의 이런 상황에서 유대인은 고립 당했다. 게다가 1873년, 19세기 최대의 경제공황이 발생했다. 유대인 문제를 둘러싼 논쟁이 벌어지고 반유대주의가 대두되기 시작했다. 1894년에는 프랑스에서 유대인 드레퓌스 대위가 독일 스파이라는 혐의로 구속되었고, 1897년에는 반유대주의자가 빈 시장에 당선되었다.

그러나 유대인들, 그리고 상당수 독일인은 이러한 반동정치에 대한 방파제가 이성과 교양이라고 생각했다. 히틀러가 집권하기 직전까지도 그들은 그렇게 생각했다. 카프카조차 그런 점에서는 예외가 아니었다.

카프카와 동시대를 산 유대인 작가로 그러한 교양의 전형을 보여준 작가로는 당시 독일에서는 물론 우리나라에서도 최근 인기가 높은 스테판 츠바이크가 있다. 그의 작품은 대부분 역사평전이다. 특히 제1차 대전 후 그가 인기를 얻은 이유로는 전후 정신적 공황기에 사람들이 역사와 개성 그리고 지도력에 굶주렸던 탓도 있었다. 그러한 정신적 위기가 결국 히틀러를 낳게 했다.

츠바이크는 말했다. 역사를 추진하는 것은 개인의 성격과 운명이라고. 역사에는 결정적인 순간이 있고, 몇 분으로 사람들의 운명이 결정된다고.

그리고 역사는 반드시 인간의 선에 의해 악을 추방하는 결과가 된다고. 그러나 인간성에 대한 이상은 독일인들에게 전달되지 못했다. 그의 책은 당시 베스트셀러였으나, 독일인들은 다른 책들도 읽었다.

당시에는 츠바이크 말고도 여러 작가들, 예컨대 레마르크의 반전소설 『서부전선 이상 없다』가 베스트셀러였으나 역시 정치적 충격을 주지는 못했다. 그의 소설은 어린 학생들에게 모험소설로 읽히기도 했다. 그러한 상황은 유대인의 고립을 더욱 심화시켰다. 츠바이크는 좌절했고 마침내 자살했다.

독일의 민중문화에는 뿌리 깊은 묵시록적·종말론적 역사해석의 전통이 있었다. 즉 더러운 현실에 대한 신의 징벌이 내린 뒤 신의 지배가 온다는 것이다. 마르크스주의도 사실상 그런 전통에 선 것이라고 할 수 있다. 그러나 종말론은 좌익이 아니라 우익에 힘을 실어 주었다. 대표적으로 히틀러는 종말론을 이용해 정점에 달한 인물이다.

츠바이크를 비롯한 교양적 계몽주의자는 독일 민중의 묵시록적 전통을 이해하지 못했다. 그러나 브로흐와 부버는 그 불길한 힘을 이용하고자 했다. 브로흐는 사회주의에, 부버는 유대 전통에 그것을 융합시키고자 했다. 특히 부버는 하시디즘을 통하여 신화에 굶주린 유대 청년들을 열광하게 했다. 카프카도 하시디즘에 열광했던 한 사람이었다. 부버를 읽은 젊은 날의 루카치는 돌연히 자신이 하시드의 자손으로 느꼈다고 했다. 그러나 브로흐도 부버도 궁극적으로는 교양적 계몽주의자였다.

■　*　Helmut Gruber, *The Politics of German Literature, 1914 to 1933: A Study of Expressionists and Objectivists* (Ann Arbor, Mich.: University Microfilms, 1962), p. 196.

빈, 프로이트, 유대인 사회주의

여기서 또한 우리는 빈을 찾을 필요가 있다. 사실 체코의 프라하는 오스트리아 제국의 수도 빈의 변방 시골이었기 때문이다. 따라서 프라하는 빈의 영향권 속에 있었고, 카프카 역시 빈 문화의 영향을 크게 받았다.

매년 정초에 텔레비전으로 보는 빈 신녀음악회는 경쾌한 슈트라우스의 왈츠로 꾸며진다. 왈츠의 도시 빈은 모차르트, 베토벤, 하이든, 쉔베르크가 살았던 즐거운 음악도시로 기억되나, 동시에 화가 클림트와 코코슈카와 실레의 고뇌에 찬 삶과 예술, 그리고 음울한 영화 〈제3의 사나이〉의 이미지로도 기억되는 불가사의한 곳이다. 그리고 지금의 그곳은 유럽의 어느 대도시와도 마찬가지로 팽창을 거듭하는 거대한 자본주의의 국제적인 상업도시다.

우리가 찾으려는 19세기 말 오스트리아-헝가리제국의 수도 빈은 당시의 어느 도시보다 자가당착으로 가득한 곳이었다. 파멸하기 시작하는 제국과 궁전은 억압적인 도덕성을 강요했고 철두철미한 관료화에 의해 질식당하고 있었다. 당대의 시대 분위기는 이미 카프카에 의해 상징화된 바 있다. 또는 오마 샤리프가 절망과 반항의 황태자로 나오는 〈비우(悲雨)〉라는 영화로 우리에게 조금은 낭만적으로도 전해졌다.

그러나 슈트라우스의 경쾌한 무도회용 왈츠가 전해주는 사치스러운 부르주아 쌍쌍파티나 다뉴브강의 잔물결과는 달리, 빈은 침통한 분위기였다. 제국의 거미줄 같은 관료화는 인간을 철저히 조직화시켜 카프카의 「변신」에 나오는 그레고르 잠사처럼 인간을 하나의 벌레로 전화시켰고, 사회로부터 소외시켰다. 특히 반유대주의가 격심했다.

프로이트의 심리학은 19세기 말 빈을 중심으로 오스트리아에서 반유대주의가 확산된 것을 배경으로 생겼다. 프로이트 역시 교양적 계몽주의자 유대인이었다. 예컨대 1871년 『즈라미트』에서 그는 인간의 성장이란 자립한 존재가 되는 것이고, 이성을 교화하여 본능을 약화시키는 것이라고 말했다. 즉 자아와 이드는 병존의 관계로 파악되었다.*

그리고 1900년의 『꿈의 해석』에서 무의식의 과정을 완전히 처리하여 망각하게 하는 것이 정신요법이라고 말했다. 그는 유대인의 운명으로부터 도피하고자 과거의 쓰라린 역사에 종지부를 찍고자 했다. 그것은 애니미즘에서 종교를 거쳐 과학과 문화에 이르는 진보의 과정으로 역사를 파악하는 자유주의의 전형이었다. 그리고 1921년, 『집단심리학과 자아의 분석』에서 합리적 정신의 개인이 집단생활에 강제 당하면 야만상태에 빠진다고 경고했다.

프로이트는 국제적인 인문공화국을 형성했다. 앙드레 지드, 베네데토 크로체, 토마스 만, 호세 오르데가 이 가세트, 로맹 롤랑 등과 함께 유대인인 마르틴 부버, 스테판 츠바이크도 그곳에 포함되었다. 또한 아비 발부르크, 엘빈 파노프스키, 에른스트 카시러도 같은 공화국인의 전통을 이었다.

유대인 사회주의자들도 그러한 전통에 입각했다. 즉 사회주의에 찬성하면서도 그 승리는 교양적 계몽주의로 돌아와야 한다고 생각했다. 특히 그들은 마르크스가 경제를 기초로 하여 분석하고, 승리를 위한 혁명 전술

■ * Philip Rieff, *Freud: The Mind of the Moralist* (New York, 1965), p. 263.

의 상대주의를 주장한 것에 의문을 제기했다. 마르크스는 중산계급을 계급투쟁의 적으로 보았으나, 그들은 중산계급이 고전주의 시대에 추구한 인간성의 이상을 중시했다. 루카치나 프랑크푸르트학파가 모두 그랬다.

김나지움 입학

1893년 열 살의 카프카는 초등학교를 졸업하고 김나지움Gymnasium(우리의 인문계 중등학교)에 입학했다. 지금도 그렇지만 오스트리아를 포함한 독일어권에서는 초등학교를 졸업하면 인문계인 김나지움과 실업학교 중의 어느 하나를 선택하게 된다.

그리스 라틴어 교육을 중시한 김나지움을 졸업하면 대학에 진학하거나 공무원이 되었다.*

반면 프랑스어 등 실용적인 과목을 가르치는 실업학교에서는 라틴어는 거의 가르치지 않았고, 졸업생들은 상인이나 하급 공무원이 되는 게 보통이었다. 출세주의자 헤르만이 아들을 김나지움에 보내는 건 지극히 당연한 일이었다.

카프카가 입학한 당시의 동급생 83명 중 카프카를 포함한 24명만이 8년 뒤 대학입학 자격시험에 합격했다. 그만큼 수업은 엄했다. 그래서인지 카프카는 입학시험부터 겁을 냈다고 했다. 위에서 본 『아버지께 드리는

■　* 바겐바하는 카프카의 고립은 김나지움 등의 현실을 무시한 실용주의적 교육에서 비롯된다고 한다(29쪽). 옳은 번역이라면 바겐바하가 틀렸고, 김나지움 출신인 독인인 바겐바하의 최소한의 상식을 믿는다면 오역이리라.

편지』 인용의 다음 부분을 계속 읽어보자.

> 김나지움 입학시험에는 틀림없이 떨어지려니 했지만 또 붙었습니다. 그래
> 도 김나지움 2학년 진급을 앞두고서는 드디어 낙제하겠지 했는데, 아니었
> 습니다. 이번에도 합격이었지요. 그 뒤로도 끊임없이 합격하고 또 합격했습
> 니다. 그렇지만 그렇다고 해서 자신감이 생긴 것도 아니었어요. 오히려 저
> 는 성공을 거듭할수록 그만큼 더 참담한 결과를 맞게 되리라고-아버지의
> 달갑지 않은 듯한 표정이야말로 그 증거가 아니겠냐고-늘 확신하고 있었
> 습니다. (『아버지께 드리는 편지』 123쪽).

나는 앞에서 카프카가 초등학교 시절 우등생이었다고 말했다. 따라서
카프카가 김나지움 입학시험에 '틀림없이 떨어지려니' 한 것은 사실 과장
이다. 우리는 카프카의 일기나 편지를 읽을 때에도 그의 과장벽에 속지
않도록 주의해야 한다.

카프카는 초등학교에 입학했을 때 외동아들이었으나, 4년 뒤 김나
지움에 입학했을 때는 세 여동생을 거느렸다. 1889년 가브리엘Gabriele
Kafka(1889-1941), 1890년 발레리Valleri Kafka(1890-1942), 1892년 오틸리에
Ottillie Kafka(1896-1943/1944)가 태어났다.* 여동생들은 그 후 모두 나치 수
용소에서 죽었다.

카프카는 막내 오틸리에를 좋아했고, 가브리엘과 발레리에 대해서는

■ * 바겐바하 22쪽에서 각각 엘리, 발리, 오틀라라고 함은 애칭에 불과하다.

부정적이었다. 특히 자신과 비슷한 성격인 가브리엘을 인색하고, 게으르며, 소극적이라는 이유에서 못마땅해 했다. 어머니와 유사한 성격의 발레리에 대해서는 그 정도는 아니었으나, 막내 오틸리에보다는 소원했다. 한편 카프카는 자신과 성격이 가장 대조적인 오틸리에를 친구 브로트, 애인 밀레나와 함께 평생 사랑했다.

당시 여성의 역할은 가사와 육아에 고정되었고, 부모는 딸이 결혼 전까지 순결만 지켜주면 된다고 여겼다. 그래서 딸 교육은 외국어나 예술을 약간 익히게 하는 것으로 충분하다고 생각했다. 위의 두 딸은 그런 부모와 교육에 복종했으나, 뒤에서 보듯 오틸리에만은 그것에 저항했다. 카프카가 그녀를 좋아한 이유였다.

세 딸을 4년 사이에 연이어 낳은 탓으로 어머니는 더욱 바빠졌다. 게다가 가게 일도 줄지 않고 더 많아졌다. 그러나 이미 어머니에 대한 기대를 버린 카프카에게 세 여동생은 어머니의 사랑을 둘러싼 경쟁상대로 여겨지지 않았다. 그러나 나이 차이 탓인지 그는 여동생들을 그리 좋아하지 않았다.

도리어 세 여동생이 생겨 카프카는 아버지로부터 약간 해방되었다. 아버지의 잔소리가 여동생들에게 향했기 때문이었다. 게다가 1896년 더욱 큰집으로 이사하게 되어 카프카는 처음으로 자신만의 방을 갖게 되었다. 우리는 12세 소년이 자기만의 방에서 행복해하는 모습을 상상해도 좋으리라. 그러나 학교생활은 그리 행복하지 못했다.

김나지움의 분위기

카프카가 김나지움에 입학할 무렵 김나지움은 수도원과 소년원을 섞은 지극히 억압적인 분위기였다. 1866년까지 학교는 교회에 의해 지배되었고, 그 후 교회의 권력이 법적으로 철폐되었어도 사제와 수도사들은 교사나 교육행정가로 적극적으로 활동했다.

카프카가 김나지움에서 가장 두려워한 교사도 사제들이었다. 그가 속한 피아리스트 수도회는 프라하에서 가장 배타적인 사립학교를 운영했다. 상류계급의 자제들만 다닌 그곳에서, 뒤에 카프카의 막역한 친구가 된 브로트와 베르펠이 공부했다.

그러나 그곳 사제들은 공립학교의 교사들처럼 군대식은 아니어서 그곳의 규율은 공립학교처럼 엄하지는 않았다. 반면 카프카가 다닌 김나지움은 카프카와 같은 유대인 중류 출신 자제들의 학교였으나, 규율이 엄한만큼 학력이 프라하에서 가장 높은 소위 일류 학교였다. 카프카는 위의 인용에서도 보았듯이 평생 자신이 열등한 학생이었다고 말했으나, 브로트는 열등생은 그 학교에 들어갈 수조차 없었다고 주장했으니 카프카는 역시 과장을 한 것이다.

당시 학교는 지금 우리나라처럼 사립이든 공립이든 학교는 국가에 의해 조직적인 획일성을 요구받았기에 교육의 내용은 큰 차이가 없었다. 교사들은 거대한 국가 관료제의 최말단이었다. 교사들이 축제일에 반드시 입도록 의무화된 화려한 제복은 그 교육의 내용과 수준을 단적으로 상징했다.

국가는 교육의 모든 부문에 세세히 간여했다. 수업계획, 시간표, 교육과정, 단련방법 등은 철저히 국가가 지시했고, 정기적인 현장시찰로 그 지시를 준수하는지 철저히 감독했다.

그리고 교사는 마치 정부가 처방한 약봉지를 학생에게 강제적으로 복용시키는 역할로 시종일관했다. 따라서 학생의 개인적 창의성은 완전히 무시당했다. 특히 체벌을 포함한 엄격한 규율이 가해졌다. 카프카 역시 그런 체벌을 받았으리라.

한 학년은 10개월이었으므로 지금의 한국과 같았다. 그러나 1주 24시간 수업이었으므로 그 두 배인 1주 48시간 전후 수업의 한국 중고등학교보다는 수업량이 적었다. 1주 24시간이면 한국의 대학 수준이다. 그것을 6일로 나누면 1일 네 시간이니 오전 수업만 하는 셈이다. 물론 매일 두세 시간 정도 필요한 숙제가 있었으나, 현재의 한국보다 수업량이 절대적으로 적은 것은 사실이다.

게다가 수업의 절반이 고전어 학습이어서 한국의 인문계 중고등학교와는 달랐다. 그러나 철저한 암기를 요구한 점은 같았다. 고전어 수업은 라틴어가 3학년까지 1주 여덟 시간이다가, 그 후에는 다섯 시간으로 줄되 대신 그리스어가 1주 세 시간 추가되었다.

독일의 국어인 독일어 수업은 3학년까지 문법 네 시간이다가, 4학년부터 세 시간으로 줄고, 대신 문학이 추가되었다. 한국의 교과서처럼 도덕적, 정치적으로 아무 문제가 없는 무난한 작품 중심의 진부하기 짝이 없는 고리타분한 독본을 외우는 수업이었다. 카프카의 작품이나 편지에 그리스 로마 문화나 독일 고전작가(우리로서는 이름조차 모르는)가 전혀 등장하지 않는 것을 보면 그 수업은 그에게 아무런 영향을 미치지 못했다고 볼 수 있다.

카프카는 특히 1주에 세 시간 동안 배우는 지리과목을 좋아했으나, 고학년이 되자 전쟁과 제국의 역사를 가르치는 시간으로 바뀌었다. 전쟁 과정의 모든 날짜와 로마 시대부터 합스부르크 제국의 황제에 이르는 유럽의 모든 왕가 왕조 교대를 외우는 과목이었다. 카프카는 이 시간을 싫어했다.

카프카는 자신이 말하는 것과 달리 대단히 착실한 학생이었다. 하지만 수학은 거부하고 싶어 했다. 수학은 1주 세 시간이었으나, 8년간 대수와 기하의 기초 정도를 배우는 것에 머물렀다. 한국식으로 말하자면, 졸업하기 전까지 카프카는 중학교 수준을 수학마저도 몹시 힘들어 한 셈이다. 그러나 인문계 학교에서 수학은 중요한 과목이 아니어서 그의 수학 열등은 그다지 문제되지 않았다. 그 후 그는 평생 간단한 셈조차 서툴렀다.

한편 자연과학은 현대의 파괴사상에 젖게 한다는 이유로 거의 가르치지 않았다. 대신 종교 수업이 1주 두 시간 부과되었다. 카프카는 자연과학을 처음에는 싫어했으나, 그가 유일하게 따른 과격한 담당 교사에 의해 흥미를 갖게 되었다. 그래서 다윈주의에 젖기도 했고, 대학에서 화학을 공부할 생각까지 했다.

이상 필수과목 외에 선택과목으로 체코어, 프랑스어, 음악, 미술, 체조가 있었다. 카프카가 체육을 싫어했다고 보는 견해가 있으나, 이는 틀렸다. 오히려 그는 체조 시간, 특히 보트 젓기를 좋아해서 뒤에 보트를 사기도 했고, 평생 스포츠맨으로 살았다.

김나지움 시절 카프카

김나지움 교육에 대한 평가

당시 김나지움 교육을 받은 사람이면 누구나 교육을 비판했다. 사회인으로 살아갈 능력을 갖추는 실용적 교육이나 사회성을 키우는 교육은 철저히 무시되었고, 중요 과목인 인문교육조차 고대문화를 단순히 고문도구로 사용한 것에 불과하다는 비판이었다.

사실 고전 문장을 번역할 수 있는 학생은 한 반 40명(우리나라에서는 몇 년 전까지 60명이었다) 중 서너 명에 불과했다. 물론 그 서너 명도 고전의 향기를 느낀 것이 아니라 해석하기에만 급급했다. 나머지는 졸업을 위해서 형식적인 암기 공부에 매달렸고, 졸업 후에는 깡그리 잊었다(바겐바하 30-31쪽 참조).

이 역시 우리나라 중고등학교 교육과 상당히 닮았다. 그것도 카프카 시대보다 1세기 이상 지난 2018년에도 그렇다. 물론 우리나라 교육을 긍정적으로 보는 사람이 있듯 당시 교육에 대해서도 찬성한 사람도 있었다. 카프카의 친구 중에 언제나 최우등생이었던 후고 베르크만Hugo Bergmann(1883-1975)이 그랬다. 우리나라에도 현실과 무관하게 수도원처럼 격리되어 고전의 절대적 가치를 가르쳐야 한다고 주장하거나, 특히 암기를 장려하는 사람이 있는 것처럼 그는 획일적인 김나지움 교육을 찬양했다.

그러나 이러한 주장의 차이는 사실 당사자의 특수한 상황이나 성향과 결부된 것이었다. 베르크만의 경우 부모는 가난해서 장학금과 가정교사를 해 번 돈으로 학교를 다닐 수 있었다. 그리고 그는 평생 보수적인 신앙인으로 학자, 고문서 연구자, 도서관 전문가로 살았다.

그러나 김나지움 교육에 대한 찬성자이든 반대자이든 간에 곧잘 간과하는 김나지움 교육의 본질은 인문교육이 아니라 직업훈련교육이었다고 하는 점이다. 즉 관리를 양성하고 관료제도에 적응하도록 하는 교육이었다고 하는 점이다.

다시 말해 관료가 되어 대량의 무의미한 서류 업무에 익숙하도록 만들고, 상사를 언제나 존경하고 두려워하며, 부하와 민원인을 철저히 무시하고 경멸하도록 가르쳤다는 것이다. 당시 오스트리아 같은 국가에서는 그런 관료를 양성한다는 목적에 김나지움 교육은 적절했다.

그러나 그런 관료 양성을 목표로 삼지 않는 우리나라에서 지금 왜 획일적 교육이 필요한지 나는 알 수 없다. 물론 인문계 고졸자가 하급 공무원이나 기업의 사무직 시험에 응시하는 경우는 있겠다. 그러나 그 비율이 얼마나 될까?

카프카의 김나지움 시절

카프카는 김나지움 시절에 대해 거의 언급한 바 없다. 그렇다고 해서 카프카를 논하면서 티에보의 『카프카』에서마냥 한 마디도 언급하지 않는 것은 카프카의 10-18세의 삶을 송두리째 죽이는 것과 같으리라. 물론 그 반대로 바겐바하처럼 그렇게 상세하게 다룰 필요도 없지만.

앞에서도 말했지만 카프카는 자신이 김나지움 시절, 열등생이었다고 했지만 이는 사실과 달랐다. 『아버지께 드리는 편지』인용의 다음 부분을 계속 읽어보자.

바로 저처럼 가장 무능하고 아는 것이라곤 쥐뿔도 없는 학생이 도대체 지금까지 살금살금 진급할 수 있었는지, 그 경위가 문제였죠. (…) 이런 지경이었으니 학교 수업이 저와 무슨 상관이었겠습니까? (…) 그러다가 졸업 시험이 닥쳐왔습니다. 이때엔 실제로 약간 잔재주를 부린 덕에 통과했습니다. 그것으로 끝이었죠(『아버지께 드리는 편지』127쪽).

카프카는 그 '지경'을 "금융사기 행각이 탄로날까 봐 불안에 떨고 있는 현직 은행원이 아직 직무상 처리해야 할 시시콜콜한 은행 업무를 붙들고 있다"는 것에 비유하고 있다. 그런 비유는 이 책에 자주 등장한다. 그런 불안 묘사는 문예가들한데 유행하기도 했으며, 카프카의 작품을 이해하는 데도 중요한 열쇠로 이용된다. 그러나 역시 이는 과장이다.

즉 카프카는 그런 불안에도 불구하고, 수학 이외에 어느 과목에서나 평균 이상의 성적이었으므로 낙제하기는커녕 '살금살금 진급'한 것도 결코 아니었다. 여하튼 김나지움을 다닌 8년은 무익하기만 했던 김나지움 때문이 아니라, 10대라는 감수성이 가장 강한 시절에 그가 사회를 통해 많은 것을 배운 점에서 참으로 중요한 시기였다.

그러나 카프카는 여전히 내성적인 소년이었다. 전능의 절대적인 아버지에 대한 내면의 치열한 싸움, 그 밑에서 크게 정을 느끼지 못한 가족과 함께 사는 것으로부터 오는 구속감, 태어나면서부터 상실 당한 모성을 추구하는 절망적인 노력, 일찍 죽은 두 남동생들에 대한 살해 망상 등이 그의 본성을 왜곡했고, 엄청난 죄의식을 심어주었을지도 모른다.

그러나 외면적으로 그는 철저하게 순종적인 태도를 보이며 그 분노를 숨겼다. 그는 부모나 교사의 말을 너무나 잘 듣는 어른 같은 아이로 자랐다. 그런 이중생활에서 닥치는 대로 읽었던 책이 그를 구해줬다. 어려서부터 독서광인 그는 동화, 모험담, 탐정소설, 서부극소설, 기행문 등등 거의 모든 책을 읽었다.

카프카는 전혀 사교적이지는 않았으나, 김나지움 시절 몇몇 친구를 사귀었다. 그중 한 사람이 앞에서도 언급한 베르크만이다. 두 사람은 매우 달랐으나, 평생에 걸친 친구로 지냈다. 그들은 어려서부터 친구였던 어머니들 치마폭에서부터 초등학교와 김나지움 12년, 그리고 대학 초년생까지 동급생이었다.

두 사람은 김나지움 1, 2학년부터 작가가 되는 희망을 함께 나누기도 했다. 열 살 전후의 문학소년들이 어떤 심각한 정신적 체험에 의해 그런 희망을 갖게 되었다고 보기는 힘들 것이나, 카프카는 그전부터 창작에 대한 계획을 세웠다.

1911년, 일기에 의하면 당시 카프카는 두 형제가 싸워 한 사람은 바다 건너 신비의 나라 미국으로, 다른 사람은 유럽의 어느 감옥으로 간다는 줄거리의 장편소설을 구상했다. 미미하나마 그 줄거리는 뒤에 소설『실종자』—브로트에 의해 『아메리카』라는 제목으로 출간되어 우리나라에서도 그렇게 번역된 바 있으나, 최근에는 『실종자』로 불려지고, 그렇게 번역되고 있다—에 흔적을 남겼다. 그러나 실제로 창작을 시작하는 시점은 1897년 전후, 즉 16세 전후였다.

소년 카프카의 공격성

10대의 참된 변화는 창작기 이전에 찾아왔다. 카프카의 김나지움 시절은 정확하게 반으로 나눠지는 전후가 달랐다. 즉 14세 무렵 카프카는 육체적으로도, 정신적으로도 급성장을 했다. 1년 사이에 키가 180센티미터까지 자라 학급에서 최장신이 되었다. 14세로서는 대단히 조숙한 편이었다. 그 후 성인이 될 때까지 2센티미터가 더 자랐을 뿐이었다.

그러나 동시에 성적은 급격히 하락했다. 이는 카프카가, 사춘기 아이들이 대부분 그런 경험을 하듯이 자아의 탐구에 고뇌하게 된 것을 뜻한다. 우리 모두도 경험했듯 그 시기에 소년은 종교, 사상, 정치 등에 관심을 갖고 그런 방면의 독서를 하게 된 탓이었다.

당시 카프카는 스피노자, 괴테, 클라이스트, 다윈, 니체를 열심히 읽었다. 특히 그는 평생 성서와 함께 괴테를 정신의 반려로 삼았다. 물론 그것은 사춘기에 당연히 있을 수 있는 반역이나 탈선이 아니라 조용한 탐구로 나타났다. 14세에 괴테를 읽는 아이가 어떻게 탈선을 꿈꾸겠는가?

그러나 친구들과 격렬한 토론도 했다고 베르크만은 뒤에 회상했다. 이는 그때까지 내성적인 자기 부정에 길들여진 소년이 정신적인 자립과 자기 확인을 추구하는 첫 걸음이었다. 뒤에서 상세히 보듯이 당시 카프카는 이미 무신론자였으나, 벌써부터 시오니즘에 깊이 경도된 베르크만은 유대적인 것이 무엇인가를 카프카에게 처음으로 인식시켰다.

시오니즘은 당시 막 시작된 새로운 사상이었다. 베르크만은 학급에서 최초로 시오니스트가 되었고, 급우들에게 열심히 그것을 전파했다. 베르크만은 당시 대부분의 유대 청년들이 하나의 유행처럼 시오니즘에 한

때 젖는 경향과는 달리 평생 시오니즘에 헌신했다. 그는 체코 시오니즘의 대변자로 살았고, 1920년 팔레스타인으로 건너가 히브리 대학 총장을 지냈고, 이스라엘 국립도서관을 세웠다.

그러나 카프카는 시오니즘보다 사회주의에 기울었고, 베르크만과 달리 문학에 더욱 관심이 많았다. 그래서 1898년, 카프카 나이 15세 무렵부터 두 사람의 우정은 차가워지기 시작해 김나지움을 졸업할 무렵 결별했다.

이는 카프카에게 일종의 해방, 지적인 해방과 동시에 감정적인 독립을 뜻한다. 그것은 베르크만의 성격이 카프카의 아버지 헤르만의 그것과 같이 자신감과 경쟁심, 불굴의 투지와 왕성한 에너지를 특징으로 한 것이었기 때문이다. 사실 그것은 유대인 남성의 공통된 특성이기도 했다. 따라서 내성적인 카프카는 유대인 소년 중에서도 예외적이었다.

그러나 여기서 우리는 카프카의 새로운 면모를 만나게 된다. 이미 15세의 그는 엄청난 독서가이고 격렬한 토론가이며 게다가 당시로서는 가장 위험한 사상으로 여겨진 사회주의에 흥미를 가졌다는 것이다. 물론 당시그의 사회주의에 대해서는 베르크만이 회상한 것 외에 확인할 수 있는 뚜렷한 자료는 없다.

그래서 설령 당시 카프카가 진짜로 사회주의에 빠졌는지 의문을 품는다고 해도, 카프카가 병적인 환상가, 고독한 몽상가라는 식의 고정 관념을 충분히 깨뜨리게 한다. 카프카는 고독한 만큼 강인한 정신의 소유자였고, 독립독보의 인간으로서 에너지 넘치는 베르크만을 능가하는 공격력의 소유자였다. 그야말로 한 마리 늑대와 같은 인상을 베르크만의 회상에서 엿볼 수 있다.

지금까지 카프카는 주로 그가 대학에 들어가 '프라하 서클'로 불린 젊은 작가들과 어울리기 시작한 시절, 그들의 회상을 통해 그 이미지가 형성되어 왔다. 그것은 카프카가 언제나 조용히 앉아서 남들의 이야기를 듣고 있었다고 하는 이미지이다. 우리는 뒤에서 그 시절의 카프카가 왜 그랬는지를 살펴볼 것이나, 그런 이미지는 그 전 어린 시절 10여 년의 절친한 친구였던 베르크만이 전해주는 이미지와는 사뭇 다르다.

물론 베르크만도 카프카가 온화하며 친절하며 생각이 깊었다는 점을 부정하지 않는다. 그러나 그것이 환상이나 몽상의 이미지와 연결되면, 반대로 그것이 강인함과 공격성에 연결되는 경우 낳게 되는 이미지와는 전혀 다르게 된다.

나는 앞으로 이 책에서 끝없이 주장하듯이, 카프카는 말이라는 무기를 가장 잘 사용한, 그야말로 한 칼에 상대를 죽이는 작가라고 생각한다. 그리고 그것은 현실을 떠난 몽상이나 환상에서 나오는 것이 아니라, 어려서부터 사회주의자가 될 정도로, 그리고 당대의 가장 대표적인 시오니즘 논객이 된 급우를 토론으로 제압할 정도의 박식과 논리로 무장된 독서가였음을 보여줄 것이다.

카프카는 베르크만과 멀어지면서 유일한 무신론자 급우였던 '이성적인'(카프카의 말) 프리브람Ewald Felix Pribram과 가까워졌다. 프리브람은 카프카와 같이 프라하 대학에서 법학을 공부했고, 카프카와 달리 뛰어난 성적으로 졸업을 한 뒤 유능한 변호사가 되었다. 그의 아버지는 뒤에 카프카가 14년을 근무한 산업재해보험공사의 이사장으로 카프카를 채용했다.

그러나 카프카가 사귄 다른 대부분의 친구들은 사회주의에 기운 급우들이었다.

그중에서도 일로비Rudolf Illowy는 카프카에게 사회주의를 불어넣은 사람으로, 사회민주당 기관지의 편집자, 사회주의 문학의 출판인으로 일했으나, 나중엔 은행원이 되었다. 야누흐는 1920년 카프카가 사회주의자인 일로비가 은행원이 되어 자본가로부터 돈을 받으면서도 자본가를 욕하는 것을 경멸했다고 말했다.

또 다른 친구로는 뒤에 사회주의자가 된 에밀 우티츠가 있었다. 그는 1946년에 발표한 회상록에서 카프카가 16세에 급우들과 함께 반가톨릭 단체인 '자유학교'에 가입했다고 말했다. 바겐바하도 그것을 인용하는데,** 그 단체는 1903년에 창설되었고, 프라하 지부는 1907년에 설립되었으므로 이는 잘못된 것이다.

당시 카프카는 사회주의에 기울었고, 억압당하는 사람들을 위한 사회주의에 평생 공감했다. 그러나 당시 그가 마르크스를 읽었는지는 의문이다. 설령 읽었다고 해도 그는 본질적인 회의주의자로 맹목적인 교조에 열중하지는 않았고, 언제나 거리를 둔 비판적 관찰자였으므로, 정신적으로는 아나키즘에 가까웠다.

김나지움 시절, 후반기의 마지막 친구이자 카프카 평생에 가장 중요한 친구가 된 사람은 오스카 폴락Oscar Pollok이었다. 그러나 친구라기보다도 사실은 선배나 스승에 가까운 관계였다. 그는 미학과 미술사를 비롯

■   * 바겐바하 43쪽은 일로비와 카프카 뿐이었다고 하나, 의문이다.
     ** 바겐바하, 35쪽. 단 번역은 '자유학파'이나 오역이다.

한 다방면의 뛰어난 지성으로 당시의 카프카에게 많은 영향을 미쳤다.

김나지움 마지막 학년에 카프카는 폴락을 통하여 니체가 창간한 『예술감시인*Kunstwart*』을 읽게 되었고, 이를 계기로 니체Friedrich Wilhelm Nietzsche(1844-1900)에 기울었다. 그러나 이 잡지나 폴락과의 관계 그리고 니체의 영향에 대해서는 뒤에 대학시절 이후 더욱 깊어지므로 뒤에서 다시 상세히 살펴보도록 한다.

정신적 스승들

앞서 나는 당시 카프카가 스피노자, 괴테, 클라이스트, 다윈, 니체, 톨스토이, 크로폿킨 등을 열심히 읽었고, 특히 평생 성서와 함께 괴테를 정신의 반려로 삼았다고 말했다. 그러나 스피노자, 다윈 그리고 니체는 일시적인 흥미를 끈 것에 불과해, 소위 일생을 지배한 '영원한' 스승이라고 할 수는 없고, 10대 시절 정신적으로 방황하는 나그네의 벗이었다고 함이 더 적절할지 모른다.

그들은 스승이 부재한 김나지움 시절 카프카에게 정신적인 스승이었다. 그는 김나지움 수업을 회상하며 "저에게 섬광과도 같은 관심을 불러일으킬 수 있는 사람이 단 한 명이라도 있었겠습니까?"라고 말했다(『아버지께 드리는 편지』125쪽). 그러나 그의 그런 말과 달리 분명 있었다. 물론 그들은 모두 이미 죽어 책으로 만난 섬광들이었다.

카프카가 정신적 스승으로 모신 사람들 중에서 첫 스승은 카프카와 같은 유대인 철학자 스피노자Baruch de Spinoza(1632-1677)였다. 카프카가 당시 스피노자를 어떻게 이해했는가를 보여주는 자료는 없으나, 250년 전 암스테르담의 유대인 사회에서 파문당하고 이단자로 산 그에게 10대의 카프카가 어떤 동질감을 느꼈으리라는 짐작이 가능하다. 스피노자가 데카르트의 영향을 받아 유대의 성경(구약)과 전통을 비판하여 1656년 유대교로부터 파문을 당해 유대 사회에서 고립되었다는 점에 카프카는 동질성을 느꼈으리라는 것이다.

스피노자는 1673년 하이델베르크 대학으로부터 철학 정교수로 초청을 받았으나, 사상의 자유와 『윤리학』의 완성을 위해 자리를 거절한다. 그 후 그 책을 15년 만에 완성하나, 생전에 출판되지도 못했을 뿐만 아니라, 1백년간 매장되었다. 카프카는 이러한 스피노자의 태도에 존경심을 가졌으리라.

그리고 스피노자가 평생 독신으로 살면서 학문에 열중하고, 여가에 렌즈를 갈아 생활비를 조달했다고 하는 자세에도 공감했으리라. 나는 스피노자가 그 후 카프카 삶의 모범이 되었을 정도로 중요한 영향을 미친 사람이라고 본다. 문학과 생활을 항상 분리했다는 측면이 특히 그렇다.

그러나 철학을 싫어한 카프카가 스피노자의 『윤리학』을 읽었다거나, 스피노자의 난해한 범신론에 기울었으리라고 보기는 어렵지 않을까? 물론 아버지의 유대적 경건주의나 베르크만의 종교적 민족주의에 대항하기 위한 사상으로서, 또는 그것들과의 단절을 합리화시키기 위한 논거로서 스피노자의 범신론에 탐닉했을지도 모르나, 그렇다고 해도 그 관심의 깊이는 얕았으리라. 더 나아가 최근 사회주의 사상에서 새로이 조명되는 스피노자의 현대성에 카프카가 일찍부터 공감했을 수도 있으나, 이는 역시 상상의 비약일지 모른다.

카프카의 스피노자에 대한 관심은 곧 다윈주의 서적을 탐독하면서 잊혀졌다. 여기서 말하는 다윈주의 서적이란 1899년, 즉 카프카가 16세, 김나지움 6학년 시절에 출판되어 곧 대평판을 얻은 헤켈Ernst Heinrich Heckel(1834-1919)의 『세계의 수수께끼』였다. 헤켈은 이 책에서 다윈Charles Robert Darwin(1809-1882)의 진화 사상을 기계론적 일원론의 틀로 받아들였으므로 그것과 스피노자의 사상은 맞을 리가 없었다.

헤켈은 이미 1866년 『일반 형태학』을 통해 다윈의 진화론을 유물론적 일원론으로 체계화해 "생물의 개체 발생은 그 계통 발생을 되풀이한다"는 생물의 발생법칙을 발표했고, 우리가 지금 생태학이라고 부르는 'Ecology'를 처음으로 주장했다.

그러나 다윈에 대한 관심도 일시적이었다. 그 후 카프카는 무신론, 독일 민족주의, 1899년에 터진 남아프리카의 식민지 해방투쟁인 보어 전쟁, 니체, 그리고 헬첸, 톨스토이, 크로폿킨, 베츠뤼쉬를 비롯한 아나키즘으로 향했다. 앞에서도 말했듯이 이는 하나의 계통 있는 사상의 추구라기보다 사춘기에 흔히 경험하는 정신적 방황 같은 것이었으나, 톨스토이와 크로폿킨의 아나키즘은 그의 평생을 잇는 관심이 되었다.

사실 카프카는 철학적, 정치적 또는 종교적인 추상 관념에는 처음부터 끝까지 별로 관심이 없었다. 그는 체계적인 사상 자체에 혐오감을 품었

■ * 바겐바하 35쪽은 헤켈의 책을 읽은 것이 당연하다고 하면서도, 유대교 신앙의 전무함을 받아들임이 당시 카프카의 윤리적 엄숙주의에 위배되었다고 한다. 그러나 헤켈의 책을 당연한 것으로 읽은 카프카에게 유대교에 대한 불신은 더욱 강화되었을 것이다.

다. 결국 형식적 논리나 체계적인 교의는 그가 관심을 가진 여러 의문들에 답해주지 못했다. 따라서 그런 점이 별로 없는 아나키즘이나 문학이 그의 기호에 맞았다.

카프카가 좋아한 문학가 중에서 클라이스트Heinrich von Kleist(1770-1811)는 우리에게 그다지 알려지지 않은 작가이나, 그의 작품 중에서 카프카는 특히 「미하엘 콜하스」를 좋아했다. 그 작품은 평생 단 두 번 대중 앞에서 얘기한 카프카가 그중의 한 번, 눈물을 흘리며 이야기한 것이었다.

그것은 16세기 독일의 부패한 봉건 체제에서 자신의 권리와 정의를 투쟁하고자 악당이 되어 활동하다가 스스로를 처형한 이야기였다. 또한 클라이스트는 구술 형식을 선호한 점에서도 카프카에게 영향을 미쳤다.

카프카가 플로베르를 좋아한 점도 같은 이유에서였다. 즉 냉정한 관찰과 정확하고 철저한 사실 묘사였다. 마찬가지로 이해 가능하고 구체적인 것을 꾸밈없이 언어로 표현하고자 한 호프만스탈 역시 카프카에게 영향을 미쳤다.

한편 그릴파르처Franz Grillparzer(1791-1872)의 「가련한 방랑악사」를 카프카가 좋아한 이유는 그 주인공이 자신처럼 폭력적인 아버지에게 예속된 상태에서 예술로 도피한 방랑 악사였기 때문이었다.

현대 작가로는 토마스 만Thomas Mann(1875-1955)을 좋아했다. 그는 이미 카프카 생전에 유명했다. 우리는 그의 『부덴부르크 일가』를 비롯한 독일 교양소설의 전통, 즉 서로 갈등을 일으키는 시민사회를 초월하려는 작가의 고독과 저항을 카프카의 「선고」 등에서 읽을 수 있다. 뒤에 만도 카프카를 높이 평가했다.

그러나 더욱 뒤에 토마스 만은 카프카와 대조적인 작가로 곧잘 평가되었다. 예컨대 루카치는 '만이냐, 카프카냐' 하는 명제로 현대문학을 설명했다. 즉 그에 의하면 만은 리얼리즘이나 카프카는 그렇지 않다는 주장이었다(임철규 75~93쪽). 그러나 이러한 논쟁은 공산당의 소위 사회주의 리얼리즘의 관점으로서, 지금은 그다지 설득력이 없다.

유대주의에 대한 입장

김나지움에 입학할 무렵 카프카는 겁이 많은, 고독한 내성적인 소년이었다. 그러나 8년 뒤 18세가 된 그는 이미 소년이 아니었다. 그러한 변화의 하나로 우리는 그의 유대인이라고 하는 민족적 측면에 대한 생각이 어떻게 변했는지부터 살펴보자.

그 앞에 우리는 카프카를 이해하기 위해 그 부모의 유대인으로서의 특성을 살펴볼 필요가 있다. 앞에서도 말했듯이 카프카 부모는 자기들이 사는 사회의 상류층이 되고자 그 사회에 동화하고자 한 '동화 유대인' 제2세대에 속했다. 여기서 제2세대라고 함은 할아버지의 경우 그런 의식은 없었지만, 외할아버지의 경우 이미 어느 정도로 오스트리아에 동화되었기에 그들을 제1세대라고 볼 수 있기 때문이다.

제2세대에 와서는 동화가 더욱 철저했다. 유대교 의식을 어린 시절부터 몸에 배인 버릇 정도로 준수할 뿐, 본래적인 의미의 종교로는 더 이상 실천하지 않았다. 동시에 자신이 동화되고자 한 오스트리아로부터 반유대주의를 받아들여 자기모순, 심지어 자기 증오에 젖었다.

이러한 제2세대 부모 밑에서 자란 카프카와 같은 제3세대는 어려서부터 유대교 내지 유대적인 것에 대해 비판적일 수밖에 없었다. 『아버지께 드리는 편지』에 나오는 다음 부분을 계속 읽어보자.

> 어린 시절 저는 사원에 다니거나 단식하는 일을 열심히 하지 않았습니다. 아버지께서 그런 저를 질책하시는 것도 마땅하다고 생각했고, 스스로 질책하기도 했습니다. 저의 그런 태도는 저 자신보다 아버지께 떳떳하지 못한 일이라고 믿었죠. (…)
>
> 그 후 좀더 자랐을 때, 저는 이해할 수 없었습니다. 아버지께 익숙한 유대주의의 요소들이 무의미함에도 불구하고, 어떻게 제가 그 무의미한 행위들을 (…) 애써 따라하지 않는다고 책망하실 수 있는지 말입니다. (…)
>
> 아버지는 해마다 나흘씩 사원에 가셨지만, 그런 일을 진지하게 생각하는 사람들 쪽보다 아무래도 좋다고 여기는 사람들 쪽에 조금 더 가까웠습니다. (…) 아무튼 저는 사원 안에 있는, (…) 제가 있고 싶은 곳에 죽치고 앉아 시간을 보낼 수 있었어요(『아버지께 드리는 편지』 103-104쪽).

이러한 상황은 당시 유대인 중산계급에 공통된 것이었고, 카프카도 그것을 잘 알았다. 그런 아버지의 태도는 결코 특수한 것이 아니라, 시골에서 도시로 이주한 제2세대에 공통된 것이었다. 또한 카프카와 같은 제3세대가 유대교에 무관심했던 것도 그 세대의 일반적인 경향이었다. 이러한 무관심은 학교의 종교 교육에 대해서도 마찬가지였다.

또한 당시의 격화된 반유대주의를 카프카 역시 길거리에서 경험했을 것임에 틀림없다. 앞에서도 언급한 1897년 10월의 폭동 당시 카프카는 14세로 김나지움 5학년이었다. 그 사건이 죄의식에 젖은 섬세한 카프카에게도 심각한 영향을 끼쳤을 것임에 틀림없다.

카프카 아버지와 같은 제2세대는 반유대주의적인 사회 분위기에도 불구하고 형식적이나마 법적인 자유와 평등, 특히 생존을 위한 수단인 상업행위를 허용 받은 정도에 만족했으나, 그 아들인 카프카와 같은 세대는 달랐다. 즉 저항했다.

당시 저항의 방법은 두 가지였다. 하나는 반유대주의 사회를 개혁하기 위한 사회주의 운동에 참여하는 것이고, 다른 하나는 유대주의를 더욱 강화하는 민족주의 운동인 시오니즘에 참여하는 것이었다. 적어도 당시의 젊은 유대지식인은 그 두 가지 중의 하나를 선택해야 했다.

사회주의는 계급, 국적, 민족, 인종, 종교에 따른 모든 차별을 철폐하고, 유대인을 다른 민족의 구성원과 마찬가지로 형제로 받아들이는 인류의 새로운 사회를 추구하는 것이었다. 반면 민족주의는 유대 민족을 재생시켜 유대의 나라를 세우는 시오니즘이었다.

물론 그 밖에도 길은 있었다. 예컨대 기독교로 개종한다든가, 문학적 또는 정치적 허무주의로 빠진다든가 하는 등이었다. 그러나 대다수 젊은이들은 사회주의 또는 시오니즘 중 하나를 선택했다. 카프카도 예외가 아니었다.

1897년 폭동이 터지기 한 해 전, 시오니즘 운동의 불을 지른 헬즐의 『유대 국가』가 출판된 것은 바로 그런 분위기에서 나온 것이었다. 헬즐은 본래 철저한 동화론자였으나, 저널리스트로 파리에서 드레퓌스 사건을 취재하면서, 당시 유럽을 뒤덮은 반유대주의에 충격을 받아 그 책을 썼다. 이미 시오니즘에 기운 베르크만이 그 책에 감동을 받고 시오니즘 운동에 투신하게 되었음은 충분히 상상된다.

아나키즘과 사회주의

앞에서 우리는 카프카가 14세 이후 아나키즘에 대한 책을 읽고 그것에 기울어졌다고 말했다. 이는 카프카 자신의 정의감에서 나온 선택이기도 했지만, 동시에 당시의 사회 분위기 탓으로도 이해되어야 한다.

유럽 어느 나라에서나 마찬가지지만 19세기 후반 체코에도 사회주의 이전에 아나키즘의 바람이 크게 불었다. 아나키즘 이론의 선구자인 바쿠닌Mikhail Alesandrovich Bakunin(1814-76)이 1848년 이후 슬라브인들의 독립을 주장했고, 그의 도움을 받아 혁명까지 준비했다. 카프카는 뒤에 야누흐에게 다음과 같이 말했다.

> 아나키스트임을 자처하는 사람들은 그들의 어떤 말도 내가 믿지 않을 수 없을 만큼 사랑스럽고 친절한 사람들입니다. 그러나 이와 동시에―바로 이와 같은 그들의 특성 때문에―그들이 그들 자신의 주장처럼 정말로 세계의 파괴자일 수도 있으리라는 것은 믿기 어렵습니다. (…) 그들은 매우 사랑스럽고 유쾌한 사람들입니다(『카프카와의 대화』 111쪽).

또한 앞에서 보았듯이 카프카가 태어나기 전 사회주의는 오스트리아

아나키스트 바쿠닌의 연설

에서 중요한 역할을 하지 못했으나, 1878년 설립된 체코 사회민주당은 노동운동의 급속한 발전에 따라 그 세력이 조금씩 커져, 그들이 참여한 최초의 선거인 1891년 선거에서 2.8%의 지지를 얻었다.

그러나 체코에서 보다 10년 늦은 1888년에 설립된 오스트리아 사회민주당은 1893년 선거에서 최초로 의원을 국회에 보냈고, 1911년에는 총 의원 수 533명 중 88명을 당선시켜, 국회의 최대 세력으로 부상했다.

그러한 신장의 밑거름은 계급의식이 차차 높아진 노동운동의 발전이었다. 그러나 사회주의가 불만을 품은 지식인층이나, 유대 부르주아 층에 급속히 파급된 이유는 마르크스주의의 경제변혁 사상 때문이 아니라, 그것이 주장하는 더욱 높은 사회적 이상 탓이었다.

즉 당시 오스트리아에 여전히 지배적이었던 교회나 봉건적 잔재는 물론, 격렬하게 대두된 여러 민족주의 집단의 투쟁과 달리, 계급과 민족을 초월하는 새로운 사회를 건설한다는 마르크스주의의 유토피아적 이미지가 더욱 강력한 매력을 던졌다.

그 결과 오스트리아 사회민주당의 중추에 많은 유대인이 포진했고, 프라하의 부르주아들마저 사회민주당 의원에게 투표했다. 이러한 특수한 성격으로 인해 마르크스주의 본래의 계급투쟁에 충실한 독일 노동운동은 물론 체코 노동운동 측으로부터 불신을 당하게 되었고, 그 결과 민족사회주의적 당파도 생겨났다.

그러한 민족적 성격은 차차 강해져 1896년에는 체코 사회민주당이 민족적인 이익과 연대를 우선시켜 오스트리아 전체의 사회주의 운동을 분열시키는 결과를 초래했다. 이러한 분열은 그 후 제1차 대전이 터졌을 때, 체코 사회민주당이 사회주의 세력의 국제연대를 부정하고 자국의 민족적 이익과 지배자 계급을 옹호하여 전쟁에 참여하는 것으로 더욱 강화되었다.

그러나 당시 카프카를 비롯한 청년들에게 그러한 대립은 잘 알려지지 않았고, 설령 알려졌다고 해도 중요한 의미를 갖는 것이 아니었다. 그들은 부모 세대의 속물적인 자본주의, 물질주의에 반역하여 사회주의에 기울었을 뿐이었다.

또한 그러한 분위기의 가정으로부터 탈출하고자 한 그들에게 사회주의를 함께 뜻하는 새로운 '동지들'의 친밀한 세계는 단순한 이상을 넘어 새로운 가정인 공동체로 그들을 매혹했다. 특히 그것은 카프카와 같은 나이의 10대 사춘기의 청년에게는 더욱 매력적이었다.

카프카는 1897년의 폭동을 경험한 1년 뒤인 15세 나이에 사회주의에 빠져들었다. 그러나 15세라는 나이가 그렇듯, 당시 그에게 사회주의는 진지한 정치적 신념이 되지 못한, 막연한 이상에 불과했다. 그러나 당시의 카프카는 명백히 계급투쟁을 이해했다.

어린 시절, 카프카가 지닌 사회의식에 대해 우리는 충분한 자료를 가지고 있지 못하다. 앞에서도 언급한 세기말의 힐스너 사건 같은 것은 16-17세의 카프카로서는 충분히 알았을 것임에 틀림없지만, 그 사건에 대한 어떤 기록도 카프카는 남기고 있지 않다. 따라서 우리는 다시금 『아버지께 드리는 편지』를 찾아보게 된다.

어린 시절, 카프카는 아버지의 상점에서 즐겁게 지낸다. 그러나 차차 아버지의 태도는 이해할 수 없게 된다.

아버지는 욕설만이 아니라 전제 군주 같은 난폭한 행동도 보이셨어요. (…) 폐병 걸린 어떤 점원에게는 "저 병든 놈은 왜 안 죽는 거야. 개자식 같으니"라고 말씀하시기도 했지요. 또 아버지는 종업원들을 '돈 받아먹는 원수들'이라고 부르셨는데, 사실 그들에게는 그런 면이 있기도 했습니다. 그러나 제가 생각하기에는, 그들이 결국 실제로 그런 사람이 되기 전부터 아버지는 그들에게 '돈을 주는 원수'였습니다(『아버지께 드리는 편지』 76쪽).

사업가로서의 아버지는 일찍이 아버지께 일을 배운 그 누구보다도 탁월하셔서 그들의 어떤 성과에도 만족하실 수 없었습니다. 비슷한 이유로 저에 대해서도 늘 불만스러워하실 수밖에 없었고요. 이 점에서 제가 종업원들의 편을 든 것은 필연적인 일이었습니다.(위 책 79쪽).

'종업원들의 편을 든 것'은 카프카가 평생을 두고 관철한 점이었다. 즉 그가 첫 직장을 그만둔 것은 나이든 종업원들에게 비인간적으로 대하는 상관들 때문이었고, 그가 두 번째 직장이자 평생직장으로 삼은 산업재해보험공단에 들어간 것도 산업재해로 고통을 당한 노동자들에 대한 애정 때문이었다. 물론 그 점이 유일한 이유였던 것은 아니었지만.

최초의 창작

앞서 나는 카프카가 16세 전후에 창작을 시작했다고 말했다. 급우들의 독서서클에 그도 참여했으나, 그가 발표한 적은 없었고, 그 초기 작품들은 그 뒤 모두 없앴다. 뒤에 그는 "겉치레만 잔뜩 해놓으면 작품을 창작하는 것이 되는 시대, 처음 글을 쓰기 시작한 사람에게 그 이상으로 고양한 시대는 없다"고 했다(바겐바하 41쪽 재인용).

당시 카프카 세대의 아이들은 대부분 시인이나 작가가 되는 꿈을 꾸었다. 이는 문학인이라는 직업이 부르주아적 품성과 보헤미안적 자유를 연결시키는 것이라고 생각한 탓이었다. 특히 그것은 당시 오스트리아에서는 유대인이라고 해도, 능력만 있으면 성공을 거둘 수 있는 몇 안 되는 직업 중의 하나였다. 그래서 브로트나 베르펠은 이미 김나지움 시절에 소년문학지가 아니라 성인문학지에 작품을 발표했다.

그러나 카프카는 처음부터 남에게 보이기 위해 글을 쓴 것이 아니라 자신을 위해 자신에게 글을 썼다. 이는 그에게는 '쓰는 것'이 자신의 유일한 존재 이유이고, 삶을 이기기 위한 유일한 방법이라고 하는 글쓰기의 기본 자세였다. 그 삶의 질곡에서 가장 큰 적은 아버지였으나, 사실은 아버지로 상징되는 모든 권위와 권력, 즉 세계였다.

그는 그런 세계 속에서 직업으로서의 작가가 아니라 살아가기 위한 오직 하나의 수단으로, 따라서 죽음에 저항하는 유일한 방법으로 '쓰는 인간'이었다. '천재'와 '재능'이 다르듯이, '작가'와 '쓰는 인간'은 다르다. '쓰는 인간'은 쓴다는 행위 그 자체에 자신의 천직을 발견하기 때문이다. 따라서 그것은 성스러운 예배나 기도와 같은 것이다.

유대의 전통적 지식인들이 직업이나 생활의 도구로서는 물론 취미로서도 아닌, 버릇처럼 매일 아침 탈무드를 연구한 것처럼 카프카는 삶의 고유한 모습의 하나로 글을 썼다. 이는 우리의 선비들처럼 덕이나 교양을

쌓기 위한 독서나 글쓰기도 아니었다. 더욱이 세상과의 타협을 위한 글쓰기는 더더욱 아니었다.

그에게는 작가로서의 사회적 책임 따위와 같은 사명감 같은 것은 처음부터 존재하지 않았다. 오직 쓰지 않으면 죽는다라고 하는, 도저히 억제할 수 없는 심정에서 글을 쓴 것이었다. 말하자면 운명적인 글쓰기였다.

지금 카프카 시대의 유명 작가들은 우리에게는 물론 체코나 오스트리아, 독일에서 그 이름이 사라졌다. 반대로 당시 카프카는 무명이었으나, 지금은 우리에게 남아 있고, 아마 앞으로도 분명 남으리라. 그 이유는 무엇일까? 카프카 문학의 핵심은 무엇일까? 무엇이 우리를 감동시키는 것일까? 그것은 오직 그의 그런 글쓰기에서 나오는 것이 아닐까?

물론 이러한 카프카의 태도는 그 자신만의 운명적인 어떤 특수성에서 나온 것은 결코 아니었다. 우리는 카프카에 대해 그런 개인적 특수성만을 강조하는 견해에 언제나 비판적이어야 한다. 그것은 당시의 시대정신으로 보아야 하기 때문이다. 예컨대 우리는 그런 태도를 릴케에서도 엿볼 수 있다.

20세기 초엽 문학은 그 전의 신앙을 대체하는 것이었다. 그런 경향은 유독 신앙이 돈독했던 유대인 작가들에게서 더욱 뚜렷이 나타나나, 그렇다고 해서 유대인 특유의 것도 아니었다. 플로베르도 문학을 '아무것도 믿지 않는 자의 신비주의'라고 말했다.

이미 시대는 아무것도 믿을 수 없는 시대가 되었다. 물론 여전히 신에 매달리는 사람도, 또는 새로운 신이 된 돈이나 권력, 진보, 혁명을 믿는 사람도 있었다. 그러나 세기말에 오면 새로운 세대의 지식인들은 아무것도 믿을 수 없게 되었다.

유대인의 경우 신앙이나 공동체의 붕괴가 다른 유럽인보다 더욱 극심했으므로 그런 지식인들이 배출되고 그들이 작가가 되는 비율은 더욱 높았다. 그래서 오스트리아 제국에서 유대인 작가들이 창작한 작품들이 많았다.

특히 프라하에서 그랬다. 프라하의 작가나 언론인 수는 빈의 그것을 능가했다. 1900년 프라하의 인구는 42만 명, 빈의 인구는 150만 명이었다. 게다가 프라하 인구 42만 명 중 독일어 인구는 3만5천 명, 그리고 그 85%가 유대인인데 반해 빈의 유대인은 10%인 15만 명이었다.

그러나 프라하는 빈과 다른 분위기였다. 프라하 유대인이 빈의 유대인보다 책을 쓰는 비율이 더욱 높았던 것은 그 도시에서 살아남기 위한 유대인의 처지가 더욱 각박했기 때문이었다.

유대인이 우수하다는 이야기는 허구이다. 마르크스나 하이네 등으로 대표되는 그들의 투철한 논리나 비판, 절대적 진리와 정의에 대한 탐구, 냉소적인 자기비판, 또는 블랙 유머의 적나라한 절망은 바로 그들이 산 시대와 나라의 가치에 대한 회의에서 생겨난 것이었다.

카프카도 바로 그런 회의 정신에서 자신이 처한 딜레마를 누구보다도 날카롭게 의식하고 표현했다. 그것은 위에서 말한 천직의 글쓰기 태도로 가능했다. 그는 자기 외의 어떤 누구와도 타협에도 응하지 않았다. 아니 처음부터 타협할 여지가 없었다. 물론 자기와도 타협하지 않았다. 그것은 죽음을 뜻하기 때문이었다.

성에 대한 관심과 어머니 공격

성에 대한 관심은 모든 인간의 성장에서 가장 중요한 일이다. 그런데 바겐바하나 티에보의 카프카 전기는 이 점에 대해 철저히 침묵한다. 더욱이 카프카의 성에 대한 멸시는 그의 작품을 이해하는 데 핵심이 되는 데도 말이다.

성인이 되어 카프카는 자신이 사춘기에 성에 대해서는 지극히 무지했다고 말했으나, 이를 액면 그대로 수긍하기 힘들다. 19세기 말은 지금의 우리처럼 극단적인 성의 자유(아니 남종이라고 함이 적합하리라)와 억압이 공존한 시대였고, 그것이 당시의 문학, 연극, 미술의 가장 중요한 주제였기 때문이다.

이와 관련되어 『아버지께 드리는 편지』에 16세 전후로 아버지와 성에 대한 이야기를 한 일이 설명되어 있는 것을 참조할 수 있다. 카프카가 당시 사춘기 소년의 당연한 관심사였던 사창가에 대한 이야기를 조심스럽게 시작하자, 아버지는 선선히 '탈 없이 용무를 볼 수 있는 방법을 알려 줄 수 있다'고 답한다.

> 허지만 그 대답으로 인해 수줍은 척하던 제 위신은—저만의 생각이었는지 모르지만—금이 가고 말았습니다. 그래서 제 본심과는 달리 더 이상 대화를 계속할 수 없었고, 건방지고도 불손하게 입을 다물어버렸습니다(『아버지께 드리는 편지』136쪽).

카프카의 아버지는 젊어서 군인으로 성의 향락에 젖었고, 매춘을 이상하거나 부도덕한 것으로 생각하기는커녕 도리어 매춘으로 인해 양가 규수의 순결을 지킬 수 있다고 보았다. 문제는 '탈 없이' 하는 것, 즉 매춘으로 인해 성병에 걸리지 않도록 하는 것뿐이었다. 카프카 역시 나이가 들어 아버지의 그런 진의를 이해되었다고 말했다. 그러나 카프카는 아버지를 이해는 했어도 자신은 결코 아버지와 같이 되지는 못했다.

> 이 점은 모종의 이유로 점점 더 예민한 문제가 되었습니다. 아마 저에게는 부부의 결혼 생활마저 부도덕하고 음탕한 일로 여겨졌기 때문일 것입니다. 말하자면 부부 생활에 관해 제가 얻어들은 일반적인 이야기가 내 부모님께도 해당된다고는 도저히 생각할 수 없었기 때문이었죠. 그래서 저에게는 아버지가 한층 더 순수하고 고귀한 분으로 여겨졌습니다. (…) 그런데 그런 아버지께서 몇 마디 노골적인 말씀으로 저를, 마치 예정되어 있던 일처럼, 그 더러운 곳으로 추락시켰던 것입니다(위 책 138쪽).

이러한 반응 역시 16세 소년에게는 당연한 것이었으리라. 그러나 그런 도덕적 엄숙주의는 카프카의 경우 평생을 지배하여, 평생 그는 병적일 정도로 성을 혐오하게 되었다. 사랑과 성은 그에게 항상 반대되는 것이었다. 그런데 성년이 되어서도 그는 그 근본적인 이유를 아버지에 두고 있다. 이 점은 좀 이상하지 않은가?

여기서 우리는 두 개의 아버지를 보게 된다. 하나는 실제의 호색적인 아버지이고, 또 하나는 카프카가 상상하는 이상적인 결벽의 아버지이다. 왜 카프카는 그런 이상적인 아버지를 상상하는가? 그것은 아버지가 갖는 권력에 대한 반항의 이유를 찾기 위해서라고 생각할 수 있다.

아니면 그에게 모성을 주지 않은 어머니에 대한 공격을 간접적으로 아버지에게 한 것인지도 모른다. 사실 카프카는 『아버지께 드리는 편지』를 아버지가 아닌, 어머니에게 드렸다. 어머니는 그 편지를 아버지에게 전하지 않았으나, 그 점에 대해 카프카는 전혀 불만을 표시하지 않았다.

부자가 어머니를 놓고 싸우고, 어머니는 중립의 위치에서 그 싸움을 지켜본다는 것은 프로이트가 말한 오이디푸스 콤플렉스의 전형에 해당된다. 그러나 카프카의 경우 어머니는 단순한 중립이 아니라, 철저히 아버지 편이었으니 프로이트 이론으로서도 충분히 설명될 수 없다. 어린 시절 형성된 성에 대한 증오는 카프카가 살았던 당시 여성의 처지, 특히 카프카 집 부근의 사창가 여성들을 보며 성에 대해 더욱 큰 증오를 품었다. 그것이 성에 대한 철저한 이중기준의 시대에 살았던 카프카의 비극이었다.

그러나 뒤에서도 보듯이 카프카가 성년이 되어 매춘굴을 드나들기는 했으나, 그가 모든 여성에 대해 그의 작품에 나타나듯이 창녀처럼 대했다고 하는 이야기는 오류이다. 도리어 그는 창녀가 아닌 여성에 대해서는 그 인격을 존중했다.

카프카의 첫사랑에 대해서도 우리나라에 나온 두 전기는 전혀 언급하지 않으나, 나는 중요한 일이라고 생각한다. 그의 첫사랑은 17세였던 1900년 여름 방학 시골에서의 일이었다. 시골 우체국장의 딸이 상대였다. 그러나 첫사랑은 소녀에게 니체를 읽어 들려준 정도의 플라토닉러브로 끝났다.

이 첫사랑이 중요한 이유는 그런 플라토닉러브가 하나의 원형이 되어 그 후 카프카의 일생을 지배하는 사랑의 패턴을 형성했다는 점에서다. 당시 남성들이 일반적으로 여성을 경멸한 것과 달리 카프카는 여성을 경멸하지 않았다. 그러나 여성의 지적 발달을 돕고자 한 그의 태도가 여성의 존엄을 인정한 탓인지, 아니면 그가 경멸한 성적 욕구를 여성에게서 없애고자 한 그의 무의식 속 희망 탓인지는 잘 알 수가 없다.

카프카는 성을 극도로 혐오했으나, 성에 대한 경험이 전혀 없었던 것은 아니었다. 첫 경험은 당시로서는 대단히 늦은 20세 때 사창가에서였다. 그러나 그것은 그에게 성에 대한 멸시와 자학을 초래했을 뿐이었다. 그런 여성에 대한 이미지가 뒤에 그의 작품 속에서 퇴폐적인 여성상으로 나타났다.

사춘기의 카프카에게 가장 중요했던 여성들은 세 여동생이었다. 그중에서 특히 카프카와 친밀한 관계를 유지한 동생이 마지막 오틸리에였다. 그녀는 카프카 가족 중에서 가장 적극적인 성격의 소유자로 아버지와 아버지로 대표되는 것에 반항했다. 특히 하층계급과 자주 어울려 가족의 사회적 지위를 자랑한 아버지의 자존심을 무너뜨렸다. 그녀는 아버지의 권력에 대항한 카프카의 혁명 동지였던 것이다.

졸업시험

1901년 여름, 카프카는 대학입학 자격시험도 되는 김나지움 졸업시험을 치렀다. 지겨운 김나지움 8년 공부의 끝내 기뻤지만, 한국의 수능시험처럼 3년 공부의 테스트가 아니라, 8년 공부의 결산이었으므로 카프카를 비롯한 모든 학생은 시험 공포에 시달렸다.

필기시험 과목은 수학, 그리스 라틴 문장의 독일어로의 번역, 그 반대인 독일어 문장의 그리스 라틴어로의 번역, 그리고 독일 문학에 대한 논문이었다. 나머지 과목은 대부분 구두시험으로 치러졌다. 카프카에게는 특히 수학 시험이 고통이었다.

그러나 비록 우수한 성적은 아니었어도 카프카는 합격했다. 앞에서 본 『아버지께 보내는 편지』에서 당시 그는 '잔재주'를 부렸다고 말했다. 뒤에 그의 동급생들이 회상한 바에 의하면, 당시 카프카를 포함한 학생들이 그리스어 교사 집 관리인을 매수하여 사전에 시험문제를 미리 보았다. 그러나 그것이 카프카가 말한 '잔재주'였는지 아니었는지는 확인되지 못하고 있다.

1901년 7월, 카프카는 졸업장을 받았다. 독일에서 졸업장Reifezeugnis의 Reife란 '졸업'이란 뜻과 함께 '성숙' '완성'이란 뜻도 갖는다. 그러나 사실은 완성이 아니라, 그것은 대학 입학이라고 하는 당시로서는 대단히 특권적인 사회에 들어가는 '입장', 나아가 병역의 '면제'나 '연기'를 뜻하는 것이었다.

그해 11월 중순에 대학이 개강했으므로 김나지움 졸업 후 몇 달간 카프카는 대학에서 무엇을 공부할지 고민했다. 처음에는 철학을 하겠다고 공언했다. 그러나 앞에서도 보았듯이 그는 추상적인 사고력이 대단히 약했으므로 그것은 참으로 '이상한' 선택이었다.

왜 그랬을까? 이는 부르주아 속물인 아버지에 대한 저항이었다. 이는 카프카 전기에서 흔히 말해지듯이 아버지가 카프카에게 법학 전공을 강요했다는 이야기와는 전혀 다른 것이다. 『아버지께 드리는 편지』에 나오는, 직업 선택에 관한 아버지와의 갈등 부분을 보자.

> 그 문제에 대해서는 분명히 아버지께서 저에게 완전한 자유를 허용하셨습니다. 적어도 그와 같은 아량을 보이셨다는 점에서, 아버지께서 참을성 있게 기다리셨다는 표현까지 가능할 것입니다. 물론 이때도 아버지는 스스로 기준으로 삼으신 유대인 가정의 일반적 행태나 독특한 가치관에 따라 행동하셨습니다. 또 저에 대한 아버지의 오해들 중의 하나가 이 문제의 결정에 영향을 미치기도 했습니다(『아버지께 드리는 편지』 117쪽).

이어 카프카는 여러 쪽에 걸쳐 자신의 유약, 태만, 무지에 대해 과장된 묘사를 하고 난 뒤 다음과 같이 역시 과장되게 말한다.

> 직업 선택의 자유는 바로 이와 같은 상황에서 저에게 허용되었습니다. 그럼에도 제가 그 자유를 제대로 활용할 수 있었을까요?(위 책 122쪽) (…) 요컨대 직업 선택의 진정한 자유란 애당초 저에게 없었던 것입니다.(위 책 127쪽).

첫 해외여행

카프카는 아버지에 대한 반항으로 철학을 선택하고자 했다. 이 점에 대해 아버지가 반대했다는 이야기는 없다. 도리어 아버지는 시험 합격을 매우 자랑스러워 해 카프카에게 3주간의 첫 해외여행을 허용했다. 당시의 18세 시절에 대해 카프카는 36세가 되어 쓴 『아버지께 드리는 편지』에서 매우 침통하게 말하지만, 사실은 상당히 달랐던 것이었다.

카프카는 태어나 처음으로 유럽 북쪽의 바다를 보았으나, 그는 바다로부터 정신적인 자극을 받기는커녕 도리어 공포만을 느꼈을 뿐이었다. 그때까지 좁은 도시에서만 산 소년에게 광대한 자연은 미지의 공포일뿐이었다.

그 후 카프카는 자연과의 괴리라는 자신의 결함을 인식하고, 평생에 걸쳐 그것을 메우고자 의식적으로 노력했다. 특히 톨스토이의 영향을 받아 농민을 이상화해, 농민을 '농업으로 자아를 구출한 귀족', '대지의 참된 주민'으로 여기기도 했음을 우리는 뒤에서 다시 상세히 볼 것이다.

나아가 함순의 작품에 나오는 순박한 농민, 괴테의 자연 열중, 막내 여동생 오틸리에의 농업 종사에 자극을 받아 밭농사, 산양 돌보기, 하이킹, 보트 놀이 등을 실천했다. 그래서 1918년에는 당시 약혼자였던 펠리체에게 자신이 도시인에서 시골사람으로 바뀌었다고 말했을 정도였다.

그러나 거의 같은 무렵, 그는 자기가 시골에 있으면 그 광대한 자연의 전망에 적응할 힘이 없어서 우울하나, 도시에서는 전혀 그렇지 않다고 말했다. 따라서 그의 의식적인 노력에도 불구하고 자연은 여전히 그에게 평생 친숙하지 못했던 것이 아닐까?

자연은 그의 정신적, 육체적 건강을 위해서도 필요했다. 그러나 역시 노력에 의해 감성이 창출되는 것은 아니다. 이는 그의 작품에서 자연이 가능한 배제되어야 하는 대상, 적대적이고 방해적인 요소로 묘사되는 점에서도 알 수 있다.

카프카는 여행에서 돌아와 전공을 화학으로 바꾸겠다고 결심했다. 역시 철학은 그에게 맞지 않았음을 알았다. 그러나 화학을 선택한 이유는 그가 화학에 특히 흥미가 있어서가 아니라, 당시 유대인은 다른 분야보다 화학 산업 분야에 쉽게 채용될 수 있었기 때문이었다. 그래서 카프카는 대학 화학 교수를 찾아갔다. 그러나 화학 공부가 실험실에서 행해지는 것을 알고서는 2주 만에 포기했다.

남아 있는 선택은 의사가 되거나 변호사가 되는 길뿐이었다. 카프카는 의학 이상으로 법학을 싫어했고, 특히 법률가를 경멸했으나, 기질상 의학에는 자신이 맞지 않다고 보아 결국 '자신의 무관심에 가장 편한 직업'인 법학을 선택했다고 말했다.

> 저는 중요한 관심사에 대해서도 김나지움 시절 학과목에 대해서처럼 무관심으로 일관하리라는 것을 잘 알고 있었지요. 따라서 제 허영심을 송두리째 손상시키지 않고, 제 무관심을 가장 편안하게 허용해주는 직업이 무엇이냐가 중요했습니다. 법학도 그러므로 지당한 선택이었습니다(『아버지께 드리는 편지』 127쪽).

그러나 위 문장에도 과장은 있다. 어린 사회주의자였던 카프카가 사회에 무관심했다고는 볼 수 없기 때문이다. 당시 법학, 특히 프라하의 법학부는 과거의 우리나라에서처럼 거의 모든 사회과학을 다루는 곳으로서, 사회문제에 관심을 갖는 청년이라면 당연히 선택해야 하는 분야였다.

물론 카프카는 문학소년으로서 이미 창작에 손을 댔고 문학가로 살겠다는 결심까지 했다. 그러나 당시 그의 문학적 재주는 빛을 보지 못했다. 반면 이미 브로트나 베르펠 같은 그의 동년배들은 시인이나 작가로 등단을 했다. 따라서 문학인으로 살아간다는 것에 불안을 가졌을 것임에 틀림없다.

　카프카는 김나지움 시절 탐독한 스피노자처럼, 생활은 생활대로 꾸려나가고, 문학은 그것과 별도로 한다는 생각을 그 당시 이미 했을지도 모른다. 따라서 생활을 위한 방편으로 법을 선택한 것인지도 모른다. 그러므로 위 문장에서 '무관심을 허용하는 직업'으로 법학을 선택한 것이 아니라, '문학을 허용하는 직업'으로 법을 선택했다고 보는 것이 옳을지도 모른다.

"이야기가 어떻게 내 앞에서 전개되어 갔던 간에, 내가 홍수 속에서 앞으로 나아 갔던 간에 그것은 무서운 긴장과 희열이었다. 어젯밤 나는 여러 번 어깨가 무거웠다. 어떻게 모든 것을 말할 수 있을까? 어떻게 모든 것, 극히 생소한 착상까지도 포함한 모든 것을 위해 그것들을 불살랐다가 다시 소생시키는 하나의 거대한 불을 마련할 것인가……. 확실한 것은 내가 소설을 씀으로써 쓴다는 것을 수치스럽게 비하시키고 있다는 사실이었다. 오직 그렇게 해서만 글이 써진다. 그렇게 응집해서만, 그렇게 혼과 육이 개방됨으로써만 글이 쓰인다."

3장

갈등의 대학

법학부 시절

1901년 11월 카프카는 프라하의 독일 대학 법학부에 입학하여 로마법 공부를 시작했다. 1348년에 창설된 이 대학은 처음부터 법학부 중심이었고, 수업은 독일어로 진행했다. 그러나 카프카가 태어나기 한 해 전인 1882년, 대학은 독일어 사용 대학과 체코어 사용 대학으로 나누어졌다.

이러한 분할은 당시 발흥한 체코 민족주의에 대한 일종의 양보로서, 학문적인 차원과는 전혀 무관한 것이었으므로 그것은 단순히 언어에 따른 분할로 끝나지 않았다. 즉 두 진영은 하나의 건물에 동거하는 적대적인 세력으로 대립되어, 학문의 발전을 크게 저해했다. 따라서 한때 유럽 최고의 학문 수준을 자랑한 법학부 수업의 수준도 현저히 낮아졌다.

독일어 사용 대학 학생들은 대부분 뵈멘의 독일어 사용권 시골에서

온 학생들로서, 학생 수 1,350명의 대부분은 결투 클럽에 속했다. 그들은 화려한 의복을 걸치고, 클럽에 대한 충성과 남성적 증거인 칼로 입은 상처를 과시하였으며, 역시 전투적인 체코 대학생들과 충돌했다.

당시 그런 학생들의 모습은 프라하만의 현상은 아니었다. 1789년 프랑스 혁명 이후 독일과 오스트리아의 학생운동은 민주적 성격을 띠기도 했으나, 그것은 1848년 혁명 이후 철저히 탄압되어 없어졌고, 대신 우익이 대학을 지배했다.

이는 독일과 오스트리아를 제외한 19세기 유럽 대학에서 학생들이 좌익이나 급진적 민주주의에 기울어 기성세대의 가치관과 제도에 저항한 것과 현저한 대조를 보인다. 독일어권 학생들은 기성세대의 가치관과 제도에 복종했고, 특히 외국인과 유대인을 증오했다.

이런 시기에 카프카는 독일어 사용 대학에 입학했다. 그는 당시 대부분의 유대인 학생들처럼 '독일 학생 독서 강연 클럽Lese-und Redehalle der deutschen Studenten'에 가입했다. 그 클럽은 독일문화의 보급을 목적으로 하여 1848년에 설립되었으나, 1892년 반유대적이고 반자유주의적인 독일 민족주의 학생단체 '게르마니아'가 조직되자 그것과 구별되는 자유주의적 색채를 띠게 되었다.

그래서 회원 대부분은 유대인이었다. 그러나 그 조직이 유대적인 것은 결코 아니었다. 되려 시오니즘에는 적대적이었다. 따라서 그 조직은 기독교로 개종하거나 독일문화에 동화된, 상당히 독일 지향적인 유대인 중산계급으로 구성되었다.

반면 시오니즘 학생단체인 바르-코흐바Bar-Kochba가 있었으나, 그때까지는 미미한 조직에 불과했다. 당시 사회주의자이자 다원주의자이며 무신론자였던 카프카로서는 시오니즘 단체에 가입한다는 것은 그야말로 꿈도 꿀 수 없는 일이었다.

당시 유대 청년상을 전형적으로 보여주는 인물이 카프카보다 2년 연상의 종형으로 유대에 대한 증오 때문에 기독교로 개종한, 그 클럽 간부였던 브루노 카프카Bruno Kafka였다. 너무나 다른 두 사람은 대학 시절은 물론 그 후에도 전혀 친하지 않았다.

브루노는 대학 졸업 후 법학부에서 형법을 담당하는 교수가 되었으나, 권력과 재력에 대한 그의 끝없는 추구는 뵈멘의 광산왕 딸과 결혼하여 광산왕이 사주인 일간지 편집인, 이어 '독일 국민민주당'의 당수로 출세하는 것으로 이어졌다.

그러나 카프카는 폴락이나 브로트처럼 클럽의 문화부에 속했고, 클럽 조직의 정치적 성향 자체에는 아무 관심이 없었다. 그들을 비롯한 대부분 유대계 학생들은 그런 이유보다도 클럽에서 사회 문화적 활동과 값싼 식사를 제공해주거나 취직을 알선해준다는 점 등 때문에 가입했다.

특히 그곳 도서관은 대학도서관 다음으로 충실했고, 매주 문화 토론회, 문학 낭독회, 음악회, 전시회가 열렸다. 그런 클럽은 카프카에게 황량한 사막과 같은 대학에서 유일한 오아시스였다. 비록 도서관에서 책을 빌린 적은 없었어도.

카프카는 당시 상당히 정치적이었던 학생 단체의 행진 등에는 전혀 참가하지 않았다. 당시 학생 단체는 일요일 아침마다 요란한 행진을 했으나, 그는 그런 정치적 의도의 행사에는 전혀 호감을 갖지 못했다. 그가 참가한 문화부의 활동조차 1903-1904년 정도였고, 이미 그 전부터 카프카의 관심은 문학을 좋아하는 몇 친구에만 한정되었다.

폴라크

카프카의 김나지움 동창생 폴라크 역시 프라하 독일대학에 입학했다. 처음에는 카프카처럼 화학을 전공했으나, 뒤에 철학, 고고학, 미학으로 바꾸어 중세 프라하 건축에 대한 논문을 썼다. 그 뒤 바로크 시대에 대한 책을 쓰기 위해 로마 바티칸에서 연구했으나, 제1차 대전이 터지자 오스트리아군에 자원하여 1915년 전사했다.

대학 2학년 때 브로트를 만나기 전 폴라크는 카프카에게 가장 중요한 친구였다. 특히 카프카는 폴라크을 통해 당시 문학, 음악, 연극, 미술에 대한 독일 최고의 잡지였던 《예술감시인》을 김나지움 졸업반 때부터 정기 구독했음은 앞서 설명했다. 그러나 그 잡지는 독일 이외의 문화에 대해서는 철저히 무시한, 배타적인 잡지이기도 했다.

잡지 발행인 페르디난트 아베나리우스Ferdinand Avenarius를 비롯한 기고자들은 '피와 흙'이라고 하는 독일식의 민족적 낭만주의에 물들어 소박한 아리안적 서사시나 산문을 찬양했다. 그런 작품들을 카프카가 높이 평가할 리 없었으나, 2, 3년간 그 영향을 받아 그런 류의 글을 쓰기도 했다. 예컨대 농민의 방을 묘사하고 바로 뒤이어 '게르만적인 민중성' 운운하는 논리의 비약에 빠져 감상에 허우적거리는 문장을 썼다. 또한 당시 체코의 대부분 청년들에게와 같이 그 잡지는 카프카에게도 지적 고립감에서의 해방이라는 긍정적인 영향을 초래했다.

 카프카 전기 중에는 폴라크과 카프카 사이를 동성애 관계로 보는 견해가 있을 정도로 대학 입학을 전후하여 그들은 친밀했다. 그러나 김나지움이나 대학이 영국과 같은 기숙사를 통해 운영된 것이 아니었기 때문에 그런 관계가 형성될 수 있었는지는 의문이다. 적어도 카프카에게선 동성애 관계를 형성하려 했다는 의도가 전혀 발견되지 않는다.

 물론 당시 오스트리아 학생들이 대학까지 남성의 세계에만 살았던 것은 사실이고, 특히 독일류 영웅주의나 교양주의 또는 남성우월주의 탓으로 남성의 우정을 특별히 강조한 점도 사실이다. 그러나 그러한 태도는 동성애가 아니라, 여성을 모르는 미숙함, 즉 성적 충동과 감정을 조화롭게 연결시킬 수 있는 능력의 결여에서 나온 것에 불과했다. 이는 여성에 대해서도 마찬가지여서, 사랑과 성을 엄격히 구별하는 태도로 나타났다. 따라서 그들 관계를 결코 동성애로 볼 수는 없다.

 여하튼 폴라크과의 우정은 1903년 무렵 카프카가 니체와《예술감시인》의 허위를 곧 깨닫고 그 영향에서 벗어나면서 끝났다. 그 후 그는 내면의 추구를 위해 일기, 전기, 서간을 더욱 열심히 읽었다. 즉 헵벨Friedrich Hebbel, 아미엘Amiel, 바이런, 그릴파르처Franz Grillparzer, 에커만의 『괴테와의 대화』, 그라베Christian Dietrich Grabbe, 뒤바리Du Barry의 편지, 쇼펜하우어와 도스토옙스키의 전기 등이었다. 이러한 독서에 대해 카프카는 폴라크에게 다음과 같은 편지를 썼다.

 빈틈없이 거듭거듭 높이 치솟아서 망원경으로조차 꼭대기를 보기 어려울

만큼 드높은 그런 생애를 조망할 때면 양심의 가책을 느끼지 않을 수가 없다. 그러나 양심이 큰 상처를 입는 것은 좋은 일이다. 그럼으로써 양심은 온갖 상처에 대해 보다 민감해지기 때문이다. 나는 오로지 꽉 물거나 쿡쿡 찌르는 책만을 읽어야 한다고 생각한다. 우리가 읽는 책이 단 한 주먹으로 정수리를 갈겨 우리를 각성시키지 않는다면 도대체 무엇 때문에 우리가 책을 읽겠는가? 자네 말대로 책이 우리를 행복하게 해주도록? 맙소사. 책을 읽어 행복할 수 있다면 책이 없어도 마찬가지로 행복할 것이다. 그리고 우리를 행복하게 해주는 것이 책이라면 아쉬운 대로 우리 자신이 쓸 수도 있을 것이다. 그렇지만 우리가 필요로 하는 책이란 우리를 몹시 고통스럽게 해주는 불행처럼, 우리 자신보다 더 사랑했던 사람의 죽음처럼, 우리가 모든 사람을 떠나 인적 없는 숲속으로 추방당한 것처럼, 자살처럼, 우리에게 다가오는 책이다. 한 권의 책은 우리들 내면의 얼어붙은 바다를 깨는 도끼이어야만 한다(바겐바하 51~52쪽 재인용).

내가 가장 좋아하는 카프카의 이 말이, 20대 초의 청년 시절에 나온 점은 하나의 경이이다. 나는 독서에 대해, 글쓰기에 대해 위 말보다 절실하고 진실된 소리를 들어본 적이 없다. 여하튼 '내면의 얼어붙은 바다를 깨는 도끼'로서의 글쓰기는 그의 평생에 걸친 글쓰기의 기본이 되었다.

브로트

폴라크와의 결별은 카프카 평생 친구인 막스 브로트와의 만남을 뜻했다. 그들은 대학 2학년 때인 1902년 법학부에서 만났다. 아니 같은 법학부 학생이었으나, 그들의 우정은 클럽 활동을 통해서 맺어졌다. 뒤에 소설가, 음악가, 작곡가, 음악비평가, 서정시인, 극작가, 문화철학자 등으로 알려진 브로트는 이미 18세에 신동으로 불리고 있었다.

첫 만남은 클럽에서 행해진 브로트의 강연에서였다. 브로트가 니체를 사기꾼으로 몰아붙인 탓에 당시 니체에 열중했던 카프카가 반박을 한 것이 그들 우정의 시작이었다. 그러나 같은 나이의 법학부 동급생이었지만, 당시 브로트는 이미 김나지움 시절부터 작품을 발표한 소년 작가였고, 카프카는 전혀 무명이었다. 물론 카프카는 죽기까지 거의 무명이었지만.

그런 처지에서 브로트가 교만한 신동이었다면 그들 사이의 우정은 불가능했으리라. 그러나 브로트는 엄청난 에너지를 가진 만큼 철저한 낙관주의자였다. 그는 어려서부터 신동으로 불렸고, 그런 만큼 즐겁게 살아가는 기술과 삶을 축복하는 태도를 몸에 익혀 사람을 좋아하고 사교를 즐기며 언제나 그 중심에 설 수 있었다.

따라서 그는 누구나 칭찬했고, 자신도 모든 사람의 칭찬을 듣고자 했다. 그는 카프카의 반박을 우습게 생각했을지 모르나 버릇처럼 카프카를 칭찬했다. 또한 어려서부터 남에 대한 칭찬에—적어도 겉으로는—인색하지 않은 카프카 역시 당연히 신동을 칭찬했다.

그런 부드러운 카프카를 브로트가 마다할 리 없었고, 카프카를 자신의 화려한 사교세계에 소개했다. 그곳은 카프카가 혼자서는 도저히 갈 수 없는 새로운 세계였다. 물론 카프카와는 다른 세계였고, 사실 그로서는 경멸해 마지않는 세계였다. 특히 그는 만사를 낙관적만으로만 보았기에 언제나 내면에 침잠한 비관적인 카프카에게는 불만이 있을 수밖에 없었다.

그러나 그곳은 카프카에게 필요한 현실 세계이기도 했다. 카프카는 자신에게 부족한 현실 세계와의 관련을 브로트의 도움으로 채울 수 있었다. 브로트와 카프카는 사실 너무나 달랐기에 각자 다른 부분을 서로 주고받았다. 친구는 서로에게 부족한 것을 서로에게 주어 우정을 맺기 마련이다.

그 우정은 카프카가 죽은 뒤 오늘까지 이어진 명성이 오직 브로트 때문이었다는 사실로 증명된다. 카프카는 그에게 유고를 없애달라고 부탁했으나, 그는 카프카의 전집을 출판했고, 그가 두 차례에 걸쳐 쓴 카프카 전기(1937, 1954)나 평론은 그 뒤 카프카를 세계적인 작가로 만드는 계기가 되었다.

그러나 브로트는 대부분의 신동이 그렇듯이 그 재능을 낭비하고, 그 재능을 모든 방면에 쏟아 그것을 성숙시킬 수 없었다. 그는 모든 분야에서 일정 수준에 도달했으나, 결국은 어떤 분야에서도 위대한 업적을 남기지는 못했다.

지금 브로트는 카프카의 소개자로서만 유명하다. 그러나 적어도 카프카가 죽었을 때 카프카는 무명이었지만 브로트는 이미 37권의 작품으로 국제적으로 알려진 작가였다. 그 후 체코 공화국 의회에서 시오니스트당 의원 등을 지내기도 했다.

브로트는 카프카의 소개자만이 아니라, 우리에게도 알려진 하체크의 『병사 슈베이크의 모험』이나, 야나체크 오페라의 소개자이기도 했다. 1968년

막스 브로트

84세로 이스라엘의 텔 아비브에서 죽기까지 그는 84권의 책을 썼다.

새로운 친구들

브로트의 소개로 카프카는 그에게 중요한 영향을 미친 사람들을 만났다. 카프카는 브로트의 가장 친한 친구들이었던 펠릭스 벨치Felix Weltsch(1884-1964)와 오스카 바움Oskar Baum(1883-1941)의 친구가 되었다. 1903년부터 카프카를 포함한 네 사람은 1주 1회 이상 만나 자기 작품을 낭독하고 서로 비평했다. 함께 교외로 나가 하이킹이나 보트 놀이도 하고, 사창가를 찾기도 했다.

당시 그런 생활에 대해 친구들이 남긴 회상에 따르면 카프카는 결코 나약한 인간이 아니라, 너무나도 건강한 만능의 스포츠맨 같은 인상까지 준다. 나아가 아름다운 삶을 만끽하는 전혀 구김살 없는 청년들의 모습을 본다. 그야말로 인생을 즐기는 한창 때였다.

그런데 카프카를 제외한 세 사람은 이미 저명한 신진 작가였다. 따라서 카프카로서는 열등감을 느꼈을 것임에 틀림없으나, 동시에 그는 그들을 통해 진지한 문학 수업을 할 수 있었다. 특히 브로트의 영향이 가장 컸다.

물론 다른 두 사람도 중요했다. 맹인이었던 만큼 내성적이고 자기 파괴적이라는 점에서 카프카와 가장 닮았던 바움은 넷 중에서 가장 논리적이었고 교양이 풍부했으며, 뒤에 맹인복지운동의 지도자이자 뛰어난 유대학 연구자, 그리고 소설가, 극작가, 음악가, 음악평론가로서 중요한 업적을 남겼고, 1941년 병사했다.

벨치는 카프카처럼 자신의 뜻에 반해 법학을 공부했으나, 논리적이고 이성적이라는 점에서 카프카와 달랐다. 1907년 법학부를 졸업한 뒤 다시 4년간 철학을 공부하고 여러 철학서를 냈으나, 교수가 되지는 못했다. 대신 프라하 대학도서관 사서로 1938년 팔레스타인으로 이주하기까지 근무했고, 이스라엘에서도 히브리 대학 도서관 사서로 일하다 1964년 80세로 죽었다.

친구가 아니라 선배 중에서 카프카에게 가장 깊은 영향을 미친 사람은 브로트의 친척이었던 영어교사 에밀 바이스Emile Weiss였다. 그는 영국 문화, 특히 셰익스피어, 바이런, G. B. 쇼에 심취한 탓으로 당시 독일 문화가 압도적이었던 프라하에서 이채로운 존재였다. 그의 영향으로 카프카는 1906년 영어를 공부하기 시작했고, 영문학 작품을 열심히 읽었다.

오스트리아 정치, 문화, 법

여기서 우리는 법과 대학생이자 문학청년으로 출발하는 카프카의 지적 배경을 이해하기 위해 다시 그가 살았던 프라하를 지배한 오스트리아의 세기말 사회와 문화를 좀 더 상세히 살펴볼 필요가 있다. 이 점은 카프카 연구에서 흔히 제외되지만 나는 매우 중요하다고 생각한다.

지금 오스트리아는 유럽에서도 매우 작은 나라에 불과하지만, 19세기 후반부터 20세기 초엽의 오스트리아는 대제국이었고 그 수도인 빈은 '유럽의 예술과 사상의 중심지'였기 때문에 더욱 그렇다.

우리에게 잘 알려진 심리학자 프로이트, 철학자 비트겐슈타인, 음악가 말러와 쇤베르크가 바로 그 시대 빈의 지성들이었다. 그 밖에도 건축가 로스와 함께 화가로서 클림트와 실레, 그리고 코코쉬카가 있었다. 그들은 모두 그 시대의 아들이자 그 시대의 반항아들이었다.

그들은 오스트리아를 지배한 합스부르크가의 시대가 끝나고 시작된 입헌주의의 아들이었다. 오랜 합스부르크가의 지배자 중에서 우리가 세계사를 통해 아는 사람들은 마리아 테레지아(재위 1740-1780)와 요셉 2세 (재위 1780-1790)이다. 그들은 당대 프랑스나 프로이센의 계몽 전제주의를 오스트리아에 확립하고 사회를 개혁하는 운동을 불러일으켰다.

'정치든 종교든 결국 이성으로 처리해야 한다'는 합리주의에 근거한 요셉 2세의 계몽주의는 1848년의 혁명 시에 자유주의자들로부터도 칭송되었다. 그러나 그가 만든 관용령 등의 법이 그 후계자들에 의해 골격만 남게 되어 법치주의의 폐해가 나타났다. 특히 메테르니히(1773-1859) 시대에는 관료주의적 형식주의가 만연하여 관료의 횡포가 두드러졌고, 문화적으로는 비정치적 소시민적 문화가 지배했다.

법적으로 입헌주의가 도입된 것은 19세기 후반이었다. 파리의 1848년 혁명의 영향은 빈에도 미쳐 '빈 3월 사건'이라고 하는 충돌이 생겼다. 황제는 언론 출판의 자유, 배심제 등을 허가하고, 메테르니히는 망명했다. 그후 30여 년간 오스트리아에는 법제도의 근대화가 급속하게 진행되었다.

1848년 헌법이 공포되어 입법권은 황제와 의회에 의한 공동 행사, 행정은 내각책임제로 하는 입헌군주제가 성립되었다. 그러나 군주에 의한 일방적인 헌법 제정에 불만이었던 국민은 더욱 민주적인 헌법을 요구하여

오스트리아 빈 3월 사건

제헌의회에서 헌법 초안을 만들었다. 그것은 초안에 그치고 결국 1849년 흠정 헌법이 제정되고 재판권이 행정권에서 분리되어 대법원이 설립되었다. 이어 우여곡절을 거친 뒤 1867년 기본권 규정도 정비되어 적어도 형식적으로는 입헌주의가 확립되었다.

이 시기에 제국 자체도 확장되었다. 즉 1867년 헝가리를 포함한 오스트리아 헝가리 제국이 성립되었고, 나아가 1878년 베를린 회의 후에는 보스니아와 헬체고비나에도 군대를 보내어 1908년 그곳을 병합했다.

이런 상황에서 문화는 더욱 급속하게 성숙되었다. 여기서 우리가 특히 주의할 점은 당대의 다른 나라와는 달리, 문화인들이 분야별로 전문화되어 격리된 직업 사회에서만 살았던 것이 아니라, 분야를 달리하는 지식인들이 서로 관련되는 경향이 강했고, 어느 분야에서나 비판적인 견해들이 생겨났다고 하는 점이다. 그런 지적 경향은 비판적인 지식인의 서클을 만들었다. 위에서 본 독창적인 사상가나 예술가가 등장한 것은 그러한 종합적인 르네상스의 분위기 속에서였다.

그 결과 가장 보수적인 법학에서도 종래의 기톨릭 신학에 기초한 정의나 보편적 가치의 형이상학적인 연구에 대한 비판이 나타났다. 그러나 19세기에 지배적이었던 법실증주의는 형이상학적인 연구에 대한 결별이기도 했으나, 한편으로는 실정법을 절대시하고 과대평가하기도 했다. 여기서 19세기 말에 이르러 법실증주의의 악폐였던 개념법학에 대한 비판이 등장했다.

예컨대 『권리를 위한 투쟁』을 쓴 루돌프 폰 예링Rudolf von Jhering(1818-92)은 실정법을 완결된 체계로 본 개념법학을 비판하고 입법으로 실현하고자 하는 목적이야말로 법을 규정하는 것이라고 주장하여 그 뒤의 자유법운동, 이익법학, 법사회학의 발전에 기여했다.

그런 방향을 더욱 진전시킨 오이겐 에를리히Eugen Ehrlich(1862-1922)는 법과 사회의 관계에 대한 인식의 필요성을 설명하고, 법조법이나 사회의 행위규범까지 법의 내용으로 삼고자 했다. 또한 법조사회주의의 대표자인 안톤 멩거Anton Menger(1841-1906)는 사실적인 세력관계가 법제도를 형성한다고 보는 입장에 서서 빈 대학에서 입법정책적 법학의 필요성을 역설했다.

한편 법실증주의의 지적 경향도 변화했다. 예컨대 게오르크 예리넥크Georg Jellineck(1851-1911)는 종래의 법실증주의적 국법학을 계승하면서도 그것의 일면적인 고찰방법을 비판하고, 국가학의 사회학적 고찰과 법학적 고찰을 구분하여 전자의 중요성을 지적함으로써 방법론의 체계화에 기여했다. 그 뒤에 빈 대학의 교수였던 한스 켈젠Hans Kelsen(1881-1973)은 예리넥크를 비판하고 법실증주의를 극단화한 가치상대주의의 입장에서 법이념의 해명을 단념했다.

그들의 공통된 입장은 법학의 과학화라고 할 수 있다. 가장 보수적인 법학에서도 과거의 가치관에 대한 회의와 타도의 움직임이 생긴 것은 당대 빈의 지적 분위기가 얼마나 혁명적이었는가를 웅변한다고 할 수 있다.

이러한 지적 움직임과 함께 중시해야 하는 것은 당대 생활의 변화였다. 지금 우리는 클림트나 실레를 프로이트처럼 에로틱한 화가로 알고 있다. 그런데 그 에로티시즘은 사실 당대로서는 엄청나게 혁명적인 것이었다. 우리는 흔히 민주주의나 사회주의를 이야기하면서 대단히 점잖게 말한다. 그러나 그것에 반대되는 귀족주의나 자본주의야말로 그런 숭엄한 문화의 숭배자였다. 이는 우리가 숭엄한 유교적 문화에 젖어 있는 탓이다.

빈의 그리스 르네상스

우리가 세계사에서 공부했듯이 그리스문화는 유럽에서 새로운 문화의 계기로 끝없이 재흥되었다. 16세기 이탈리아의 르네상스만이 아니라, 근대 독일에서 괴테와 실러를 중심으로 한 바이마르 고전문화도 그리스 문화 르네상스의 또 다른 보기였다. 괴테가 카프카의 영원한 스승이었음은 앞에서도 말했다. 반면 카프카는 실러에 대해서는 그다지 호감을 갖지 못했다.

또한 19세기 말 빈에서도 그리스문화는 새로운 문화 형성의 계기로 등장했다. 그러나 그것은 당시 독일에서 니체와 부르크하르트 등에 의해, 괴테적 그리스를 지배한 제우스와 아폴로를 중심으로 한 올림프스 신들의 명랑하고 청순한 그리스 신화체계가 붕괴되고, 호머 이전의 디오니소스를 중심으로 한 야성적인 신들로 되돌아가고자 한 경향의 영향을 받은 것이었다. 카프카가 이미 김나지움 말년부터 그런 니체의 영향을 받았음은 앞에서도 말했다.

그러나 당시의 빈 지식인들에게는 그렇게 고전으로 기울어져야 했을 또 다른 이유가 있었다. 즉 오스트리아-헝가리 제국은 민족 간 분쟁으로 복잡하여 빈 지식인들은 고전시대를 도피처로 찾았던 것이었다. 특히 1806년에 붕괴된 신성로마제국의 영광은 '현대의 아테네'를 자처한 빈의 지식인들에게 그리스 고전문화에 대한 향수를 당연히 불러일으켰다.

또한 이웃 나라인 신흥 군사산업국가 프로이센에 대한 강렬한 대항의식은 칸트와 헤겔의 관념론 철학과 프로테스탄트 우위의 교육체제에 대한 반감을 불러 일으켰다. 그래서 라이프니츠를 잇는 헤르베르트 학파가 빈 대학을 차지했고, 스콜라 철학과 그리스 철학이 풍미했으며, 브렌타노의 경험심리학과 마하의 감각요소론이 정신분석학과 미학으로 연결되었다. 뒤에서 보듯이 대학생 카프카도 한때 브렌타노에 기울어졌다.

오스트리아 지식인들이 적대한 독일 관념론 대신 역사적 비판주의와 실증주의가 대세를 이루는 가운데 시대정신의 기폭제가 된 것은 문헌학이었다. 고전적 문헌학은 엄밀한 언어연구였으나, 19세기의 인도어에 대한 연구와 고고학적 발견은 고전 문헌학을 넘어 공간적으로는 인도나 아시아까지, 시간적으로는 선사시대의 신화에까지 그 영역을 넓혔다. 특히 그리스의 신화와 문화는 연극, 미학, 신화학, 정치학뿐만 아니라, 의학, 심리학, 그리고 이제 탄생하는 정신분석의 토대가 되었다. 당시 문헌학은 가장 인기 있는 학문이었다. 바로 니체가 그 대가였다.

이러한 그리스 고전에 대한 높은 관심은 김나지움 교육에 의해서 기초를 형성했다. 비록 카프카는 그것을 싫어했음에도 불구하고 김나지움의 고전교육은 고전 부흥에 큰 역할을 했다. 빈 김나지움의 중요과목인 라틴어는 카프카가 다닌 프라하 김나지움의 경우와 유사하게 최초 2년간 주 8시간, 다음 6년간은 주 6시간(최후 1년은 주 5시간)이었고, 그리스어는 3년 차부터 주 4-5시간이었다.

그리고 최종 시험은 그리스어, 라틴어 및 독일어의 상호 번역이었다. 이러한 교육으로부터 빈 사상의 토대가 형성되었다. 예컨대 프로이트의 오이디푸스 콤플렉스라는 개념은 그리스 신화에서 나왔다. 오이디푸스는 당시 연극으로도 자주 상연되었다.

따라서 그것은 당시 빈 시민들이 일상적으로 아는 소재여서 프로이트가 그 말을 썼을 때 시민들 사이에 논쟁이 벌어질 정도였다. 담화 속에서만이 아니라 생활과 유행에도 그리스 문화는 지대한 영향을 끼쳤다.

예컨대 화가 클림트가 작업복으로 입은 옷은 바로 그리스풍이었다. 그리고 여가 즐기기, 유연한 산책, 세속으로부터의 초연 등의 사회 도피적인 생활 태도는 바로 그리스인의 그것을 모방한 것이었다. 소크라테스의 방랑은 빈 사람들의 보헤미안적 생활 기질에도 꼭 들어맞았다. 빈의 지식인들은 주거 불명임을 즐겨 밝히기도 했다.

이러한 분위기는 당시의 독일과는 대조적이었다. 당시 독일을 풍미한 니체는 한때 빈에서 반항적인 청년들의 인기를 끌었지만 그 기질 자체가 빈과 맞지 않아 곧 잊혀졌다. 특히 소크라테스를 매도한 니체는 소크라테스에 열광한 빈 지식인에게 반발을 불러 일으켰다. 그러나 니체의 디오니소스적 세계는 빈 지식인들이 공감할 만했다. 특히 호프만슈탈이나 슈니츨러와 같은 문인들은 니체에 열광했다. 클림트를 비롯한 분리파도 기본적으로 니체적인 그리스 신화의 원초로 돌아가고자 하는 몸부림이었다.

그리스 신화의 원형을 발굴하려는 노력은 니체가 살던 스위스의 바젤 대학을 중심으로 일어났다. 니체의 친구였던 부르크하르트의 『그리스 문화사』는 디오니소스적 세계에 탐닉하면서 괴테적 인문주의를 비판했다.

우리에게는 르네상스 연구자로 저명한 그는 그것에 앞서 그리스 연구자였다.

또한 바젤 대학의 법학자이자 문헌학자인 바흐호펜이 『모권제』에서 인문적 그리스에 대응해 선사시대를 대치시키고, 부권제에 대응해 모권제를 주장했다. 이러한 업적들에 의해 부권제 이전의 모권제, 비이성적이고 야성적인 아시아적 세계가 빈에 접목했다. 이는 서구와 동구의 경계에 위치한 빈에서 더욱 강력히 나타났다. 분리파의 건축과 장식은 이러한 비잔틴적 요소를 갖는 것이었다.

프로이트가 『히스테리 연구』에서 주장한 카타르시스 요법은 아리스토텔레스의 시학에서 비롯되었다. 비극에 의한 관객의 정화작용과 카타르시스를 프로이트에게 가르쳐준 처백부 야콥 베르나이스는 니체의 스승이기도 했다. 물론 프로이트와 니체 또는 호프만슈탈 사이에는 차이도 있다. 특히 프로이트가 도입한 다원주의에 후자들은 반발했고, 프로이트가 모권제가 아닌 부권제를 원시 사회로 설정한 점도 달랐다.

화가 클림트와 코코슈카는 니체와 바흐호펜의 모권제를 예술적 감각으로 받아들였다. 특히 클림트의 장식이나 여성상에는 디오니소스의 신화가 살아 있다. 분리파 전시관 정면의 장식은 델포이의 최초 아폴론 신전이 월계수 잎으로 만든 집이었다는 신화에 의한 것이었다. 그리고 전시관 내의 3인의 여성 고르곤 자매의 하나인 메두사의 목은, 호머 이전의 신화에서는 그리스인 페르세우스에 의해, 헤르메스와 아테네에게 살해당한 원주민족 리비아인의 대여신이었다.

이는 아폴로 신들에 의해 죽은 디오니소스 신들이었다. 그리고 메두사의 목은 바로 모권제의 복권을 상징했다. 또한 분리파 기관지 제1호는 그 강령에 해당되는 것인데, 그 표지화는 인조로 키워진 관상용 수목이 그릇을 둘러싼 울타리를 부수고 그 뿌리를 어머니인 대지에 뿌리박은 모습을 그린 것이다.

클림트는 제1회 분리파 전시회에 아테네의 청년을 해방시키기 위해 포악한 미노타우로스를 살해한 테세우스의 신화를 묘사한 그림을 전시했다. 그리고 빈 대학 벽화를 그리면서 대학 당국이 '어둠에 대한 빛의 승리'를 부탁했지만, 그는 도리어 그것에 대한 반역을 그렸다. 그 대학의 교수들은 바로 아폴로와 소크라테스를 숭상한 자유주의자들이었다.

프라하의 문화

여기서 다시 우리는 카프카가 기다리는 프라하로 돌아가자. 앞에서도 보았듯이 프라하의 독일인 인구는 19세기 말에 급속히 저하되었고, 그 반 이상을 차지하는 유대인 인구도 저하되었으나, 그런 만큼 문화적으로 그 저하를 메우려고 노력했다.

그래서 당시 11개나 되는 독일계 김나지움이 있었고, 문화면이 풍부한 독일어 일간지도 두 개나 간행되었다. 카프카는 그중 보다 자유주의적인 성향으로 마사리크에 의해 1921년 창립된 〈프라하 일보*Prague Presse*〉에 최초로 글을 발표하게 된다.

당시 다른 유럽 도시와 마찬가지로 프라하의 중요한 문화 거점은 극장이었다. 뵈멘 주립은행이 창립 50주년을 기념하여 1882년에 세운 콘서트

홀과 함께 3개의 독일어 극장이 있었다. 그 극장의 중요한 역할은 체코어 연극과 오페라에 대한 저항이었다. 여기서 극장이라고 함은 연극만이 아니라 도리어 오페라 공연이 중심인 것을 주의해야 한다.

3개의 극장 중 가장 오래된 것은 우리에게도 영화 〈아마데우스〉의 무대로 널리 알려진, 1787년 모차르트 〈돈 조반니〉가 초연된 현재의 '틸 극장'이었다. 19세기까지 그 극장에서는 독일 극단과 체코 극단이 함께 이용했으나, 19세기 말에 와서 민족 대립이 격심해지면서 독일 극단만이 사용하는 '독일 극장'이 되었다.

1950년 이후 지금은 '스메타나 극장'으로 불리는 '새 독일극장'이 1886년 독일계 주민의 성금에 의해 세워졌다. 바그너의 친구로서 당시 최고의 무대 마술사로 불린 게오르그 노이만이 과거에도 유럽 오페라의 중심이었던 프라하를 오페라의 수도로 만들고자 했다. 그는 베르디나 카루소를 좋아했으나, 당시 전위 작가였던 입센이나 하우프트만과 같은 작가들도 무시하지 않았다. 이어 1900년에는 더욱 전위적인 작품을 상연하는 '독일 여름 극장'이 세워져 톨스토이, 스트린드베리, 슈니츨러, 베데킨트 등의 문제작들을 상연했다.

당시 카프카와 같은 독일계 유대인 청년들의 생활은 매일 〈프라하 일보〉를 읽고, 매달 몇 번 극장을 가고, 강연회나 무도회에 출석하는 것이었다. 특히 매년 '독일 카지노'가 개최한 봄 무도회는 카니발과 같은 것으로, 결혼 상대를 찾는 곳이기도 했다.

여름에는 몰다우 강변의 '시민 수영학교'나 카를 다리 아래의 '독일 테니스 클럽'에서 경기를 하고, 겨울에는 몰다우 중간에 있는 유대인 섬에서 스케이트를 즐기고 강변의 카페에서 시간을 보내는 것도 당시 청년들에게는 일상적인 일이었다. 카프카도 예외가 아니었다.

아니 카프카는 당시 프라하의 청춘남녀 누구보다도 더욱 적극적으로 이런 생활을 즐겼다. 물론 그것은 자아와의 치열한 대결을 회피하기 위한 사교생활의 하나였으나, 그가 즐겨 다닌 극장에서 본 연극은 어려서부터 그에게 깊은 인상을 남겼다. 우리가 앞에서 본 9세 전후 카프카가 최초로 쓴 글은 역사극에서 힌트를 얻은 것이었다.

희곡을 쓰고자 한 어린 시절의 꿈은 그의 평생 지속되었으나, 그는 희곡을 완성한 적이 없다. 그러나 그의 소설은 그 특징인 상황의 정확한 배치, 등장인물의 대치(對置), 대화 중심, 명확한 줄거리 등에서 분명 희곡적인 요소를 남겼다. 그런 점이 앞에서 본 것처럼 카프카 작품을 지금까지도 연극으로 각색해 상연하거나, 끝없이 영화로도 제작할 수 있게 만드는 요소들이다. 카프카는 연극만이 아니라 콘서트나 전시회에도 자주 갔으나, 평생 음악에 대해서만큼은 무지했다.

카프카는 체코어가 유창했으므로 독일어 연극만이 아니라 체코어 연극도 자주 보았으리라고 상상된다. 지금도 '인민에 의한, 인민을 위한'이라는 명판이 붙어 있는 '체코 국민 극장'은 1881년에 완공된 곳으로 체코의 민족주의적 전통극을 주로 상연했다. 앞에서 본 카프카가 9살 전후에 쓴 체코 역사극은 그곳에서 상연된 작품을 보고 쓴 것인지도 모른다.

그 후 프라하에는 전위적인 체코어 극장도 세워졌고, 술집을 겸하는 카바레에서도 많은 연극이 상연되었다. 카프카가 그런 체코어 극장에 다녔다는 기록은 없으나, 언어 문제가 없었을 뿐만이 아니라 카프카는 프라하의 이면 세계에 정통했으므로 그런 곳을 즐겼다고 충분히 상상할 수 있다.

특히 당시 체코 극장은 민족주의적 감정으로 인해 자국어 작품만이 아니라, 독일에 대립되는 프랑스 작품들을 선호한 점도 카프카의 취향에 맞았으리라. 물론 체코 사람들은 체코에서 태어난 독일 작가들, 릴케, 베르펠, 카프카를 전혀 인정하지 않았다.

카프카가 본 연극 중에서 특기할 만한 것은 1911년 그가 최초로 본 유대 순회극단의 연극이었다. 그것은 카프카가 모르는 유대어로 상연된, 대단히 조잡한 것이었으나, 유대인에 대한 생각을 그에게 새롭게 불러일으켰다.

프라하의 독일문학은 릴케가 첫 시집 『삶과 노래Leben und Lieder』를 출간한 1894년부터 시작되어 나치가 점령하여 문인들이 망명하는 시기까지 이어진다. 그 사이 릴케 외에 카프카, 베르펠Franz Werfel(1890-1945)을 비롯한 많은 문인들이 활동했다. 그들 대부분은 유대인이었다. 따라서 그들은 독일의 유대인 문인들처럼 전통적인 독일 교양문학의 입장에서 인문주의, 국수주의의 거부, 체코문화에 대한 우호적 태도를 견지했다.

카프카는 유대인으로서의 자신을 당연히 자각했다. 그러나 그는 친구인 브로트를 비롯한 당시의 지식인들이 시오니즘에 열광한 것에 반대했다. 그것은 당시 서구 제국주의의 대열에 참가하겠다는 것 이상으로 보이지 않았기 때문이었다. 카프카는 유대인이 서구사회에 동화하는 것이 아니라, 주변의 약소민족과의 연대를 통해 유대인성을 자각하고자 했다.

전통적으로 반유대주의가 강했던 프라하에서는, 다른 서유럽의 해방된 유대인들에게 가능했던 모색—기독교, 마르크스주의, 유토피아주의—
이 처음부터 불가능했다. 물론 그들은 방관자의 입장에 서지는 않았다.

그들 역시 독일계의 자유주의나 좌익운동, 체코 민족주의나 사회민주
주의, 시오니즘을 신봉했고, 예외적으로 아나키즘을 선택하기도 했다. 아
나키즘은 2, 3백 명에 불과했고, 그것도 전투적 평화주의자, 자유사상가,
채식주의자 등 잡다하게 구성되었으나, 당시 병사 슈베이크를 창조한 작
가 하체크를 위시해 많은 지식인들이 참여했다. 카프카 역시 그 아나키
즘에 기울었다.

카페의 카프카

앞서 나는 카프카가 정치적인 학생활동에는 대단히 소극적이었다고 말
했다. 대학시절에 그는 더욱 아무런 의무도 없고 더욱 자유로운 카페에
서 더 많은 시간을 보냈다. 정식의 초대나 아무런 형식 없이 자유롭게 전
혀 모르는 사람들을 만나 이야기를 하고 관찰하는 것이 카프카에게 맞
았다. 그는 1910년 6월 24일자의 일기에서 말한다.

> 카페는 문학인의 지하묘지이다. 거기엔 광명도 사랑도 없다. 거기에 일단
> 발을 들여놓았다가는 누구나 나올 수가 없다. 그런데도 많은 문학지망생
> 들이 그리로 향한다(『사랑의 형이상학』, 41-42쪽).

여기서 우리는 당시 카페의 사회적 기능과 상징적 의미를 이해할 필요

가 있다. 카페는 사교생활이나 분위기만이 아니라 밤 12시부터 새벽 5시까지 가정에서 도망칠 수 있는 은둔처를 제공했다. 그것도 단지 커피 한 잔 값만으로.

게다가 그곳은 중요한 신문과 잡지를 비치한 문화 살롱이기도 했고, 그러한 문화를 충분히 느낄 수 있는 독특한 개성이 깃든 곳이기도 했다. 카페마다 단골인 문화인들이 있었고, 그들은 일반인들과 같이 문화를 말하고 함께 식사를 하며 술을 마셨다.

프라하에는 카페가 수백 개가 넘었다. 그곳들은 물론 문화만이 아니라, 정치나 상거래의 곳이기도 했고, 심지어 범죄의 온상이 되기도 했다. 우아한 실내 장식과 값비싼 케이크를 팔았던 몇 개의 유명한 카페는 부유한 부르주아 가족이 이용했다.

그러나 다른 대부분의 카페는 그렇지 않아, 고향을 잃은 도시인들의 고향이자 가정, 밑바닥 사람들의 피난처였다. 담배 연기로 자욱한 그곳은 각종 소수 정당의 본부나 강연회장으로 이용되었다. 적과 동지가 만나 토론하고, 심지어 요인을 유괴하거나 정치적 음모를 일삼기도 했다. 그런 분위기의 카페에서 사람들은 몇 시간이나마 자신들이 중요한 인물이라도 되는 양 착각에 빠져 고독감을 잊었다.

그런 카페에는 어디에나 상징적인 중심인물들이 있기 마련이었다. 당시 가장 유명한 전위 문학 카페였던 '아르코Arco'의 1912년의 전성기에는 당시의 저명한 배우, 화가, 독일계 유대인 작가들, 체코 작가들이 모였다. 브로트, 카프카 외에 사회주의 작가이자 신문기자인 에곤 에르빈 키쉬Egon Erwin Kisch(1885-1948), 시인이자 소설가이고 비평가였던 오토 픽

Otto Pick(1887-1940), 작가인 루돌프 푹스Rudolf Fuchs(1890-1942) 등, 2개 국어 사용 작가들은 체코와 독일 작가들을 연결시키고자 노력해, 그것이 아르코의 독특한 개성을 형성했다.

또 하나의 중요한 카페는 '루브르'였다. 특히 이 카페는 프라하의 브렌타노Franz Brentano(1838-1917)가 매일 2회 모여 김회를 열고 브렌타노의 저작을 읽고 토론한 곳으로 유명했다. 그 모임을 '루브르 서클 Louvrezirkel'이라고 한다.

브렌타노는 가톨릭 사제였으나 환속하여 한때 프라하 대학에서 철학을 강의하다가, 1880년대에 그의 신학 이론이 비판을 받는 바람에 대학에서 쫓겨났다. 당시 프라하 대학 법학부의 민법 교수였던 크라스노프스키가 브렌타노의 환속과 결혼이 교회법은 물론 민법에 위반된다고 주장하였기 때문이다.

그러나 브렌타노는 그 후에도 프라하에서 연구를 계속했고 많은 신봉자를 거느렸다. 특히 철학부는 그의 지배권에 있어 법학부와의 대립이 격심했다. 그 후 그는 피렌체로 가서 1917년 79세로 죽기까지 연구했고, 그의 철학은 후설의 현상학과 게슈탈트 심리학에 지대한 영향을 끼쳤다.

카프카는 대학 1학년 시절, 필수과목인 철학을 의무감에서 들었다. 교수는 브렌타노의 제자인 철학부장 안톤 마르티Anton Marty였다. 그러나 카프카에게는 무의미한 강의였다. 브렌타노의 제자이면서도 독자적인 학설을 전개한 크리스천 폰 에렌펠스Christian von Ehrenfels의 '실천철학'이나 '음악극의 미학'은 카프카에게 좀 더 흥미로웠을지 모르나, 여하튼 그후 카프카는 철학에 대한 흥미를 잃었다.

'루브르 서클'은 그 후 베르타 판타 부인의 참여에 의해 그 시야가 확대되어 프라하 문화계에 중요한 역할을 했다. 그녀와 그녀의 동생 이다 프로인트는 당시 프라하 대학의 청강을 허용 받은 최초의 여성들로서 니체와 바그너에 대한 숭배로부터 브렌타노를 거쳐 심령주의와 루돌프 슈타이너의 인지학에까지 관심을 가졌고, 뒤에는 아인슈타인도 참가했다.

그러나 카프카가 어느 정도 적극적이었느냐에 대해서는 상반된 주장이 있다. 바겐바하는 카프카가 적극 참여했고, 브렌타노와 그 제자들의 영향을 받았다고 주장한다(바겐바하 57-59쪽). 그러나 카프카는 브렌타노에 대해 말한 바가 없다. 이는 브로트가 카프카는 1901년부터 루브르 서클에 참가했으나, 곧 관심을 잃었다고 말한 것과 일치된다.

그 서클에서 다루어진 칸트, 피히테, 헤겔 연구에 카프카는 거의 관심이 없었고, 수학에 대해서는 그야말로 무지했던 그가 아인슈타인의 상대성원리 등을 제대로 이해했을 리 없었다. 아니 무엇보다도 카프카는 그 문화인들의 허식에 찬 경건함, 속물적인 엘리트 의식과 교만함에 반발했을 것임에 틀림없다.

따라서 우리는 카프카가 프라하의 문화계에 처음 등장한 시절의 중요한 요인으로서 그런 문학 서클보다도 도리어 당시의 사회적 분위기를 중시할 필요가 있다. 이는 카프카가 대학 시절에 형성하게 되는 여러 특성을 살펴보는 데도 결정적으로 중요한 요인들이다. 프라하 문학에 대해서는 다시 뒤에서 살펴보기로 한다.

법학 공부 전기의 고통

카프카 전기 작가들은 카프카의 법학 공부에 대해 대부분 무관심하나, 나는 대단히 중요하다고 생각한다. 이는 내가 법학자여서 그런 것이 아니라, 그의 관점에서 바라본 법학이 그의 작품을 이해하는 데 결정적이라는 점 때문이다.

제1학기 과목 7개 중 4과목이 로마법과 독일법의 기초 분야였고, 나머지는 필수 과목인 도덕철학과 선택 과목인 '독일미술사 입문'이었다. 그러나 카프카는 그 모든 과목을 지겨워했다. 그런 그에게 유일한 위안은 클럽 활동뿐이었다.

나는 당시 프라하 대학 법학부의 학풍이 어떠했는지 검토할 수 있는 자료를 갖고 있지 못하나, 적어도 위에서 말했듯이 당시 빈에서 한창 융성하기 시작한 새로운 법학의 분위기는 프라하 대학에는 없었다고 볼 수는 있을 것이리라.

카프카가 당시의 법학 자체에 대한 비판은 『소송』「법 앞에서」 등을 통한 문학적 형상화 외에 논문 형식으로서는 「법에 대한 의문」 정도만을 남기고 있으므로 잘 알 수는 없으나, 뒤에서 보듯이 「법에 대한 의문」 역시 당시 새롭게 태어나던 법사회학 등에 관한 관심이라기보다는 법 자체에 대한 부정적인 경향을 보이는 것에 불과하다.

법학부 첫 학기가 지나자 카프카는 곧 법학을 포기하고, 독일문학과 미술사로 전공을 바꾸었다. 물론 아버지는 반대했으나, 당시의 카프카에게 그것은 결사적인 선택이었으므로 아버지도 그를 포기하게 만들지 못했다. 여기서도 우리는 아버지에게 반항하는 강한 대학생 카프카를 다시 보게 된다.

그러나 카프카는 1년 만에 다시 좌절했다. 1902년 봄 학기에 들은, 당시 가장 저명한 독일문학 교수의 강의가 독일 문학의 우월성만을 강조하는, 매우 정치적이고 게다가 인종차별주의적이었으며, 특히 반유대주의적이었기 때문이었다.

카프카는 그런 지도자 유형의 인간을, 그로부터 지도를 받는 인간과 함께 경멸했다. 특히 카프카에게 어떤 의미에서든 어떤 대상에 대한 맹목적인 숭배는 절대로 받아들일 수 없는 것이었다. 이는 뒤에 그가 괴테를 포함한 독일 문화에 대해 상당한 가치를 항상 인정하면서도, 독일주의의 정치적 선전에 대해서는 명백하게 반대한 점에서도 나타났다.

그런 인종차별주의적 수업을 경멸한 탓 외에도 1902년 여름 학기의 강의 과목들인 문장론, 문체연습, 서간문학, 중세문학사 등이 카프카에게 전혀 흥미를 주지 못해 그를 좌절시킨 요인이 되었다. 그러나 조만간 뮌헨에 가서 독일문학을 다시 공부한다는 꿈을 꾸며 그는 억지로 한 학기 수업을 들었다.

둘째 학기를 마치고 그는 그동안 꿈꾼 뮌헨에 갔으나, 대학에 등록하기는커녕 며칠 만에 다시 돌아와야 했다. 아버지도 반대했지만, 뮌헨이 마음에 들지 않았기 때문이었다. 그 후 1916년에도 뮌헨에서 낭독회를 했으나, 여전히 뮌헨을 싫어했다.

우리의 전혜린을 비롯하여 그렇게도 매혹적이라고들 말하는 뮌헨이 카프카에게는 왜 지겨운 곳이었는지 그 이유는 확실하지 않다. 게다가 그는 뮌헨만이 아니라 독일문학 연구에 대한 꿈마저 버리고 프라하에 다시 돌아왔다.

이제 그에게는 법학만이 남았다. 그것만이 유일한 길임을 알자 그는 그 후 2년 반 동안 법학에 몰두했다. 그것은 그가 말했듯이 '기억력과 신경에 대한 도전'이었다. 그에게는 민법과 형법의 무미건조한 개념을 익히는 것이 전화번호부를 통째로 암기하는 것 이상으로 고통스러웠다.

> 이것은 제가 신경 가닥줄을 팽팽하게 당겨두고 몇 차례의 시험을 치르던 수개월간, 수천 명의 주둥이가 미리 적당하게 씹어서 공급해주는 톱밥이 저의 지적인 정규 식량이었다는 것을 의미합니다(『아버지께 드리는 편지』 127-128쪽).

강의는 모두 교수가 그런 '톱밥' 같이 썰고 씹어 일방적으로 말하는 것을 그냥 적는 것이었고(사실 당시 대학 수업이 모두 그랬고, 지금도 그렇다. 더욱이 한국에서는 더 그렇다), 그것보다는 흥미 있을 토론 수업은 거의 없었다. 출석은 의무적이었으므로 결석도 불가능했다. 졸업시험에서는 모든 수업 내용을 기억해 다시 톱밥처럼 뱉어내야 했다. 특히 로마법은 8학기 과정 가운데 4학기를 수료한 시점에서 들어야 하는, 광범위한 중간시험의 과목이어서 힘들었다. 카프카는 그 시험을 좋은 성적으로 통과했으나, 그 직후 드레스덴 부근의 요양소에서 2주간 자연요법을 받아야 할 정도로 지쳤다. 22세의 일이었다. 당시 그가 공부로 건강을 해친 탓으로 그랬는지, 아니면 당시 그의 큰 고민거리였던 성적 죄의식 탓이었는지는 알 수 없다. 그러나 그 후 그런 휴양생활은 그의 버릇처럼 되어버렸다.

법학공부 후기와 졸업

1903년 겨울에 시작된 법학부 2년차 과정의 형법, 민법, 국가법, 국민경제학 등은 그 담당 교수들로 인해 카프카에게 상당한 흥미를 주었다. 특히 민법 교수인 호라츠 크라스노프스키는 '오스트리아 일반민법전'을 불가침의 완벽한 성경 같은 것으로 믿은 전형적인 보수 법학자였으나, 카프카로서는 처음으로 들었다고 할 정도로 열심히 강의를 했기에 그것에 몰두했다.

카프카에게 더욱 인상적인 교수는 형법을 담당한 한스 그로스였다. 법죄학 창립자의 한 사람인 그는 당시 막 시작된 범죄사회학과 범죄심리학의 창시자격으로 범죄보다도 범죄인에 대한 연구, 특히 범죄자의 심리 연구를 강조했고, 수사를 위한 경찰견의 도입을 최초로 주장하기도 했다. 카프카는 제3학기 수업의 대부분을 그로스에게 들었다. 당시 그가 배운 범죄 수사와 심리 절차에 대한 지식은 뒤에 『성』이나 『심판』에 나타났다.

이처럼 종전과는 달리 법학에 흥미를 느끼게 되었음에도 불구하고, 카프카의 성적은 눈에 띄게 나빠졌다. 그 이유는 그가 클럽의 문학 활동에 더욱 적극적으로 참여했고, 특히 창작에 몰두했기 때문이다.

그 결과 그는 일시적으로 정신적인 공황 상태에 빠졌다. 1905년 7월, 학기가 끝나기도 전에 그는 요양소로 갔다. 실레지아의 추크만텔Zuckmantel 요양소에서 지낸 한 달 동안 그는 어느 중년의 유부녀와 사랑에 빠졌다.

중년의 유부녀였던 만큼 그것은 모성적인 사랑이었으나, 1916년 일기에서 그는 그 여성을 제외하면 자신이 어떤 여성과도 친밀한 적이 없었다고 쓸 정도로 그 사랑에 몰입했고, 그 기억은 오랫동안 그에게 남았다.

그 뒤 1906년 여름에도 그는 추크만텔에서 그 유부녀와 함께 지냈다. 그 일은 1907년의 단편 『시골의 결혼준비』 창작에 깊은 영향을 미쳤다. 거기에 나오는 '성숙하고 아름다운 소녀' 베티가 그 여인을 모델로 한 것으로 추측된다.

1905년 가을 카프카는 그가 '최고의 무의미 단계'라고 부른 법학사 취득을 위한 구술시험 준비에 바빴다.*

여기서 내가 법학사라고 부르는 것은, 그것이 종래에는 법학박사로 불린 것이나, 당시 그것이 Doktor란 말을 사용했음에도 불구하고, 지금은 법학사에 해당되는 것이기 때문이다.

첫 시험에서 그는 4명의 교수 중 3교수의 지지를 얻어 합격의 3등급 중 최하 등급인 '가'를 받았다. 그러자 다시 신경쇠약에 빠져 질병 진단을 받아 나머지 시험을 포기할까 했다. 그러나 친구 브로트의 도움으로 1906년 3월의 두 번째 시험에도 합격했다. 이어 마지막 시험에서는 교수 전원에게 합격점을 받았다. 그리고 그해 6월, 법학사 학위를 받았다.

당시 법학사 학위는 그리 대단한 것으로 평가되지 않았다. 사실 그것은 대부분 기껏 국가기관이나 반(半)국가기관의 중급 관리가 되는 자격의 취득에 불과했으나, 유대인으로는 관리가 되기란 어려운 일이었다. 대신 변호사가 될 수는 있었으나, 카프카 자신, 변호사가 된다는 것은 전혀 상상도 하지 않았으므로 다른 취직자리를 찾아야 했다.

■ * 바겐바하 60쪽은 카프카가 막스 베버의 동생인 알프레드 베버Alfred Weber 밑에서 논문을 섰다고 하나, 그는 명목상의 지도교수에 불과했고, 카프카는 그에 대해 전혀 관심이 없었다.

대학시절의 변화

카프카는 김나지움과는 달리 그다지 큰 문제없이 대학을 마쳤다. 김나지움의 '식인종' 같았던 교사들보다 교수들은 그래도 '문명인'이었다. 김나지움 교실의 '공포'는 대학에서 '권태'로 바뀌었다. 그리고 그 지루함 속에서 노트 자락에 쓴 것이 뒤에 작품으로 창조되었다.

18세부터 25세에 걸친 대학 시절, 카프카는 지적으로도 감정적으로도 새로운 발전을 맞았다. 문학을 본격적으로 시작했고, 사랑도 했다. 법학 공부는 그 발전에 전혀 기여하지 못했으나, 적어도 그것이 그의 발전을 저해하지도, 개인 생활을 방해하지도 않은 것은 분명했다.

그러나 대학생활은 카프카에게 자신이 감옥에 갇혀 있다는 느낌을 더욱 강하게 갖게 했다. 그것은 부모의 집이 상징하는 유대 중산계급의 속물근성, 숨막히는 시골 프라하의 분위기, 법학 공부라는 강제 노동으로부터 탈출하고 싶다는 희망을 더욱 강하게 만들었다.

또한 정신을 마비시키는 불안, 자발성의 결여, 주위세계와 교섭하는 능력의 부족을 극복하고자 했다. 즉 다른 사람과 같이 되고자 노력했다. 물론 그 완전한 달성은 불가능했으나, 최소한 불안을 느끼지 않을 정도로는 '변신'하고자 노력했다.

어린 시절 그의 주변에는 그런 '변신'의 모델이 없었다. 그래서 그는 어려서부터 자기 해방의 모델을 찾고자 고백, 회상, 전기, 일기, 비밀 수기, 서간 등을 즐겨 읽었음은 앞에서 말했다. 그런데 김나지움 후기와 대학에 와서 그는 자신의 모델로 삼을 만한 친구들을 통해 그런 자기 해방을 도모해 차차 안정감을 취했다.

세기말의 프라하 문학과 카프카의 문체

카프카가 대학 초년 시절부터 문학 서클에 관여하면서 문학 작품을 발표한 것은 이미 앞에서 보았다. 우리는 그의 초기 문학세계를 보면서, 대학의 철학 수업의 영향을 강조한 바겐바하와 같은 입장을 이미 부정하고, 도리어 그 시대 상황을 정확하게 이해해야 한다는 점을 앞에서도 강조했다.

앞에서 설명한 무너져 가는 제국 오스트리아에서 등장한, 릴케, 슈니츨러, 무질, 브로흐, 클림트, 코코슈카, 말러, 쇤베르크, 비트겐슈타인, 프로이트 등으로 대표되는 허무주의의 세기말 문학은 제국의 단말마적 고뇌의 표현에 다름 아니었다. 그들은 당시의 썩어빠진 정치를 불신한 격렬한 회의주의자들이었다.

프라하의 경우 그런 절망감은 더욱 컸다. 특히 독일계 유대인 예술가와 지식인들은 그들을 둘러싼 두 개의 거대 세력(독일인과 체코인)의 권력투쟁으로부터 고립된 소수의 무력한 죄수였다. 그 투쟁이 어떻게 끝나던 자신들과는 무관했기에 그들에게는 아무런 희망이 없었다.

당시 프라하 문학을 지배한 독일계 유대인 작가들은 하나같이 보수적인 독일을 숭배한 사람들이었다. 이에 반해 젊은 문학인들은 랭보, 베를렌느, 보들레르, 그리고 E. A. 포에 심취했다. 그 최초의 반항자는 릴케였다. 카프카보다 8년 앞서 1875년 프라하에서 태어난 그는 1890년 프라하를 떠났으므로 사실 프라하의 작가가 아니었으나, 프라하의 청년 작가들에게 많은 영향을 끼쳤다.

그러나 젊은 문인들은 대부분 카프카가 그랬듯이 하급관리로 살면서 글을 써야 했기 때문에 상관에 대한 불만과 자신들의 불행으로 인해 심지어 정신병자가 되는 경우도 드물지 않았고, 그들의 작품도 천차만별이었다. 여기서 우리는 카프카가 당대에 예외적인 존재가 아니었음을 본다.

예컨대 파울 레핀Paul Leppin(1878-1945)은 매독에 걸린 우체국 직원으로서 뛰어난 시와 함께 저질의 포르노를 함께 썼다. 그뿐만 아니라 당시 문인들은 모두 E. A. 포의 괴기를 모방하고 과잉의 수식어로 글을 썼다. 화려한 수식, 전율적인 이상성욕, 센티멘탈리즘, 키치 등으로 뒤범벅된 문체 파괴는 언어만이 아니라 작가들의 의식마저 오염시켰다. 브로트나 베르펠도 예외가 아니었다.

그 유일한 예외는 카프카였다. 카프카의 문학은 그들 문학과 달랐다. 그는 그들의 문장과는 전혀 다른 간결하고 냉정한 문장을 썼다. 그것은 카프카가 천재여서가 아니었다. 그가 고립되었기 때문이다. 즉 주류문단 문단으로부터의 고립되어 냉정한 문장을 쓸 수 있었던 것이다. 그는 앞에서 본 것처럼 대단히 행복했다고 보이는 대학생활에서도 독행자였고, 문학 서클에 몸을 담기도 했으나 사실은 그 집단에서 홀로였다.

또한 그는 당대의 문학에 정통했으나, 그 어느 것에나 언제나 거리를 두고 비판적으로 보았다. 우리는 이미《예술감시인》에 대한 그의 접근과 극복을 보았다. 그 접근은 프라하의 영향권으로부터 탈출하고자 한 시도였고, 그 극복은 그가 어떤 기성의 것으로부터도 결코 영향을 받지 않는 독자성을 보여주었다.

따라서 이러한 카프카의 문제를 당시 프라하의 독특한 언어 환경으로 설명하는 바겐바하의 견해에는 의문이 있다. 만약 당시 프라하의 독일어 사용 유대인들이 체코인에 둘러싸였기에 문어체 독일어를 사용했다고 보고 그 때문에 카프카의 독특한 문제가 형성된(바겐바하 68-69쪽) 것이라고 한다면 이는 같은 상황에 있었던 카프카 이외 작가들에 대한 설명이 될 수 없다. 또한 바겐바하는 《예술감시인》의 문체도 카프카에게 영향을 미쳤다고 하나, 이는 명백히 독일적인 것의 영향을 강조하려는 '독일인' 바겐바하의 착각일지 모른다.

소수적인 문학

'소수적인 문학'이란 들뢰즈와 가타리가 카프카 문학에 붙인 것이나, 더 광범하게는 프라하에서의 유대인 문학을 말한다(들뢰즈 43쪽). 그 특징은 첫째, '높은 탈영토화에 의한 언어의 변용'이라고 한다. 탈영토화란 기왕의 어떤 영토를 떠나는 것으로서, 프라하의 유대인들은 프라하의 다수 사회로부터 떠난 상태에서 역시 자신들의 언어가 아닌 독일어를 사용한다는 점을 뜻한다(들뢰즈 44쪽).

이어 둘째 특징은 모든 것이 정치적이라는 점이다. 즉 카프카의 작품에 나타나는 가족 삼각형(부-모-자)이 그 의미를 규정하는 상업적, 경제적, 관료적, 법적, 민족적(독일인-체코인-유대인) 등등의 다른 삼각형과 결부되어 정치성을 갖는다는 것이다(들뢰즈 45쪽).

마지막 세 번째 특징은 모든 것이 집합적 또는 혁명적인 가치나 의미를 지닌다는 점이다. 카프카 자신은 "문학이란 문학사의 문제라기보다도 민중의 문제이다"라고 말했다(1911년 12월 25일 일기, 들뢰즈 46쪽 재인용). 그래서 카프카 작품에는 언제나 개별 주체가 아닌, 집단이 등장한다고 본다(들뢰즈 47쪽).

이런 상황에서 쓰이는 '소수적 문학'은 마이링크나 브로트처럼 독일어를 인위적으로 더욱 풍부하게 해주는 방법인 상징주의, 몽환주의, 신비주의 등을 택하기도 하나, 이는 "민중과의 절연을 더욱 강화했고, 오직 '시온의 꿈'으로서 시오니즘 안에서만 그 정치적 출구를 발견할 수 있을 뿐이었다"고 들뢰즈는 설명한다.

반면 카프카는 "독일어를 있는 그대로, 심지어 그 빈곤한 그대로 선택"한다고 한다. "간결함을 통해서 탈영토화를 향해 언제나 더욱더 멀리 나아가는 것"이다(들뢰즈 49쪽). 이 점에서 들뢰즈는 앞의 바겐바하와 달리 카프카의 특수성을 충분히 이해하고 있다고 볼 수 있다. 들뢰즈와 가타리는 이러한 탈영토화가 카프카의 동시대인, 예컨대 아인슈타인의 우주에 대한 표상의 탈영토화, 쇤베르크, 베베른, 베르크 등 빈 악파의 12음주의, 표현주의 영화, 정신분석학, 프라하 언어학 등에도 나타난다고 지적한다(들뢰즈 63쪽).

이어 들뢰즈와 가타리는 "소수적이지 않은 위대한 문학이나 혁명적 문학은 없다"고 하며(들뢰즈 67쪽), 민중문학, 프롤레타리아 문학의 모범으로 카프카를 제시한다. 앞에서도 말했듯이 최근 모레티는 카프카가 표준 독일어를 사용했다는 이유 등으로 카프카가 결코 '소수적이지' 않았다고 말하나, 이는 카프카를 충분히 이해하지 못한 탓이리라.

카프카의 독서 편력

우리는 카프카에 대한 영향으로서 더욱 중요한 독서를 다시금 강조할 필요가 있다. 바겐바하 같은 이들이 전혀 주의를 하지 않기 때문에 더욱 그렇다. 홀로 문학을 한 그에게는 독서 이상의 스승이 있을 수 없기 때문에 나는 더욱 중시해야 한다고 본다.

카프카는 책을 사랑했다. 손으로 책을 만지는 것은 물론, 책방에서 책 구경을 하는 것도 즐겼다(『사랑의 형이상학』, 79쪽(1910년 9월 3일자 일기)). 그는 독서 클럽의 도서관에서 책을 빌린 적은 없으나, 골목의 구석진 서점 찾기를 가장 좋아했고, 언제나 도서 목록을 뒤져 사치스러울 정도로 많은 책을 사서 읽었다. 그리고 친구들에게 책 선물하기를 좋아했다. 그러나 수집가로서 진귀한 책을 찾는 취미는 질색이었다. 독서에 대한 그의 철학을 알기 위해 앞에서도 인용한 그의 편지글을 다시 읽어보자.

나는 오로지 꽉 물거나 쿡쿡 찌르는 책만을 읽어야 한다고 생각한다. 우리가 읽는 책이 단 한 주먹으로 정수리를 갈겨 우리를 각성시키지 않는다면 도대체 무엇 때문에 우리가 책을 읽겠는가? 자네 말대로 책이 우리를 행복하게 해주도록? 맙소사. 책을 읽어 행복할 수 있다면 책이 없어도 마찬가지로 행복할 것이다. 그리고 우리를 행복하게 해주는 것이 책이라면 아쉬운 대로 우리 자신이 쓸 수도 있을 것이다. 그렇지만 우리가 필요로 하는 책이란 우리를 몹시 고통스럽게 해주는 불행처럼, 우리 자신보다 더 사랑했던 사람의 죽음처럼, 우리가 모든 사람을 떠나 인적 없는 숲속으로 추방당한 것처럼, 자살처럼, 우리에게 다가오는 책이다. 한 권의 책은 우리들

내면의 얼어붙은 바다를 깨는 도끼이어야만 한다(바겐바하 51-52쪽 재인용).

앞에서도 말했듯이 그의 독서 편력은 유년시대의 동화로 시작되어 이어 아동문학의 고전, 즉 파란만장한 모험소설과 탐정소설 및 탐험기-코난 도일의 홈즈, 제임스 쿠버, 쥘 베른 그리고 농민소설 함순에 이르기까지 그 범위는 끝없이 넓어졌다.

그러나 카프카의 독서는 흔히 나이에 따라 구별되는 것이 아니었다. 예컨대 그는 17세에 니체를 읽고, 40세에도 동화나 소년 잡지를 읽었다. 그에게 독서는 마약이었다. 평생에 걸쳐 고뇌의 해독제로 복용했다.

그러나 그의 아편과도 같은 독서 열정은 그만의 일이 아니라, 당대 유대인 청소년이나 지식인의 일상이었다고도 볼 수 있으리라. 결국 그런 지적 분위기에서 카프카 문학은 탄생한 것이다. 그런 지적 분위기가 없는 사회에서는 어떤 문학도, 예술도, 학문도 있을 수 없다.

브로트는 카프카가 젊은 시절 좋아한 작가들을 열거한 바 있다. 즉 괴테, 토마스 만, 헤세, 플로베르, 그리고 19세기 독일의 헤벨, 폰타네, 슈딥터였다. 물론 이는 브로트가 나이가 들어 기억한 것이니 부정확할 수 있다. 대체로 카프카는 초기에 플로베르, 호프만슈탈, 디킨즈, 도스토옙스키, 이어 후기에 괴테, 클라이스트, 키르케고르를 좋아했다.

그러나 앞에서도 말했듯이 카프카의 남독에 가까운 독서에 나타나는 일관된 중심은 타인의 생활사에 대한 지속적인 관심이었다. 유명인은 물론 범죄자에 이르기까지 수많은 전기, 방대한 일기, 서간에서 그는 고상한 사상보다도 삶의 현실을 읽는 기쁨을 느꼈다.

나는 이러한 그의 독서 태도는 그의 창작 태도와도 직결된다고 본다. 그의 작품을 두고 리얼리즘이다, 아니다, 라는 해묵은 논쟁이 있음은 앞에서도 보았으나, 적어도 그의 독서는 명백히 리얼리즘적이고, 그가 창조한 인물들도 그런 다양한 삶의 태도를 반영한 것이라고 본다면, 카프카는 명백히 리얼리즘이다

여기서 우리는 카프카가 동물이나 벌레를 주인공으로 삼는 작품조차도 그것을 굳이 어떤 싱징이나 비유의 우화로 보아서는 안 되고, 그 동물과 벌레를 자체를 바로 주인공으로 삼은 것으로 보아야 한다. 물론 그 의미를 인간이나 사회에 대입하여 검토함은 무방할 것이나, 그 전에 카프카가 그런 동물과 벌레의 리얼리즘적 묘사에 대단히 뛰어난 점을 주의해야 한다.

이와 관련되어 마지막으로 나는 성이나 법정 또는 권력이나 법에 대한 카프카의 묘사 또한 그 자체의 리얼리즘적 묘사로 보아야 한다고 생각한다. 카프카는 그 분야의 전문가로 그것들을 묘사하는 데 누구보다도 뛰어났다는 점을 결코 무시해서는 안 된다.

초기 작품들

1903년부터 카프카는 「어느 투쟁의 기록」을 비롯한 몇 작품들을 썼다. 「어느 투쟁의 기록Beschreibung eines Kampfes」은 카프카 최초의 작품이나, 죽고 12년이 지나 나온 1936년 유고집에 처음 발표되었다. 같은 제목의 서로 다른 원고는 각각 1903/4년, 1909/10년에 쓰였다.

우리말 번역이 60쪽 정도로 중편소설이라고 할 만한 이 작품이 왜 생전에 발표되지 않았는지는 모른다. 같은 시기에 쓰인 어떤 작품보다도 대작이어서 당연히 꽤나 공들였을 것임에 틀림없는데, 왜 발표하지 않았을까?

줄거리는 성취욕이 강하고 사교적인 친구에 대해, 자신은 비사교적이며 내성적인 화자의 내면의 투쟁이다. 20대에 누구나 경험하는 이야기라고 할 수 있다. 말하자면 순수한 자아에 대한 추구이다. 여기서 말하는 친구는 사실 카프카의 아버지일 수도 있고, 친구 폴라크나 브로트일 수도 있겠다.

그 주제를 삶과 죽음에 대한 싸움, 삶이 초래한 약속과 협박에 대한 싸움, 그리고 죽음의 편재와 유혹에 대한 싸움이라고 보는 견해도 있다. 그 점은 소설 제2장 '오락 또는 산다는 것은 불가능하다는 것에 대한 증명'에서 그 제목만큼이나 뚜렷하게 나타난다. 그러나 나는 이 소설에서 카프카 평생의 과제인 지겨운, 강요된 허위의 일상과의 투쟁을 본다.

> 나는 떨어지면서 전혀 부딪치지 않았고 통증도 없었지만, 기운이 없고 불행하게 느껴져서 숲의 땅바닥 속에 얼굴을 묻었다. 내 주위에 있는 사물들을 보아야 하는 노력을 견뎌낼 수 없었기 때문이었다. 모든 행동이나 모든 생각은 강요된 것이며, 그러므로 그러한 것들로부터 자신을 지켜야 한다고 나는 확신하고 있었다. 그와 반대로 팔을 몸에 붙이고 얼굴을 숨긴 채 여기 잔디에 누워 있는 것은 가장 자연스러운 일일 거라고(『변신』 374쪽).

카프카 최초의 작품집으로 1913년 간행된 단편집 『관찰』의 첫 머리에 나오는 「국도의 아이들Kinder auf der Landstrasse」은 1904/5년에 쓰여진 것으로 추측된다. 화자는 국도에서 순진한 아이들과 놀았던 모습을 묘사하나, 자신은 친구들과 헤어져 홀로 자신의 길을 간다. 평생을 독행자로 산 카프카의 삶이 그렇듯이.

『관찰』의 두 번째 작품인 「사기꾼의 탈을 벗기다Enterlarvung eines Bauernfängers」는 문자 그대로 사기꾼의 탈을 벗기고 초대라는 목적을 이룬다는 이야기여서 카프카답지 않은 것으로 평가된다(『카프카 문학사전』 106쪽). 그러나 사기가 어떤 것인지 전혀 명확하지 않고, 사기 그 자체가 허무한 것으로 그려져 있음은 역시 카프카답다.

"우리가 필요로 하는 책이란 우리를 몹시 고통스럽게 해주는 불행처럼, 우리 자신보다 더 사랑했던 사람의 죽음처럼, 우리가 모든 사람을 떠나 인적 없는 숲 속으로 추방당한 것처럼, 자살처럼, 우리에게 다가오는 책이다."

4장

안정된 직장

I

직장 찾기

1906년 봄, 대학 졸업을 눈앞에 둔 카프카는 앞으로 아버지로부터 경제적 원조를 받을 수 없어 취직을 해야 했다. 물론 그는 '쓰는 것'을 천직으로 생각했으나, 그 순수함을 물질적 동기로 더럽혀서는 안 된다고 믿었다.

카프카는 스스로 글을 써서 먹고살 수 없음을 잘 알았다. 그야말로 글쓰기의 속도가 너무나도 늦었기 때문이다. 게다가 브로트를 비롯한 주변 친구들은 이미 작가로 성공하고 있었으나, 자신은 결코 그런 성공을 거둘 수 없다고 믿었다. 이미 23세였으나, 그는 책은커녕 단 한 줄의 글도 출판하지 못했고, 글을 써서 단 한 푼도 벌지 못했다.

대학을 졸업할 때까지 그는 경제적 측면에서 전적으로 아버지에게 의존했다. 지금 유럽에서는 대학에 입학하면 경제적으로 독립하는 것이 보통이나, 당시의 대학생은 지금 우리 대학생처럼 부모에게 의존하는 것이 보통이었다.

그러나 카프카의 경우 부모에 대한 저항심 때문에 경제적 의존은 괴로운 일이었다. 더욱이 극도의 빈곤에서 자수성가한 아버지는 언제나 자식들의 경제적 독립을 주장했다. 게다가 카프카가 혹시 변호사가 되기 위해서라면 몰라도, 작가로서 사는 것을 도울 생각은 추호도 없었다.

그래서 카프카는 1906년 4월, 변호사 사무실에 무급 실습생으로 등록했다. 물론 변호사가 되려는 생각은 추호도 없었다. 단지 2개월의 여름 방학을 보낼 구실에 불과했고, 아버지를 안심시키기 위한 방편이기도 했다. 게다가 당시 아버지의 상점이 이전되고 부모가 병들었기에 일손이 필요해, 아버지의 명에 의해 카프카는 상점 일을 도와야 했다.

6월 13일, 최종시험에 합격한 카프카는 6월 18일 학위를 얻었다. 이어 7-8월을 다시 추크만텔 요양소에서 보내며, 그 전 해에 알았던 유부녀를 다시 만났다. 뒤에 사람들은 카프카가 당시 그녀와의 결혼을 생각했으리라고 추측하기도 했으나, 이는 전혀 사실 무근이라고 봄이 옳으리라. 상대가 유부녀였다는 이유만이 아니라, 결혼이란 당시의 그에게 사실상 불가능한 것이었고, 뒤에서 보듯이 결혼 자체에 그는 회의했기 때문이다.

「시골의 결혼 준비」

1906년 10월부터 카프카는 프라하 지방법원에서 1년 간 사법 실습생으로 근무했다. 이는 관리가 되기 위한 필수 조건이었다. 그러나 카프카에게는 관리가 된다는 생각이 전혀 없었고, 유대인인 그가 관리가 된다는 것 자체가 불가능했다. 따라서 그것은 역시 취직을 위한 시간을 번다는 의미밖에 없었다.

당시 생활의 어두운 분위기는 그가 1907년 봄에 쓴 「시골의 결혼 준비 *Hochzeitsvorbereitungen auf dem Lande*」에 나타난다. 이는 1907년에 쓰여진 미완성 장편으로, 브로트에 의해 1951년 유고집에 수록되었다. 앞에 쓴 「어느 투쟁의 기록」보다는 구상이나 기법이 발전된 것이었다.

특히 이 소설에는 줄거리가 있다. 주인공인 라반Raban은 결혼식을 위해 시골에 가야 하나 사실은 가기 싫다. 그에게 결혼은 성인이 되는 벌이기 때문이다. 그래서 자신의 몸만 보내고 자신은 벌레로 변신하여 침대에 편히 누워 있는 공상을 하며 편안함을 느낀다. 그러나 공상은 공상에 그친다. 그는 일상에서 벗어나지 못하고 시골의 낯선 환경에 적응해야 한다.

그런데 어렸을 때는 위태로운 일도 곧잘 했는데 이제 와서는 도대체 왜 이런 일을 할 수 없는 것일까? 내 자신이 직접 시골로 갈 필요는 없을 텐데. 그럴 필요야 없지. 내가 보내는 것은 옷을 걸친 이 몸뿐이지. 그 몸뚱어리가 나의 방문을 향해 밖으로 나오려고 발버둥 친다면, 그것은 두려운 때문이 아니라 바로 자신의 무용성을 보여주는 것이지. 층계 위로 비틀거리며 오르거나, 흐느끼면서 시골로 가, 거기에서 울면서 저녁 식사를 든다 하더라도 그것은 흥분 때문만은 아니다. 왜냐하면 그럭저럭 잠자리에 들어 조금 열어놓은 방문으로 새어드는 공기를 쐬면서 황갈색 이불을 꼭 덮고 누워 있을 테니까 말이다. (…)

침대에 누워 있는 내 모습이 한 마리의 커다란 딱정벌레나 하늘가재 아니면 쌍무늬바구미 같다는 생각이 든다(『변신』 419-420쪽).

벌레가 되는 비인간화에 대한 이 생생한 묘사는 그 5년 뒤에 쓰인 「변신」으로 연결된다. 여기서 우리는 벌레가 된다는 것이 카프카에게는 일상으로부터의 탈출을 뜻한다는 것을 알게 된다. 그는 스스로 벌레로 변신하는 것이지, 타의에 의해 벌레로 변신되는 것이 아니다.

그런데 그에 대한 구속은 결혼만이 아니다. 그 전에 직장이 있다. 라반이 이미 직장에 근무하면서 그런 느낌을 받았는지, 아니면 상상으로도 이미 그런 느낌을 받을 수 있었는지는 불명하나, 그는 그것을 의식한다.

직장에서는 과도하게 일하느라 너무 피곤해서 휴가를 즐길 수가 없을 정도다. 하지만 일을 아무리 해도 어느 누구도 정답게 대해주리라고 기대할 수는 없다. 오히려 고독하고 생소하며 단지 호기심의 대상일 뿐이다(위 책 416쪽).

이 소설에는 리얼리즘으로 불릴 정도의 극명한 사실 묘사도 있다. 이는 이 소설을 쓸 당시 카프카가 플로베르, 특히 그의 『감정교육』에 심취했다는 점과 관련된다. 그러나 일상생활의 선명한 묘사에 그치는 플로베르의 영향은 「시골의 결혼 준비」 전체에 걸친 내면성과는 무관하다고 보아야 하리라. 카프카는 기교를 누더기라고 불러 경멸했다. 그가 플로베르를 숭배한 것도 그의 창작에 대한 정열과 진지한 태도, 그리고 엄격성 때문이었다.

미술에 대한 관심

여하튼 이 소설을 보면 카프카가 사실 묘사에 재능을 타고났음을 알 수 있다. 이는 사법 수습 당시 카프카가 화가들과 친분을 맺었고, 카프카의 독특한 스케치를 본 그들의 추천에 의해 그림에 열중해 글쓰기 대신 그림을 공부할 생각도 했다는 점에서도 알 수 있다. 그러나 그림에 대한 욕구는 그림 수업을 받은 뒤 끝났다. 뒤에 그는 그 수업 탓으로 자신의 재능이 영원히 사장되었다고 개탄했다.

지금 카프카가 그린 수많은 스케치가 남아 있다. 그는 대학시절의 강의록, 그 뒤의 일기장, 편지지 등에 많은 인물을 그렸다. 그들은 자코메티 Alberto Giacometti의 조각처럼 깡마른 모습으로 텅 빈 공간 속에 홀로 서 있거나 앉거나 움직이고 있다. 그것들은 결코 사실주의로 묘사되지는 않으나, 인간의 고독과 불안을 상징적으로 보여준다.

그러나 사실화도 그렸다. 예컨대 1916년 여행한 바이마르의 괴테의 집을 그린 것처럼. 이를 보면 카프카는 여행을 할 때마다 스케치를 즐겨 했으리라고 추측된다. 그러나 그런 사실화는 거의 남아 있지 않다. 미술에 대한 관심은 뒤에 야누흐와의 대화에서도 나타난다. 그는 반 고흐의 그림에 대해 다음과 같이 말한다.

자색의 밤을 배경으로 한 이 카페의 정원은 굉장히 아름답습니다. 다른 그림들도 아름답지만 카페의 정원은 나를 매혹합니다. (…) 나는 정말 그림 그리는 재능이 부럽습니다. 사실 나는 자꾸 그려보기는 합니다만 전혀 되지 않습니다. 나의 그림은 아주 개인적인 회화 문자로서 얼마 지난 뒤에는 그 의미를 나 자신도 알 수가 없습니다(『카프카와의 대화』 171쪽)

1907년 여름

1907년 6월 카프카 집은 몰다우 강변 건물 5층으로 이사했다. 이 집은 카프카의 풍경 묘사에만 이용된 것이 아니라, 오히려 더 그 내부의 좁고 프라이버시가 보장되지 않는 분위기로 인해 카프카 소설에 영향을 미쳤다. 카프카의 방은 거실에서 부모 방으로 가는 유일한 복도를 겸해 그는 언제나 병적일 정도로 소음에 민감해졌다.

이는 작가로서 창작을 하기에 참으로 나쁜 환경이었으나, 사실 카프카 자신이 삶의 대부분을 그곳에서 보낸 것을 보면 자신이 선택한 것이기도 했다. 뒤에 『소송』 등의 풍경 묘사가 바로 그곳에서 본 그대로 쓰였다. 카프카는 생애 마지막 6개월을 베를린에서 산 때를 제외하고는 그 후의 평생을 그 집에서 살았다. 1917년 3월부터 8월까지 지금 미국대사관으로 사용되는 집에 살았으나, 그곳은 집필 장소로만 이용되었지 주거지로 사용한 것이 아니었다.

7월 카프카는 사법실습을 마쳤다. 이로써 법학에 관련된 모든 준비 과정을 마친 셈이었다. 따라서 그때는 카프카가 그렇게 오래 열망한 부모로부터, 그리고 프라하로부터 탈출할 수 있는 호기이기도 했다.

그는 8월 한 달을 트리쉬의 시골의사인 백부 지크프리드 레뷔의 집에서 즐겁게 보냈다. 오토바이 타기와 수영, 산책과 회전목마를 즐기고 소와 양을 키우는 즐거움에 빠졌으며, 맥주도 자주 마셨다. 그곳에서 그는 앞으로 몇 달간 상업전문학교에서 프랑스어, 영어, 스페인어를 배울까 생각했다. 이는 스페인에 있는 백부 알프레드 레뷔의 알선으로 스페인이나 남미 등에서 직장을 갖기 위한 준비였다.

그곳에서 그는 다시 사랑에 빠졌다. 이번에는 사회주의적 성향의 빈 대학 철학과 학생 헤트비히 바일라였다. 두 사람은 1년 정도 사귀었으나, 의외로 바일라는 지금까지 카프카 생애에서 주목받지 못했다. 흔히 카프카의 여성관계는 자학과 긴장의 연속으로 이해되나, 적어도 바일라와의 사이에는 그런 점이 없었다.

특히 두 사람 사이에는 성적인 관심이 공유되었음을 카프카가 그녀에게 보낸 편지로 알 수 있다. 즉 성관계가 있었다는 추측이 가능하다. 이 점은 카프카가 성에 대해, 특히 자신의 성적 무능력에 대해 극단의 공포를 가졌다고 보는 종래의 견해에 대한 수정을 요구한다.

카프카는 9월 그녀가 있는 빈에 가서 1년 간 공부할 계획까지 세웠다. 그러나 어떤 이유에서인지 계획으로 끝났다. 아마도 아버지가 반대했으리라. 특히 당시 체코인의 독일 상점에 대한 불매운동이 거세었기 때문에 아버지는 장남인 카프카를 프라하에 묶어두고자 했을지도 모른다.

사랑에 열중한 바일라도 빈을 떠났다. 카프카는 그녀에게 파리에서 결합하자는 편지를 보냈다. 바일라는 파리에서의 새 살림에 흥분했으리라.

그러나 4일 뒤 다시 보낸 편지에서 카프카는 자신이 몇 주 뒤 보험회사에 취직하기 위해 보험제도를 공부해야 한다는 편지를 보냈다. 그러나 그것으로 사랑이 끝난 것은 아니었다.

앞에서도 말했듯이 당시 카프카는 직장 선택의 기준으로 문학과는 전혀 관련이 없는 쪽이어야 한다고 생각했다. 직장이 문학과 관련되면 문학적 창조의 가치를 훼손하는 것이라고 생각한 탓이었다. 따라서 언론직은 양자를 혼합시키는 것이라는 이유에서 거부되었다. 대신 직장은 근무조건이 오후 두세 시에는 끝나 나머지 시간은 창작에 몰두할 수 있는 것이어야 했다.

문학은 돈을 버는 짓이어서는 안 된다고 하는 카프카의 신조는 이미 문학에 뜻을 둔 어린 시절부터 그의 굳은 신조였다. 이는 유대인들이 유대 율법을 가르치는 것으로 돈벌이를 해서는 안 된다고 하는 전통과 닮은 것이기는 하나, 이미 유대교에 대한 신뢰를 버린 카프카에게 그런 전통이 그다지 중요했다고 보기는 어려우리라. 김나지움 시절 공감한 스피노자가 평생 렌즈를 닦으며 학문에 정진한 태도를 따르고자 한 것인지도 모른다.

따라서 그것은 카프카 특유의 세상과 타협하지 않는 예술 정신, 아니 삶에 대한 태도에서 나온 것이라고 할 수 있다. 그러나 그렇다고 해서 카프카는 창작과 무관한 돈벌이에 대해 지겨워했거나 태만히 한 적은 전혀 없었다. 물론 그것이 그에게 괴로움을 준 것은 사실이었다.

이러한 카프카의 직업 선택에 대해 브로트는 카프카의 아버지가 카프카에게 창조를 위한 자유로운 시간을 주었어야 했다는 이야기를 한 적이 있다. 그러나 이는 참으로 비현실적인 이야기였다. 그렇게 관대한 아버지였다면 카프카는 전혀 다른 아들이 되었을 것이리라.

또한 브로트는 카프카가 보험회사에 취직한 것을 안타까워 하나, 도리어 카프카의 직장은 그에게 생활의 틀을 제공하고 일정한 사회적 지위를 부여했다는 점에서 적극적으로 평가될 필요가 있다. 카프카는 그 직장에 의해 그가 그토록 갈망한 '보통' 사람의 세계에 들 수 있었고, 그의 존재를 증명 받으며, 자존심까지 세울 수 있었던 것이었다.

앞에서 우리는 카프카가 스페인에 있는 백부에게 취직을 부탁하려고 했음을 보았다. 그러나 카프카의 아버지처럼 역시 자수성가한 백부는 카프카의 낭만적인 꿈을 받아들이지 않고, 대신 프라하에 있는 '일반보험회사'에 취직 자리를 알선했다. 그 결과 프라하를 탈출하고자 하는 카프카의 꿈은 다시 좌절되었다.

'일반보험회사'

'일반보험회사Assicurazioni Generali'는 1831년에 창립된, 수송, 해상, 화재, 생명 보험 회사였다. 그러나 당시 오스트리아의 제도가 다 그랬듯이 현대적인 보험회사와는 달리 대단히 관료적이고 후진적이었다. 특히 노동 조건이 나빴다.

이는 지금도 그 회사에 보존되어 있는 카프카의 구직 원서에서도 볼 수 있다. 즉 잔업수당은 없고, 휴가는 2년에 1회 2주간이며, 퇴직은 3개월 전에 미리 통지해야 한다는 것 등이다. 특히 임금이 낮았고, 1주 6일, 아침 8시 출근, 저녁 6시 반 퇴근이어서 매일 10시간 전후로 근무해야 했으며, 심지어 무급의 잔업과 일요일 근무조차 흔했으므로 결코 그가 꿈꾼 직장-창작을 할 수 있는 여유를 주는 직장이 아니었다.

그러나 카프카는 그런 조건에도 불구하고 1907년 10월, 일반 보험회사에 입사했다. 브로트에 의하면 카프카는 보험제도에도 흥미를 가져 그것을 모든 기술을 사용하여 재액을 면하고자 하는 원시민족의 종교에 비유했다. 또한 언젠가 그 방면에서 출세하리라는 꿈도 꾸었다.

그러나 그런 꿈은 잠깐이었다. 너무나도 격무여서 도저히 글을 쓸 수 없었기에 당연히 불만을 느꼈다. 게다가 군대를 방불하게 하는 관료적 인사체계는 카프카에게 끊임없는 압박과 히스테리, 모욕감을 주어서 그는 자살까지 생각했을 정도였다. 당시의 편지를 보면 카프카가 가장 참을 수 없었던 점은 나이든 직원들이 욕을 먹는 것이었다.

이처럼 근무조건이 고되고 비인간적인 분위기 탓으로 그는 곧 다른 일자리를 찾아야 했다. 그러나 당시로서는(지금도 그렇지만) 직장을 바꾸는 일이 비난을 받는 것, 즉 인내력의 결여, 충성심의 부족, 성격의 허약 탓으로 간주되어서 카프카는 비밀리에 새 직장을 구해야 했다.

1년 만에 카프카는 김나지움 시절의 친구 프시브람의 도움으로 1908년 7월, 산업재해보험공단에 입사했다. 그의 아버지는 유대인임에도 불구하고 반관반민인 공단의 이사장에 올랐다. 그러나 당시 그런 기관에서는 유대인 채용이 원칙적으로 금지되었다. 카프카가 16년 뒤 퇴직할 때까지 유대인 직원은 카프카와 이사장뿐이었다.

새 직장에서 그는 임시직원으로 입사했고, 임금은 과거와 비슷한 박봉이었으나, 근무시간이 오전 8시부터 오후 2시였으므로 카프카는 만족했다. 게다가 승진의 기회도 있었다. 그러나 이러한 요소들보다 나는 카프카가 노동자들을 위해 일한다고 하는 점에도 긍지를 느꼈기 때문에 입사했다고 본다.

산업재해보험공단

이 책에서 '산업재해보험공사단'이라고 부르는 기관은 다른 문헌에서는 달리 번역된다. 예컨대 노동자 재해 보험공사, 노동자 상해 보험공사, 근로자사고보험회사 등이다. 이는 Arbeiter-Unfall-Versicherungs-Anstalt의 번역이나, 우리나라 기관으로는 산업재해보험공단에 해당되므로 이 책에서는 그렇게 번역하도록 한다.

이 기관은 앞에서도 보았듯이 노동운동의 압력에 의해 1885-1887년에 제정된 오스트리아 사회복지법에 의해 설립되었다. 그 법은 2년 전에 성립된 독일 사회복지법을 모델로 삼았다. 당시 오스트리아 사회민주당 당수 빅토르 아들러Viktor Adler(1852-1918)는 이 법으로 인해 오스트리아의 사회복지는 독일, 스위스에 이어 유럽에서 제3위에 이르렀다고 찬양했다.

1887년 모든 사용자는 이 보험에 가입하도록 강제되었고, 1889년에는 질병보험이 추가되었다. 그 담당기관이 반관반민인 것은 기본적으로 정부가 감독하고 직원은 관리로 하되, 운영과 재정은 독립이라는 점 때문이었다.

산재보험의 담당 기관은 오스트리아 제국 전체를 6개 지역으로 나누어 설치되었다. 카프카가 근무한 프라하의 그것은 다른 5개 지역을 합친 지역과 같은 넓이의 영토를 관할했다. 처음에는 직원 수가 52명이었으나, 카프카가 입사할 무렵에는 250명으로 늘었다. 그러나 그 관할 기업수가 3만 5천 개 정도였음에 비하면 여전히 직원 수는 대단히 적은 폭이었다.

이러한 사업재해 보험제도에 대해 지금 우리나라 기업인든도 그렇듯이 당시의 기업인들은 당연히 반대했다. 그들은 민법에서 규정된 재산권의 보호를 앞세워 자신들이 고용한 변호사 단체를 통해 보험제도 자체를 없애야 한다고 주장했다. 반대로 종업원들은 자신의 생존을 위협할 수 있는 산업재해나 그 구제책인 보험제도에 대해 지극히 무관심했다.

게다가 경영상 문제도 많았다. 보험료는 개별 공장의 위험도에 따라 결정되지 않고, 종업원 수를 기준으로 하여 획일적으로 결정되었다. 따라서 사용자는 종업원 수를 조작해 가능한 한 적은 수를 보고했으며, 그런 조작된 수에 따른 보험분담금의 지불조차 고의로 지연시켰고, 반대로 사고가 터지면 과장된 보험금 지급을 청구했다. 이는 감독관이 6명밖에 없어서 발각될 우려가 전혀 없었기 때문이었다.*

그 결과 창설 후 8년 만인 1893년 이래 공단은 적자가 되어 경영 위기에 빠졌다. 그래서 1908년에 대대적인 개혁이 행해졌다. 바로 카프카가 입사할 무렵이었다. 따라서 당시의 카프카에게는 행운이었다고 할 수 있다. 더욱이 새 사장이 카프카가 연수에서 알았던 사람이어서 카프카는 취임식의 축사까지 했다.

■ * 바겐바하 81쪽은 기업활동을 한 가지 특정 재해부류로 분류하려는 정책에 대해 기업인들이 저항했다고 하나 의문이다.

새 사장은 감사제도를 도입하고, 보험료를 사고 발생의 위험도에 따라 부과하며, 사용자에 대한 감독을 강화하고, 특히 재해예방 방법과 안전 기술에 대한 개혁을 했다. 그 결과 보험금 수입이 급증하여 경영은 안정되었다.

카프카의 직장 생활

카프카는 입사한 1908년 7월 15일부터 퇴직한 1922년 7월 1일까지 14년을 산업재해보험공단에 다녔다. 그는 산업재해에 관련된 법률문제를 담당하는 임시직으로 출발하여, 산재발생 위험도를 상향조정하려는 정부의 계획에 대한 사업주들의 이의신청을 반박하는 글을 작성했고, 회사를 선전하고 법정에 출두하며 공장을 감독하는 일을 담당했다. 그리고 뒤에는 목재산업분야의 산재를 취급했다. 그래서 「건축업과 건축관련 업종의 보험 의무 범위」 같은 논문도 썼다.

카프카는 1910년 4월에는 정식 직원이 되었고, 3년 뒤에는 30명의 부하 직원을 거느리는 과장 자리에 올랐다. 그리고 1920년에는 국장, 1922년에는 이사가 되었으나, 그해 건강을 이유로 퇴직했다. 그는 적어도 아침 8시부터 오후 2시까지의 직장 일에 성실했고, 불만이 없었다. 그리고 귀가해서 3시부터 7시까지 잠을 잤고, 11시부터 글을 쓰기 시작해서 새벽 2, 3시까지 계속했다.

카프카는 입사 몇 달 뒤 개혁 조치로 공단에서 최초로 도입된 재해예방 방법개발 업무의 책임자로 발령을 받았다. 그 업무는 모든 산업 분야의 제조과정에 정통해야 가능한 것이었는데, 카프카는 그 일을 철저하게 수행했다. 그는 그때까지 한 번도 제대로 발휘하지 못한 지적 능력을 증명했다. 카프카는 평생, 오직 산재예방의 뛰어난 전문가로 인정을 받았다.

1907-1908년, 그는 당시 새로이 대두된 건설업의 감독업무나 자동차보험의 새로운 법률문제를 취급했다. 1909 1910년 공단의 〈연보〉에서는 목공 기계의 개조를 제안하는 등, 그가 개별 예방조치에 정통했음을 보여준다. 그의 제안은 수많은 노동자를 재해로부터 지켜주었다. 이런 직장 일에 대해 카프카는 보람과 자부심을 느꼈을 것임에 틀림없다.

업무의 효과적 수행을 위해 카프카는 전문적 지식의 습득만이 아니라, 각지 노동현장의 실태를 직접 알아야 했다. 그래서 카프카는 몇 년간 프라하 공업대학의 기술자 과정을 이수했다. 소설 「유형지에서In der Strafkolonie」에 나오는 고문 기계의 상세한 묘사는 그런 경험에서 비롯되었다.

또한 그는 각지의 시찰 여행을 통해 노동자 생활의 실상을 상세히 알게 되었다. 이는 뒤에 그가 신체장해자연금이나 사망수당의 청구 업무를 담당함에 따라 더욱 깊어졌다. 카프카가 어려서부터 무권리 상태에 놓인 사람들에게 깊이 공감한 것은 이러한 경험에 의해 더욱 강화되었다.

그러나 당시 공단의 관리들은 여전히 관료적인 관행에 젖었다. 그런 관료들에 대해 카프카는 그들의 업무를 방해하거나, 그 관료가 재판에 지도록 만들었고, 심지어 노동자측에 소송비용까지도 지원했다. 그것은 조직 사회에서는 당연히 금지된 것이었으나, 카프카는 아랑곳 없이 자신의 소신대로 행동했다.

당시 카프카는 산업재해 사건의 문제점을 정확하게 파악했다.

"분명히 사건 자체와는 동떨어지고, 사건에 필요 불가결한 이해를 갖지 못하며 사건의 기술적인 부분을 파악할 수 없는, 따라서 그들이 대표해야 하는 서로 엇갈리는 이해(利害)가 많다 보니 그 순간에 이론적으로 가장 편해 보이는 그 결과로 가장 뚜렷해 보이는 출구를 택하게 되는 그러한 인자들의 영역으로 문제가 자주 빠져 들어가고 말았다."(바겐바하 81-82쪽 재인용).

그래서 카프카는 공단의 〈연보〉에 재해예방에 관한 몇 편의 논문과 함께 일반 신문에도 공단을 변호하는 글을 썼다. 카프카가 그 연보를 친구들에게 보낸 것을 보면 그는 그것을 꽤나 자랑했음에 틀림없다. 특히 자신의 창작보다도 더욱 자랑스러워했다. 앞의 직장과 달리 새 직장에 대해 카프카는 직장에 근무한 14년간은 물론 죽을 때까지 4년간 단 한 번도 불평을 하지 않았다.

또한 이는 카프카가 당시 직장에서 높게 인정받았음을 뜻한다. 실제로 매년의 근무평점에서 그는 가장 높은 점수를 받았다. 카프카는 직장 생활이 길어짐에 따라 그 업무에 지치고 자신에 대한 불만과 절망감을 갖게 되었으나, 그것은 그의 직장생활에 전혀 영향을 미치지 않았다. 제1차 대전 중에도 공단 측은 카프카를 '대체 불가능'이라고 하여 징집에서 면제시켰을 정도로 그를 인정했다.

그는 상관의 인정을 받았을 뿐만 아니라, 놀라울 정도의 솔직함과 부드러운 태도로 수위나 청소부를 포함한 모든 동료들로부터도 존경을 받았고, 직장에서 적이 없는 유일한 사람이라는 평을 들었다. 그는 언제나 사람들에게 돈을 빌려주었고, 결코 받으려 생각하지 않았다.

따라서 브로트를 비롯하여 카프카를 종래와 같이 거대하고 무의미한 관료기구의 무력한 희생자나 공유냉사 같은 직장인으로 본 오해를 따라서는 안 된다. 물론 카프카는 그가 여러 작품에서 표현했듯이 괴물 같은 비인간적인 관료기구를 충분히 의식했다. 그러나 카프카가 매일 만난 사람들은 누구나 인간적이었다. 카프카 자신 직장 일로 결코 부담을 느끼지도 않았다.

직장 밖 생활

카프카는 일반보험회사에 입사하기 한 달 전인 1907년 9월부터 1909년 9월까지 2년여 한 권의 책에 대한 서평 이외에 아무것도 쓰지 않았다. 당시 그는 바일라에게 쓴 편지에서 자신을 '야수'에 비유했다.

이 비유는 그의 성생활을 뜻하는 것으로도 볼 수 있다. 당시의 남성은 대부분 정기적으로 사창가를 방문하거나 심야 카페에서 직업여성을 만났다. 1906년의 신문 보도에 의하면 당시 프라하에는 35개의 공영 사창가에 5백 명 정도의 매춘부가 있었고, 그 밖에 약 6천 명의 일반인 창녀가 있었다. 그래서 사생아 출생 비율이 46%에 달했다. 이는 당시 더욱 큰 도시였던 베를린의 16%의 3배에 이르는 수치였으니, 프라하가 얼마나 퇴폐적이었는가를 보여준다.

카프카도 그런 성생활에 따랐음을 당시의 편지에서 볼 수 있다. 그 편지들에서 카프카는 창녀들을 경멸하는 표현을 숨기지 않았다. 당시에는 일반적으로 쓰이던 표현들이었다. 여성을 마녀로 보는 당시의 무의식적인 불안을 보여주는 것이다. 이런 여성상은 당시 작가나 화가들의 작품은 물론 카프카의 작품에도 흔히 등장하고, 특히 프로이트의 저술에 곧잘 나타난다.

카프카는 어머니-창녀-성녀라고 하는 삼위일체적인 여성상을 1921년에 '본능의 병, 시대의 꽃'이라고 불렀다. 실제로도 당시 남성들은 곧잘 성병에 걸렸으나, 그것이 일상 활동을 저해하지 않는 한 의식하지도 않았다. 그러한 여성상은 결혼 후 가정에서도 남성의 극단적인 이기주의로 나타났다. 프로이트는 그 현저한 보기였으나, 그가 유별난 것도 아니었다.

바일라와의 사랑은 1908년 4월경에 끝났다. 그 이유는 정확하게 알 수 없으나, 그는 그녀가 카프카에게 보낸 편지를 모두 돌려달라는 희망에 응했다. 그 일이 다시금 그를 절망으로 몰아넣었다. 그러나 그는 직장 일을 더욱 열심히 했다. 마치 사랑의 종결로 인한 절망을 극복하는 유일한 방법이듯이. 그러나 그 치료 효과는 당연히 오래가지 못했다.

당시 카프카는 친구인 브로트와 매일처럼 만났고, 브로트를 따라 사교생활에도 적극적으로 참여했으며, 브로트는 카프카를 문단에도 소개했다. 브로트는 1907년에 격월간 문학잡지 《히페리온Hyperion》의 편집인이자 극작가인 블라이Franz Blei(1871-1942)에게 카프카의 작품을 소개한 적이 있었다. 그 대응으로 브로트는 1908년 카프카에게 블라이 단편집의 서평을 의뢰했다. 그러나 그 서평은 책의 내용에 대해서 전혀 언급하지 않은 기묘한 것이었다.

1908년 말에 카프카는 사교적인 브로트와 달리 사교에 지쳤다. 도리어 그는 배타적인 1대 1의 우정을 갈구했다. 카프카는 소유욕이 강했다. 물론 그는 그것을 내색하지는 않았으나, 때로는 격렬하게 나타나 이기적으로 표변했다. 1913년 브로트가 결혼하자 카프카는 "결혼한 친구는 더 이상 친구가 아니다"라고 말했을 정도였다.

1909년 봄, 카프카는 체력의 소모로 절망을 극복하고자 보트를 사서 정기적으로 몇 킬로나 젓고 하이킹, 수영, 산책에 몰두했다. 브로트와 벨치가 언제나 동행했다. 그리고 여름에는 당시 김나지움 학생이었던 베르펠이 참여했다.

브로트는 베르펠Franz Werfel(1890-1945)을 천재로 보았다. 베르펠은 유복한 가정 출신으로 교육열이 지극한 어머니 밑에서 자랐다. 뒤에 말러의 부인이 된 알마(1879-1964)라는 연상의 여인을 사랑하게 되는 것도 그런 어머니의 영향이 아니었나 싶다.

베르펠은 그 뒤에 곧 『세계의 친구』라는 시집에 의해 유명하게 되었다. 지금은 그의 시가 평범하고 얕은 낙관주의나 센티멘탈에 젖은 것으로 평가되지만, 당시 그는 대단한 인기를 끌었다.

카프카는 뒤에 베르펠의 시를 부정적으로 보았으나, 처음에는 그 음악적 감각을 칭찬했다. 음악은 카프카에게는 없는 요소였다. 뒤에 카프카가 그를 부정적으로 보자 베르펠도 카프카를 매도했다. 그러나 카프카가 죽을 무렵 그들은 서로를 이해하고 아꼈다.

육체에 대한 혐오와 숭배

1909년 9월, 카프카는 1주간의 휴가를 얻어 브로트 형제와 함께 리바 Riba로 가서 비행기 쇼를 구경했다. 그들은 그 쇼를 본 뒤 글을 써서 누구 것이 우수한지 결정하는 내기를 했다. 그 결과 쓰인 카프카의 글이 「브레샤의 비행기 _Die Aeroplane in Brescia_」(1909)였다. 그 글은 유치하기는 하나, 카프카의 글로서 인쇄된 두 번째의 글이자 독일어로 쓰인 비행기에 대한 초기 글 중의 하나이다.

그 글은 또한 카프카가 슬럼프를 극복하고 창작에 매진하게 된 계기가 되었다. 그 몇 달 뒤부터 그는 일기를 쓰기 시작했다. 그 새로운 창조 열기는 당시까지의 세상에 대한 불화가 아니라, 자신에 대해 선전포고를 하는 것으로 나타났다. 그러나 그 은밀한 일기에서도 억압되는 것들이 있다.

바로 육체에 대한 싸움이다. 우리는 그것이 이미 어린 시절의 기억에서부터 나타났음을 『아버지께 드리는 편지』에서 읽을 수 있다. 우리는 이 편지가 36세에 쓴 것임을 다시 기억하자.

> 어린 시절 저에게는 늘 격려가 필요했던 것 같습니다. 아버지의 몸집만으로도 저는 사뭇 기가 죽어 있었으니까요. (…) 그때보다 좀 줄어들긴 했지만, 아버지와 제 몸집의 격차는 아직도 유지되고 있지요(『아버지께 드리는 편지』 30-31쪽).

아버지에 대해 이런 육체적 열등감을 느끼는 것은 프로이트의 정신분석으로 설명될 수 있다. 이 편지를 쓰기 전 카프카는 프로이트를 읽었다. 그러나 그의 이론을 알아서가 아니라, 카프카는 자신의 경험을 그대로 전한 것이라고 여겨진다.

신체의 외양에 대한 카프카의 열등감은 사춘기가 되어 키가 별안간 커지면서, 동시에 허약한 체질 탓으로 병약하게 성장하는 가운데 더욱 커졌다. 그러나 카프카는 그것을 수치스럽다고 하면서도 곧잘 과시했다. 그가 앞서 본 「시골의 결혼 준비」나 뒤에서 볼 「변신」에서 벌레로 변하는 모습을 묘사한 것도 그런 자신의 신체에 대한 열등감에서 나왔다고 볼 수도 있다.

반면 그가 절대로 말하지 않은 것들도 있다. 하나는 자위로 인한 것이다. 누구나 경험하듯 사춘기에 우리는 자위를 시작하고 그것을 수치스럽고 불안하게 느낀다. 그것을 되풀이하면서 우리는 도덕적으로 죄의식을 느낌과 동시에 건강을 해치는 것이 아닐까 걱정한다.

카프카 시절도 마찬가지였다. 당시 사람들은 자위행위가 실명, 마비, 지능 저하 등의 위험을 수반한다고 믿었다. 그러한 믿음 때문에 당시 청소년은 사창가로 갔다. 카프카 아버지가 그랬듯이 매춘이 '보다 건강한' 선택이라고 믿었기 때문이었다. 따라서 카프카만이 그런 죄악감이나 불안에 젖었던 것이 아니었다.

또 하나는 유대인 문제였다. 앞에서도 몇 번 말했듯이 반유대주의는 점점 격화되어 1909년 당시에는 유대 상섬의 약탈, 유대인으로 간주된 통행인에 대한 폭행, 힐스너 재판이 낳은 피의 불안, 반유대 불매운동 등이 일상화되었다.

그러나 카프카의 일기나 편지에는 유대인 문제에 대한 언급이 거의 없다. 오직 작품 속에서 내면적 불안으로 표현했을 뿐이었다. 그는 자신을 비겁한 유대인의 전형으로 보았다. 따라서 자신의 육체, 나아가 자기 자체를 혐오했다.

그런데 이러한 혐오감은 단순히 반유대주의만이 아니라 당시 육체에 대한 문화적 맥락과도 연결된다는 점을 주의할 필요가 있다. 생각해보라. 오늘날 살집 있는 여성은 사회적인 아름다움-날씬한 체형의 미인이라는 관념에 압도되어 자신을 경멸할 수 있다.

건강한 육체에 대한 숭배, 운동 능력에 대한 찬미, 군대와 같은 스포츠의 장려는 나폴레옹 전쟁 이후 독일 민족주의의 본질적인 요소가 되어 프러시아, 이어 독일의 정치가들은 그들이 필요로 하는 강건한 병사를 보충했다. 히틀러의 유겐트 운동이나 나치 돌격대의 '피와 흙'에 대한 신화가 그 절정이었다.

그러한 육체숭배는 모든 인종주의적 민족주의 운동에도 침투했다. 독일 민족주의에 대항한 범슬라브주의자들은 1863년 그들의 스포츠 조직인 '소콜'을 창설했고, 그것은 독립운동을 위한 군대처럼 기능했다.

이러한 사회적 분위기에서 유대 청년들은 딜레마에 빠졌다. 한편으로는 낭만주의적인 자연회귀운동과 육체 단련 사상에 공명하면서 그들 아버지 세대의 소시민 근성이나 정신주의적인 유대 신앙에 저항했다. 그러나 다른 한편으로는 유대인이 그런 운동에 의해 열등인종으로 낙인찍혀 그런 운동에서 배제되기도 했다.

그래서 세기말 시오니즘이나 동화주의자는 모두 유대 청소년의 스포츠 조직을 만들었다. 그러나 그 이념은 인종주의적, 반유대적, 반지성주의적인 이데올로기와 조금도 다름이 없었다.

카프카는 물론 그런 조직에 참여하지 않았다. 그러나 그런 사회적 분위기는 그에게 깊은 영향을 끼쳤을 것이다. 그는 매일 체조를 했고, 모든 스포츠에 열중했으며, 야외에서 강행군을 했고, 채식주의를 실천했으며, 외투나 장갑도 없이 외출했고, 후기에는 정원일과 목공에 열중했다. 이러한 열중은 자신의 현재 육체에 대한 멸시, 그리고 장래 남들과 같은 멋진 육체를 가지고자 한 육체에 대한 숭배에서 빚어졌다.

육체에 대한 혐오는 육체 그 자체의 반응을 초래했다. 성인이 되어 그것은 위통, 소화불량, 변비로 나타났다. 그러나 그는 의사를 신뢰하기는커녕 증오했다. 그 이유는 어려서 죽은 두 남동생이 의사의 실수로 죽었다고 믿었기 때문이었는지도 모른다.

그러나 더 중요한 요인은 그가 평생 자신이 믿을 만한 권위를 찾은 반면, 모든 권위를 불신한 탓으로 설명될 수 있다. 카프카가 만난 사람 중에서 그가 요구한 완벽한 권위를 갖춘 사람은 아무도 없었다. 그는 자신에 대해서와 마찬가지로 타인에 대해서도 완벽함을 요구했다. 아버지에 대한 그의 태도가 마치 신을 구하는 태도와 같다고 느끼는 것도 그런 탓이다.

그러나 당시의 의사들에게도 문제가 없었던 것은 결코 아니었다. 특히 카프카는 의사들이 무지를 인정하지 않는 그 교만함에 분노했다. 이러한 분노는 지금 우리에게도 충분히 있을 수 있는 것이기에 굳이 카프카를 크게 비난할 수는 없다. 적어도 나는 그렇다.

물론 병약한 카프카가 의사를 전혀 찾지 않은 것은 아니었다. 그러나 그들이 한 일은 유일하게 그의 위액을 채취하는 것뿐이었다. 그래서 그는 자가 치료에 몰두했다. 1908년부터 그는 덴마크에서 고안된 체계적인 신체단련법을 익혔다. 그 하나가 매일 창문을 열어놓은 채 하는 체조와 냉수욕이었다.

또 하나는 식이요법이었는데, 그 결과 그는 채식주의자가 되었다. 아침은 빵과 우유와 과일, 저녁에는 열매와 과일뿐이었다. 물론 그는 담배, 술, 과자 등은 철저히 멀리 했다. 게다가 한 입에 최저 12번씩 철저히 씹었다.

이러한 태도에 대해 그의 식구들이 어떤 반응을 보였을지는 충분히 상상된다. 카프카는 30대에 단식요법까지 나아갔다. 그러나 그가 철저한 채식주의자처럼 보이지는 않는다. 적어도 여행 시에는 고기 요리도 먹고 술도 마셨다(1911년 2월 25일, 엽서. 『카프카의 엽서』, 13쪽).

적어도 1909-1910년 사이에 그의 건강은 두드러지게 좋아졌다. 그의 건강에 가장 큰 적인 스트레스는 그대로 남아 두통으로 전이되었으나, 그동안 그를 괴롭힌 소화기관은 조금씩 좋아졌다.

1910년 4월, 카프카는 정식 직원인 입안자의 지위로 승진했다. 그 몇 달 전에, 이사장이 참석하는 행사가 있었다. 당시 이사장은 일반 직원들에게는 황제와 같은 지위에 있었다. 그 엄숙한 자리에서 카프카는 정신없이 웃기 시작했다. 그 이유는 이사장이 너무나 터무니없는 이야기를 했기 때문이었다.

그러나 그런 사건에도 불구하고 그는 계속 승진했다. 게다가 카프카는 그 사건을 자랑했다. 이는 카프카가 착실한 직장인으로서 보여줄 수 있는 평소의 모습이 아니라, 작가, 나아가 숨겨진 참된 자아의 모습을 보여준 것이었을지도 모른다.

마찬가지로 카프카의 14년에 걸친 일기나 그 뒤에 쓰인 모든 작품은 그러한 자아의 갈등을 적은 것이었다. 그의 일기는 자신을 언제나 준엄하게 재판하는 소송기록 같았다. 그는 그 속에서 원고이자 피고, 그리고 변호사였다. 물론 그는 자신이 유죄임을 알았고 재판의 결말도 알았으나, 어느 당사자에게도 치우치지 않고 그들 모두의 입장을 공정하게 대변하고자 노력했다.

이 내면의 일기는 카프카에 대해 많은 정보를 제공한다. 그러나 그 해석에 대해서는 주의할 필요가 있다. 왜냐하면 우리의 일기도 그렇듯이 아무런 제한 없이 자유롭게 일기에 표현하는 자신은 결코 현실의 자신이 아닐 수 있기 때문이다. 도리어 카프카를 더욱 진실되게 보여주는 것은 바로 그의 작품이다. 물론 그의 일기에는 작품으로 쓰인 것도 많아 그가 죽은 뒤에 발표되기도 했다.

일기는 카프카에게 마지막 구명 밧줄이었다. 일상의 평범한 반복 속에 매몰되지 않으려고 그는 필사적으로 그 밧줄에 매달렸다. 일기를 쓰기 시작하면서 그는 퇴근 후 낮잠을 자고 밤늦게 일어나 창작에 몰두하는 생활 패턴을 새로이 갖게 되었다.

이는 7명의 식구가 좁은 집에서 살았기에 그들이 모두 잠든 밤 시간을 이용한다는 것이었으나, 그렇게밖에 할 수 없는 자신의 처지를 개탄하는 부분에 대해서는 납득할 수 없다. 왜냐하면 그는 경제적으로 이미 독립

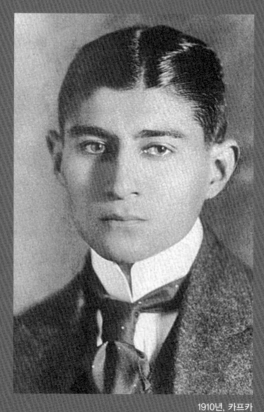

1910년, 카프카

할 능력이 충분했기 때문이다. 따라서 이유는 하나뿐이다. 그는 홀로 생활할 자신이 없었던 것이다. 즉 고독은 그에게 무엇보다도 두려운 것이었다. 그는 부모를 비롯하여 가족과 소원하게 지냈으나, 평생 그들의 울타리를 떠나고자 하지 않았다.

파리와 베를린 여행

1910년 10월 카프카는 브로트 형제와 함께 파리 여행을 했다. 세 사람 모두 19세기 프랑스 문학을 좋아했다. 특히 카프카는 이미 플로베르에 심취했고, 또한 나폴레옹을 좋아했다. 이는 나폴레옹이 여러 가지 결점을 가졌음에도 불구하고, 그가 유대인 해방에 공헌한 탓이었으리라. 말하자면 영웅 나폴레옹이 아니라 해방자 나폴레옹이었다.

그러나 세 사람은 그 밖에 프랑스 전체의 생활, 문학, 예술에 대해서는 무지했다. 이는 당시 그들이 속한 독일계 유대인들의 공통점이었다. 그들은 어려서부터 독일을 숭상했고, 특히 그들과 적대적이었던 체코인들이, 독일을 적대시한 프랑스에 심취한 탓에 은연중 프랑스에 대해 무관심했기 때문이었다.

그런 무지 탓만이 아니라, 카프카는 건강 때문에 그 여행은 비참하게 끝났고, 결국 혼자서 먼저 돌아왔다. 그 후 프랑스에 대한 카프카의 관심은 깊어져서 당시 프라하에 대사로 와 있던 폴 클로델Paul Claudel의 문학 강연회에 참석하기도 했다. 당시 그들은 만나지 못했으나, 1947년 클로델은 앙드레 지드와 루이 바로가 『소송』을 무대화했을 때 자신이 가장 존경하는 작가로 카프카를 꼽은 글을 썼다.

당시 카프카는 거의 매일 밤 각종 행사에 참여하고 괴테의 『이브게니』를 읽는 등 바쁘게 지냈으나, 창작에는 몰두하지 못한 침체된 상태를 보냈다. 이어 11월에는 베를린으로 여행했으나, 극장과 채식주의자 식당만을 다녔을 뿐 크게 흥미를 갖지는 못했다. 이는 당시의 베를린이 군대주둔지에 불과했기 때문이었다.

그럼에도 불구하고 카프카는 베를린을 평생 오아시스처럼 여겼다. 이는 베를린이 그에게 타향에서의 완전한 자유를 만끽시킬 수 있는 곳으로 보인 탓이었다. 그런 동경은 어쩌면 카프카가 어려서부터 독일 문화에 젖었기 때문일지도 모른다.

오아시스에서 다시 사막인 프라하에 돌아오자 그는 당연하다는 듯이 다시 우울해졌다. 그래서 연말에는 그 해에 쓴 작품 대부분을 없앴다. 그러나 이듬해 3월에는 「도시의 세계」를 썼다. 그것은 아버지와의 싸움을 글로써 벌인 최초의 시도였다. 그러나 몇 쪽의 시도로 중단되고, 그것이 완성되기에는 다시 1년 반의 시간이 필요했다.

5장

지독한 사랑

I

1911‒1914년

바겐바하는 카프카의 생애를 8등분하면서 그 하나로 1912년 1년을 설명한다. 그만큼 1912년은 카프카의 창작열이 분출한 시기로 중요하다. 그러나 아무리 그래도 그것은 41년의 카프카 생애에 한 에포크일 정도로 중요하지는 않다. 나는 적어도 1911년부터 그의 창작열이 시작된다고 본다.

1911년에는 1912년의 열정을 예감하게 하는 많은 일들이 있었다. 우선 사회적으로는 1911년이 자본주의 세계를 뒤흔든 세계적인 경제위기였다는 점을 들 수 있다. 그해 9월, 빈과 프라하에서는 노동운동사에서 가장 강력한 시위가 벌어졌다. 노동자 카프카도 산재보험공단에 보낸 17쪽에 이르는 임금 인상 탄원서에서 "견딜 수 없는 지경에 이른 인플레의 지배적 상황" "몇 해 동안 계속되는 생활필수품의 가격 폭등은 이제 숨막힐 정도에 이르렀다"고 썼다.

개인적으로는 특히 1911년 여름의 유대어 극단과의 만남이 카프카 생애에 매우 중요하다. 카프카가 그동안 그다지 중시하지 않은 유대 문제에 대한 새로운 인식을 심어줬기 때문이다. 또한 당시 오스트리아에서 명성을 떨친 크라우스와 투홀스키를 만난 점도 카프카의 창작열을 북돋은 계기였다고 나는 생각한다. 특히 그 두 사람을 카프카는 좋아했고, 여러 면에서 서로 닮았기 때문이었다. 또한 정치에 대한 적극적인 관심도 창작에 자극을 주었다.

바겐바하는 '1912년'이라는 장을 "고립 내지는 석화의 해" "자신을 굳게 닫아 더 이상 외부로부터의 영향이 들어오지 못한다"라는 문장으로 시작한다(바겐바하 93쪽). 그러나 나는 그렇게 생각하지 않을 뿐만 아니라, 도리어 반대로 생각한다.

고립 내지 석화된 과거를 부수고, 자신을 활짝 열어 외부로부터의 영향을 최대로 받아들였다고. 카프카가 과연 그러했는가는 아래에서 살펴볼 것이나, 나는 카프카만이 아니라 모든 작가는, 아니 모든 인간은 모름지기 그런 개방된 태도로부터 발전이 가능하다고 생각한다.

카프카 자신 「선고」를 1912년 9월 어느 하룻밤만에 쓰고 난 다음날, '영과 육의 완전한 개방'이라는 말을 쓰지 않았는가. 그러나 바겐바하는 카프카가 1912년을 결정적인 전환점으로 보았다고 하면서 그 증거로 편지나 일기에 자주 등장하는 '불안'이라는 말을 제시한다(바겐바하 95쪽). 그 하나로 제시하는 편지는 그 뒤 10년 뒤 밀레나에게 보낸 「선고」에 대한 다음 구절이 나오는 것이라고 한다.

그 이야기에서는 문장 하나 하나가 단어 하나 하나, 이렇게 말해도 된다
면-음악 하나 하나가 '불안'과 연결되어 있다. 그때 어느 긴 하룻밤에 처음
으로 상처가 터져 나왔었다.

앞에서도 보았듯이 바겐바하는 그 불안을 "외부세계가 자기만의 고유
한 현실 속으로 틈입해 오리라는 불안, 또한 이러한 내면의 자유가 죄에
의해 파괴되리라는 불안, 그리고 '살지 않은' 생에 대한 후회, 무에 대한
불안"으로 설명한다(바겐바하 95-96쪽).

이어 바겐바하는 키르케고르의 『불안의 개념』을 인용하고, 1913년 8
월, 카프카가 키르케고르를 처음 읽고서 키르케고르에 동감했음을 지적
한다. 그러나 1913년 8월 15일자의 일기에는 키르케고르의 『불안의 개념』
이 아니라, 『사사록(士師錄)』을 읽고 감동했다(『사랑의 형이상학』 171쪽).

나는 바겐바하가 카프카를 잘못 이해했다고 주장하는 것은 아니다. 내
가 주장하려는 바는 바겐바하 식의 이야기는 1912년만이 아니라, 카프카
생애 전반에 걸쳐 붙여진 지금까지의 상투어에 불과하다는 사실이다. 즉
카프카의 인생 자체가 고립 내지 석화의 그것이라고 하는 평가 또는 이
미지이다. 그러나 이는 앞에서도 누차 지적했듯이 반드시 옳지 못하다.

도대체 상식적으로 생각해보아도 1912년, 카프카 나이 29세란 인간으
로서나 작가로서 생애 가운데 가장 찬란한 해일 수 있다. 카프카가 보
통 사람과는 달리 매우 내성적이고 병약했다는 특성을 갖는 점은 반드
시 1912년의 현상이 아니라, 그의 생애 전체를 흐르는 것이었다. 그런 가
운데 1912년은 유독 가장 활기찬 해였다. 그리고 그것은 비단 1912년만의

특성이 아니라, 1911년부터 시작되었고, 1914년 제1차 대전 발발 시까지 이어졌다.

그러나 1912년의 창작열에도 불구하고, 당시 카프카의 작품은 역시 초기 작품으로 보는 것이 옳다. 그리고 그는 1914년 8월, 제1차 대전이 터지기 전까지 펠리체와의 결혼문제로 방황과 절망을 거듭하여 2년 정도 전혀 창작을 하지 못했다. 따라서 나는 바겐바하와는 달리 1911년부터 1914년 제1차 대전이 터지기 전까지를 이 장에서 다루도록 한다.

창작에의 자신감

1911년 초, 카프카는 북부 보헤미아로 공단 일 때문에 출장을 갔다. 당시 일기에는 그곳에서 본 17세기 프리트란트Friedland의 성에 대한 상세한 묘사가 있다. 이 성이 소설 『성』의 모델인가, 아니면 아버지의 고향 보섹의 성이 모델인가에 대해서는 논쟁이 있으나, 그 어느 것도 아닌, 카프카의 머리에 그려진 성이라고 봄이 옳으리라.

그곳에서 돌아온 카프카는 공단의 법률담당관으로 임명되어 그 후 1년여 여러 번의 출장으로 바쁘게 지냈다. 그러나 그런 중에도 그는 철저한 집필 계획을 세우고, 많은 독서와 강연회와 극장에 자주 출입했으며, 사교 생활에도 적극적으로 참여했다.

1911년 3월, 신지학으로 유명한 루돌프 슈타이너Rudolf Steiner가 인지학회의 지부가 프라하에 개설된 것을 계기로 프라하를 방문했다. 그의 강연회는 카프카가 대학 시절에 알았던 판타의 집에서 열렸다. 카프카는 그녀의 살롱을 싫어했으나, 슈타이너를 만나보고 싶어 그 초대에 응했다.

그러나 슈타이너의 강연을 듣고 카프카는 실망했다. 그래서 그는 슈타이너를 개인적으로 만나 질문을 했다. 직장과 창작의 모순에 갈등하는 자신이 신지학을 받아들일 수 있는가 하는 요지의 질문이었다.

뒤에 카프카는 그것을 어리석은 짓이었다고 후회했으나, 당시 그로서는 절실한 질문이었을 것임에 틀림없다. 또한 그러한 질문을 할 수 있었음은 그가 자신의 문학적 능력에 자신감을 가지고 그것을 펼칠 수 있을 것인가 아닌가를 심각하게 고민하게 되었음을 보여준다.

카프카는 자신이 작가로 살 수 없는 이유로 곧잘 건강 문제를 언급했다. 그러나 이는 그의 가장 친한 친구인 브로트가 신체장애자였고, 특히 바움은 맹인이라는 사실을 누구보다도 잘 아는 그로서는 전혀 합리적이지 않은 이유였다.

그것은 어쩌면 엄살을 부려 주위의 주의를 끌기 위한 유치한 아동심리 같은 것이었을지도 모른다. 사실 그런 기술을 가장 잘 사용한 사람은 그의 아버지였다. 그는 아버지를 끝없이 미워하고 경멸했으나, 모든 아들이 그렇듯이 누구보다도 아버지를 닮았다.

물론 그런 엄살은 자신의 심리적인 파멸에 대한 방어책으로 스스로 만든 것이기도 했다. 즉 자신이 병들었다는 확신에 의해 신체를 감시하는 엄격한 생활 패턴을 스스로에게 부과하는 역할을 하기도 했다. 카프카가 평생 갖가지 건강 '도사'를 찾고, 각종 자연 약물에 탐닉한 것도 그런 이유에서였을 것이다.

크라우스와 투홀스키

1911년 슈타이너와의 만남은 카프카에게 그다지 중요하지 않았으나, 같은 3월에 만난 크라우스, 그리고 그해 가을에 만난 투홀스키는 카프카에게 중요한 자극이었으리라고 나는 생각한다. 특히 그들의 삶이나 문학이 여러 면에서 카프카와 유사했기 때문이다.

1911년 3월, 당시 오스트리아 문단의 거성이었던 크라우스가 프라하에 왔다. 카프카는 그의 작품을 애독했으나, 당시의 일기에는 단지 그의 강연을 들었다고만 기록했다. 이는 그가 유대인으로서 유대인을 증오한 탓인지, 아니면 유대인인 크라우스가 유대인을 싫어한 탓인지 모른다.

크라우스Karl Craus(1874-1936)는 카프카보다 3세 연상으로 빈의 부유한 집에서 자랐다. 빈 대학에서 카프카처럼 법학을 공부했으나, 연극에 열중하여 법학을 포기했다. 그러나 배우로서 성공하지 못해 비평가로 활동하다가, 1899년부터 월간 잡지 《햇불Die Fackel》을 죽을 때까지 간행했다. 그 잡지는 논쟁과 풍자를 목적으로 한 것으로, 처음에는 당대 저명작가의 글도 실렸으나, 1911년부터 그가 죽는 1936년까지는 크라우스 자신의 글만 실었다.

《햇불》을 간행하기 시작한 1899년, 크라우스는 유대교를 버리고 1911년 은밀하게 가톨릭으로 개종했다. 그가 유대인을 비난한 것은 독일어를 타락시키는 유대인이 유대인임을 부끄러워하지 않는다는 이유에서였다.

크라우스는 특히 순수한 독일어의 보존을 주장했다. 그는 언어를 인간이나 국민의 모랄을 측정하는 유일한 기준으로 보았다. 그리고 그는 자신이 그런 모랄을 저해한다고 본 유대 측 그리고 자유주의 측 신문을 공격했다. 나아가 하이네가 독일어를 타락시켰다고, 그리고 드레퓌스, 헬츨, 프로이트도 같은 이유에서 비판했다. 제1차 대전에는 평화주의자로서 애국주의 언론을 비판했으나, 1930년대에는 가톨릭 측의 독재적인 돌프스 정권을 지지했다.

사실 카프카는 크라우스를 가장 순수한 형태로 정신을 체현한 자로 보고 대단히 좋아했다. 특히 크라우스가 유대인 작가들의 독일어에 대한 태도를 비판한 것에 동의했다. 그러나 카프카는 다른 시각에서 그 문제를 보았고, 따라서 전혀 다른 결론에 이르렀다.

즉 유대인에 의해 독일어가 파괴된 것이 아니라, 독일어를 그렇게 쓸 수밖에 없는 유대인 작가들의 비극적 딜레마에 주목했다. 이는 카프카가 후기 작품에서 차갑고 금욕적인 문장을 쓰게 만들었다. 이 점도 크라우스와 유사한 것이었다.

카프카는 당시 빈에서 활동한 크라우스의 베를린 판이라고 불린 쿠르트 투홀스키(1890-1935)도 만났다. 투홀스키는 독일 군국주의, 테러, 나치즘과 싸우다 1935년 망명지인 스웨덴에서 자살했다. 그의 무기가 절망과 소외에서 나오는 블랙유머였다는 점은 카프카와 닮은 점이었다.

1911년 가을, 카프카처럼 자신의 뜻과 달리 법을 공부한 투홀스키는 프라하에서 브로트와 카프카를 만났다. 당시 21세에 불과한 투홀스키는 당연히 무명이었으나 카프카는 그를 높이 평가했다. 투홀스키 역시 1920년 그가 편집한 잡지 《세계 무대》에 카프카에 대한 평을 실어 카프카를 클라이스트 이래 가장 위대한 독일어 산문작가라고 극찬했다.

유대 재인식

1911년 여름, 카프카는 디킨즈의 『데이비드 코퍼필드』와 디킨즈의 전기를 읽었다. 카프카가 과거에 도스토예프스키에 심취한 것처럼 디킨즈에 몰두한 이유는 디킨즈의 엄청난 창작력 때문이었지 자신과의 유사성을 느꼈기 때문은 아니었다. 특히 디킨즈의 전기에 심취한 것은 카프카 역시 그런 창작욕에 불탄 탓이 아닐까?

또한 디킨즈가 카프카에게 미친 영향은 1913년의 「화부」에 부분적으로 나타나나, 도리어 그 작품에서 부정적인 요소로 평가된다. 디킨즈와 카프카를 특히 그들의 오이디푸스 콤플렉스나 어린 시절의 상처를 비교하는 시도가 있으나, 그런 정도로 폭넓게 어떤 작가들을 비교한다면 비교 안 될 작가들이 없으리라.

1911년 8월 말, 카프카는 브로트와 함께 다시 휴가 여행을 떠났다. 여행 도중 두 사람은 공동으로 하나의 장편소설을 쓰자고 계획했으나, 카프카는 자신이 브로트와 너무 다르다고 느꼈기 때문에 그 계획은 제1장을 겨우 쓰는 것으로 끝났다. 그것이 「최초의 긴 기차여행*Die erste lange Eisenbahnfahrt*」이다.

여행은 뮌헨, 취리히, 루가노, 밀라노, 파리까지 돌아보는 것이었는데, 특히 카프카는 그 전의 파리 여행 때와 달리 파리를 적극적으로 즐겨, 루브르 박물관과 연극, 오페라를 보았다. 그때 본 라씬느의 연극 〈페드라〉와 비제의 오페라 〈카르멘〉은 뒤에 카프카 작품의 부정적인 여인상을 형성하는 데 어느 정도 기여했을 가능성이 있다.

또한 당시의 여행에서 느낀 인상을 카프카는 뒤의 창작에 이용하기도 했다. 예컨대 당시 방문한 밀라노 대성당에 대한 인상을 뒤에 『소송』의 성당 묘사에 이용했다. 여하튼 그 뒤부터 카프카는 여행 때마다 기록하는 습관을 가졌다.

그러나 창작에 대한 계기나 욕구만으로 금방 창작에 돌입하지는 못했다. 1911년 말, 아버지가 새로운 공장을 설립하면서 카프카의 도움을 구했기 때문이었다. 그 일로 부자간의 갈등은 더욱 깊어졌으나, 카프카는 종전과는 달리 아버지와 대결했다. 그것은 카프카의 격정을 해방시켜 몇 달 뒤 「선고」의 집필로 분출되었다.

이러한 창작욕을 분출시킨 더욱 결정적인 계기가 된 것은 1911년 10월부터 유대어 순회극단의 연극 관람이었다. 앞에서 말했듯이 카프카는 1년 반 전에도 유사한 연극을 보았으나, 당시에 그는 그다지 큰 감동을 받지는 못했다. 그러나 그때와는 달리 이번에는 카프카에게 일종의 계시 같은 강렬한 느낌이 왔다. 그러나 그것은 결코 유대교적인, 종교적인 것이 아니라, 상실된 공동체에 대한 새로운 사회의 인식이었다는 점을 주의해야 한다.

이처럼 전혀 다른 느낌이 생긴 이유는 극단의 수준이 달라서가 아니라, 카프카의 정신 상태가 그 사이에 급속히 변한 탓이었다. 당시 카프카는 유대교나 시오니즘에서 상업적이고 당파적이며 군대와 같은 관료적인 느낌을 받아 더욱 지겨워했고, 따라서 본래의 유대 공동체에 대한 향수를 가졌다. 그러나 여기서 다시 강조하자. 그것은 유대 공동체라는 형태였지만, 그 본질은 어디까지나 공동체 자체이지 유대의 것이란 점이 아니다.

물론 카프카는 그런 공동체에 대한 향수만으로는 지극히 무력하다는 현실을 자각했다. 카프카는 전투적이고 정치적인 유대 민족주의를 지지하지는 않았으나, 고유한 언어와 사회조직을 갖는 참된 유대 문화의 소생에 대한 강렬한 희망을 갖게 되었다. 동시에 유대 민족의 존속과 재생을 위한 싸움에서 역시 시오니즘이 가장 유망한 정치세력임을 자각했으나, 그에게 그것은 어디까지나 인간적이고 사회적인 차원에서였다.

스무 번 이상(『카프카의 편지』 59쪽) 유대어 연극을 보고 난 뒤 몇 주간 카프카는 유대의 역사와 문학을 공부하고, 시오니즘 주간지 《자위(自衛)》를 정기 구독했다. 그것은 카프카가 죽을 때까지 이어져 히브리어를 공부하고, 팔레스타인의 유대 집단농장 보고에 희망을 걸게 만들었다.

그 농장은 평등주의와 육체노동을 중시한 점에서 평소의 카프카 사상과 일치했다. 죽기 직전 카프카는 베르크만을 비롯한 프라하 출신의 많은 친구들이 만든 팔레스타인에 이주하고자 했다. 1924년 6월, 카프카가 죽기 3일전, 《자위》는 카프카 특집으로 꾸며졌다.

그러나 카프카의 작품을 유대 연극과 관련시키는 점에는 문제가 많다. 예컨대 이블린 베크Evelyn Torton Beck의 『카프카와 유대어 연극Kafka and Yiddish Theater』(1971)은 카프카 소설 『소송』에서 K가 체포되는 장면은 유대어 연극에 나오는 체포 장면과 유사하다는 등의 지적을 한다.

그러나 카프카가 당시 그 연극에서 특별한 감동을 받았다는 기록은 없다. 카프카는 연극 자체에 대해서는 소극적인 평가를 내렸다. 도리어 카프카가 감동을 받은 것은 극단의 배우들로부터였다. 특히 그들이 사회적 지위나 관습, 쾌적한 생활을 경멸하는 태도에 공감했다.

그러나 카프카의 그러한 공감은 당시 대부분의 유대인에게는 이해될 수 없는 것이었다. 특히 그런 낡은 유대의 유물을 이미 어린 시절에 버린 아버지가 그랬다. 아버지만이 아니라 유대인 모두, 특히 시오니스트들이 무관심한 점에 카프카는 분노했다.

그래서 카프카는 그 연극에 대한 홍보에 적극 나섰다. 그 자신 1912년 2월 〈유대인 독일어에 관한 연설Rede über die yiddische Sprache〉을 했다. 그의 노력은 결실 없이 끝났으나, 카프카 자신에게는 중대한 변화를 초래했다. 즉 당시까지 개인적인 문제, 가족의 문제라고 생각한 것이, 세대 간의 문제, 민족의 문제, 인류의 문제라고 하는 자각을 심어주었기 때문이었다.

정치에의 관심

앞에서 말한 크라우스와 투홀스키와의 만남, 유대어 극단 연극의 관람과 함께 1912년의 창장열에 불을 지핀 또 하나의 계기로 나는 당시까지 카프카가 적극적으로 정치에 관심을 가진 점도 중요하다고 생각한다.

카프카는 이미 김나지움 시절부터 사회주의자였음은 앞에서 본 그대로이다. 그 후, 특히 1908년부터 1912년 사이에 카프카는 정치에 더욱 적극적인 관심을 가졌다. 당시 그는 사회주의 단체인 믈라디히 클럽Klub Mladych에 가입했다. 그러나 그 사실을 당시 가장 절친했던 브로트도 몰랐던 것을 보면 그야말로 철저히 혼자 그런 활동에 참여했던 것 같다.

언제나 혼자서 여러 정치집회에도 참석해 당시 정치지도자들의 연설을 듣기도 했다. 그중에서도 카프카는 사회민주당의 반독일적이면서도 민족 간의 평화를 주장하는 정책에 공감했다. 특히 미국식 선거제도에 대한 연설은 뒤에 『실종자』에 나오는 선거 장면에 그 영향을 남겼다. 또한 마사리크가 간행한 진보적인 자유주의적인 신문을 읽었다.

또한 카프카는 아나키즘적인 노동자 투쟁단체인 빌렘 쾨르버Vilem Kröber의 집회에 참석했다. 1909년 10월, 스페인 자유학교의 창시자인 페레러Francisco Ferrer의 처형에 반대하는 집회에 카프카는 참여했고, 이어 1912년 파리 코뮌 40주년을 기념으로 파리 노동운동 지도자인 리아뵈프Liabeuf의 처형에 반대하는 반전 강연회에도 참석했다. 그 연사인 보렉 Vlasta Borek은 크로폿킨의 체코어 번역자였고, 당시 카프카는 크로폿킨 책에 몰두했다.

그 집회가 경찰에 의해 강제 해산되는 과정에서 경찰과 관중이 육탄전을 벌였다. 카프카는 그것을 지켜보며 조용히 서 있었다가 경찰에 의해 연행되어 벌금을 물었다. 이에 대한 언급은 당시의 일기에 나타나지는 않으나, 이를 증명하는 보고들이 있다(예컨대 바겐바하 86-87쪽).

또한 당시의 일기에 의하면 아나키스트인 바쿠닌, 벨린스키, 헤르첸, 크로폿킨의 저서를 읽었다(바겐바하 87쪽). 그리고 당시에는 아직 무명이었으나, 뒤에 저명하게 된 체코인 아나키스트들과 카프카는 친교를 맺었다.

독서와 집필

1912년 전후로 카프카는 브로트, 벨치, 바움, 베르펠과 같은 문인들을 계

러시아 아나키스트, 표트르 크로폿킨

속 만남은 물론 쿠빈을 비롯한 화가들도 다시 만났다. 그리고 하우프트만, 호프만슈탈, 단눈치오, 베데킨트 등의 연극과 함께 영화도 열심히 보았다.

또한 유대 민족에 대한 여러 문헌과 함께 괴테를 다시 읽었다. 김나지움 시절 몰두한 후 괴테를 읽지 않다가 다시 읽은 것은 괴테로 대표되는 독일 고전주의를 유대적 전통에 상대화하여 두 가지 사이의 균형을 취하고자 한 탓인지도 모른다.

괴테에 대한 새로운 관심은 이미 1910년 6월의 일기에 나타난다. 예컨대 23일자에는 "오늘날에도 역시 읽어야 할 것은 고전이다. 고전 중에서도 괴테를."(『사랑의 형이상학』, 40쪽). 이어 24일자에는 "괴테는 우리 인간에 관한 것은 거의 다 말한 사람이다. 오스발트 슈펭글러의 『서양의 몰락』이 몽땅 괴테에게서 훔쳐온 것이라는 견해는, 타당성이 있고도 남는 이야기이다. 이른바 학자들이란, 시인의 세계를 그들의 학문적 세계에 번역해놓고는 영예와 의의를 얻는 것이다."(『사랑의 형이상학』, 41쪽)"

1912년 1월 7일에도 그는 "지난 주일은 철저하게도 괴테 속에 빠져서 지낸 것 같다"고 쓴다(『사랑의 형이상학』, 128쪽). 1월 30일, "아무것도 쓰지 못했다. 전적으로 괴테 탓. 그는 도대체 그 얼마나 엄청난 인간이란 말인가. 그를 경탄하고, 저주하면서, 저녁나절 내내 산책을 했다."(『사랑의 형이상학』, 130쪽). 이런 사연들은 3월에도 계속된다(『사랑의 형이상학』, 134쪽).

이런 일기를 보면 카프카는 글을 써야 한다는 강박관념에 끝없이 시달렸음을 알 수 있다. 그리고 1912년 봄, 다시 그동안 쓴 원고를 태운다. 그중에 남은 것이 뒤에 그의 첫 단편집인 『관찰』에 수록되었다.

그러나 여전히 그의 집필 환경은 어려웠다. "하루가 또 지난다. 오전에 는 사무실로 출근해서 근무, 오후엔 공장, 그리고 이제 저녁이 되어 집에 돌아오니 양쪽 옆방에서 들려오는 고함소리"(1912년 4월 3일 일기, 『사랑의 형이상학』, 141-142쪽). "가족 사이의 우울한 저녁 시간. (…) 간신히 마무리 지어오던 그로 인해 언제 끝날지 모르게 된 것이니."(1912년 5월 9일 일기, 『사랑의 형이상학』, 142-143쪽).

1911년 1월 9일 일기에서 그는 어린 시절에 이미 두 형제가 싸워 한 사 람은 미국으로, 다른 한 사람은 유럽의 감옥으로 간다는 내용의 소설 을 구상했다고 썼음을 우리는 이미 앞에서 보았다. 카프카는 이 소설을 1912년 봄부터 가을까지 2백 쪽 정도 썼다. 바로 『실종자Der Verschollene』 이다.*

그러나 전체가 유기적으로 결합되지 못한 점에 불만이어서 1912년 11 월 「선고」 집필 후 다시 고쳐 썼다. 그 제1장은 「화부-하나의 단장」으로 1913년에 발표했다. 미완의 다른 부분은 그의 사후 브로트에 의해 『아메 리카』로 출판되었으나, 지금은 카프카가 붙인 제목대로 『실종자』로 전해 진다.

바이마르 여행

1912년 6월 카프카는 브로트와 함께 다시 여행을 떠났다. 목적지는 괴테

■ * 카프카는 1912년 11월 11일 펠리체에게 보낸 편지에서 그 잠정적인 제목을 실종자라고 했 다. (『카프카의 편지』 79쪽).

DER HEIZER

EIN FRAGMENT

VON

FRANZ KAFKA

LEIPZIG

KURT WOLFF VERLAG

『실종자』의 제 1장 「화부─하나의 단장」 초판 표지

와 실러가 살았던 바이마르였다. 그들은 6일간 그곳에 머물면서 두 사람에 관련된 모든 유적을 돌아보았다. 그러나 괴테의 서재가 매우 기능적이라는 점 외에 그가 특별히 감동한 바는 없었다.

대신 그는 70세에 18세 소녀에게 사랑의 시를 보낸 괴테의 귀신에 홀린 듯 소녀에 대한 짝사랑에 빠졌다. 상대는 괴테 박물관 관리인의 10대 딸 마르가르테 키르히너Margarte Kirchner였다. 카프카는 70세는커녕 이제 29세였으나, 평범한 10대 소녀에게는 그가 관심 밖이었다. 그러나 그 뒤에도 카프카는 10대 소녀를 좋아했다. 그의 마지막 반려였던 도라 디만트는 처음 만났을 때 겨우 19세였다.

물론 그것은 카프카의 유일한 사랑 패턴이 아니었다. 앞에서 보았듯이 그는 이미 연상의 여인도 사랑했다. 심리적으로 카프카가 어머니에게 느끼지 못한 모성적인 것에 대한 추구라고 본다면, 10대 소녀에 대한 사랑은 그의 여동생, 특히 그가 특히 사랑한 막내 여동생에 대한 사랑의 반증이었다고 볼 수 있을지도 모른다.

마르가르테에 대한 감정은 서글픈 짝사랑으로 끝났으나, 그 후 그녀는 그에게 한 장의 편지를 보낸다. 그것은 내용도 없는 인사치레에 불과한 것이었으나, 그는 그 편지 일부와 함께 브로트에게 "편지로 여자를 묶을 수 있다는 게 사실일까?"라고 쓴 편지를 썼다. 이런 생각이 뒤에 펠리체에게 보내는 엄청난 편지를 낳는 계기가 된다.

바이마르로 가는 길에 라이프치히의 로볼트 출판사(뒤에 창설자의 이름을 따서 쿠르트 볼프사로 바뀜)를 방문했다. 그 출판사의 사장 볼프Kurt Wolff(1887-1963)는 아직 무명의 시골 작가에 불과했던 카프카를 일찍이 인정하고 그 후 카프카의 책을 여섯 권이나 출판하여 그를 독일어권에 소개하는 데 크게 공헌하게 된다. 8월에 카프카는, 12월 출판된 그의 최초 작품집인 『관찰』의 원고를 보냈다. 그 원고를 브로트와 함께 추린 8월의 어느 저녁, 카프카는 펠리체를 만난다.

펠리체

자, 이제, 카프카 글을 출판해줄 출판사까지 나섰다. 글을 쓸 자극도 충분하고, 주위 환경이 시끄럽기는 하지만, 글을 본격적으로 집필할 조건이 대체로 갖추어졌다. 그러나 역시 결정적인 계기가 필요했다. 그것이 펠리체였다. 당장 그녀는 '편지로 묶을 수 있는 여자'로 등장한다. 그리고 그 여자는 그의 창작 불을 지필 여신이었다.

그러나 펠리체는 그 이상으로 카프카에게 매우 중요한 여성이다. 평생 한 여자와 두 번이나 약혼을 한 것은 그녀뿐이고, 무려 5년간이나 사귀고 게다가 5백 통의 편지를 교환했으며(그 편지는 카프카 이해에 필수적인 문헌이다), 그녀는 카프카 소설의 여러 여주인공, 예컨대 「선고」의 프리다 브란덴펠트, 『소송』의 뷔르스트너, 『성』의 프리다로 나타나기 때문이다. 일기에도 물론 자주 등장한다.

펠리체 바우어Felice Bauer(1887-1960)는 카프카보다 4세 연하였다. 1912년 그들이 처음 만났을 때 카프카가 29세, 펠리체는 25세였다. 우리 눈으로 보면 결혼할 남녀의 나이로서는 적절했다고 할까.

그녀는 실레지아에서 태어났으나 베를린에서 자랐다. 아버지는 보험대

리업자여서 가정은 유복했다. 그러나 부모가 그녀 나이 17세부터 23세까지 별거한 탓으로 그녀는 고등학교를 졸업한 뒤 바로 타이피스트로 취직해야 했다. 그 후 3년 만에 간부 사원이 될 정도로 그녀는 유능하고 침착하며 활달했다. 정신적으로도 인정된, 건전한 상식의 소유자였다.

1912년 8월 13일, 그녀는 장사 일로 프라하에 왔다가 친척인 브로트의 집에 머물렀다. 당시 카프카는 그 집에서 『관찰』에 실을 작품을 브로트와 함께 고르고 있었다. 카프카는 그녀를 처음 본 인상을 1주일 뒤의 일기에서 다음과 같이 썼다.

> 브로트 집에 가자 F. B양이 탁자 위에 앉아 있었다. 그녀는 식사 중이었고, 나에게는 하녀처럼 보였다. 나는 그녀가 누군지를 전혀 알고 싶다고 생각하지도 않고, 금방 그녀와 마음을 텄다. 멍청한 느낌을 분명히 보여주는, 굵은 뼈의 텅 빈 얼굴, 드러난 목, 걸쳐 입은 블라우스. (…) 거의 주저앉은 코, 다소 뻣뻣하고 매력 없는 금발, 강한 턱.*

우리가 사진으로 보는 펠리체는 카프카의 표현대로 대단히 평범한 얼굴, 보기 나름으로는 추하다고도 할 수 있었다. 그래서 카프카에게는 미인 취미는 없었던 것을 알 수 있다. 첫 인상은 하녀 같았으나, 도리어 그 점에 그의 마음이 끌린지도 모른다.

■ * 『사랑의 형이상학』 159쪽. 단 번역은 저자에 의함. 왜냐하면 본래 번역에 오역이 많기 때문이다. 예컨대 내가 '브로트의 집에 가자'라고 번역한 부분을 '막스에게서 돌아오자'라고 오역하고 있다.

그러나 한 달 동안 그에게는 아무런 움직임이 없었다. 물론 내면의 움직임은 분명 있었다. 그래서 그녀를 본 지 한 달 뒤, 그는 멀리 베를린에 있는 그녀에게 편지를 "쓰기 시작한다." 무엇이 그를 움직였을까? 이유는 명백하다. 그녀는 그의 마음속에 있는 여성, 바로 어머니였다. 그녀는 생김이나 성격이나 그야말로 어머니였다, 우리는 이미 카프카가 소녀와 어머니라는 두 개의 이미지 사이를 왔다가며 하는 사랑의 포로임을 보았다.

그의 첫 편지는 대단히 예의 바르게 자기소개로부터 시작되었다. 사실 그는 한 달 동안 이 편지 한 장을 쓰고 찢고 또 쓰는 악순환을 되풀이했다. 그 후 카프카와 펠리체는 1912년부터 1917년까지 5백 통이 넘는 편지를 교환했다. 카프카는 하루에 네 통까지도 써서 1912년 10월부터 3개월간 1백 통을 썼고, 다음 8개월간 2백 통을 썼다.

또한 1912년 9월부터 두 달 반 사이에 4백 쪽 이상의 원고를 썼다. 10월 22일 하룻밤 8시간 만에 20쪽이 넘는 「선고」를 썼고, 이어 「변신」, 「유형지에서」, 「화부」와 같은 작품을 이 시기에 썼다. 1910년에서 1923년까지의 일기도 대부분 1911-12년 사이에 썼다.

「선고」의 줄거리와 종래의 견해

펠리체에게 첫 편지를 보내고 난 후 카프카의 기분은 절정에 이르러 8일 뒤 두 번째 편지, 보름 뒤 세 번째 편지를 보낸다. 그리고 10월 22일, 단 하룻밤만에 「선고」를 썼다는 건 앞에서도 말했다. 하룻밤만에 「선고」를 쓴 1912년 9월 23일 밤, 카프카는 일기에서 다음과 같이 썼다. 앞에서도 인용했지만, 다시 읽어보자.

> 이야기가 어떻게 내 앞에서 전개되어 갔던 간에, 내가 홍수 속에서 앞으로
> 나아갔던 간에 그것은 무서운 긴장과 희열이었다. 어젯밤 나는 여러 번 어
> 깨가 무거웠다. 어떻게 모든 것을 말할 수 있을까? 어떻게 모든 것, 극히 생
> 소한 착상까지도 포함한 모든 것을 위해 그것들을 불살랐다가 다시 소생
> 시키는 하나의 거대한 불을 마련할 것인가 확실한 것은 내가 소설을 씀으
> 로써 쓴다는 것을 수치스럽게 비하시키고 있다는 사실이었다. 오직 그렇
> 게 해서만 글이 써진다. 그렇게 응집해서만, 그렇게 혼과 육이 개방됨으로
> 써만 글이 쓰인다(바겐바하 94쪽 재인용).

그러나 하룻밤의 글이라는 것이 카프카의 천재성을 말한다고 보기에 사실 그 글은 문제가 많다. 예컨대 장면 전환이 조잡하고, 연극적이며, 멜로드라마의 냄새까지 풍긴다는 느낌도 받을 수 있다.

그러나 어쩌면 그런 요소가 그의 모순에 가득 찬 내면을 완벽하게 표현하기에 적절한 것인지도 모른다. 사실 카프카로서는 이상할 정도로 이 작품에 자부심을 가지고, 친구들 앞에서는 물론 공개적으로 낭독까지 했다.

줄거리는 간단하다. 젊은 상인 게오르크 벤데만은, 고향을 등지고 러시아에서 독신으로 외롭게 살고 있는 친구에게 자신이 약혼했음을 알리는 편지를 쓰고, 그 사실을 아버지에게 말한다. 그러나 아버지는 자신과 친

구를 속였다고 비난하면서 그에게 익사형을 선고한다. 그는 부모를 사랑했다고 말하면서 익사한다.

카프카는 약혼녀의 이름 프리다 브란덴펠트Frieda Brandenfeld는 펠리체 바우어를 거꾸로 한 경우와 그 머리글자 B, F가 각각 같고(『카프카의 편지』 31쪽.) 프리다와 펠리체는 글자 수도 같으며, 평화Friede와 행복Glück의 의미가 담겨 있고, 농부를 뜻하는 Bauer와 들판을 뜻하는 Feld도 서로 관련된다고 말했다. 요컨대 약혼녀는 펠리체이다.

동시에 게오르크Georg는 프란츠Franz와 철자 수가 같고, 벤데만 Bendemannn의 벤데Bende는 카프카Kafka와 철자 수와 모음의 위치가 같고, Mann은 '가련한 벤데에 대한 연민에서 그의 투쟁을 강화시키는 역할'을 한다는 점에서 자신을 뜻한다고 카프카는 말한다(1913년 6월 2일 추정 편지. 『카프카의 편지』 520쪽.)

카프카는 「선고」를 펠리체에게 바쳤다. 그러나 약혼녀 때문에 주인공이 파멸하는 이야기를 이제 막 카프카로부터 편지를 받기 시작한 펠리체로서는 상당히 황당하게 느꼈을 것이 틀림없다. 그래서인지 카프카는 그녀에게 보낸 편지에서 그 소설의 의미를 자신도 설명할 수 없다고 말했다.

여하튼 이 소설의 등장인물들을 카프카 주변의 사람들로 이해하는 통속적인 견해는 일찍부터 제기되었으나, 그런 단순한 사실의 이해가 무슨 소용이 있는지 의문이다. 그러나 그나마 예컨대 이 소설을 카프카의 동성애를 보여주는 것이라고 보는 식의 견해보다는 나을지 모른다.

이 소설에 대한 보다 일반적인 해석은 게오르크와 러시아 친구가 작가의 분신, 즉 상인=관리 카프카, 러시아 친구=작가 카프카라는 것이다. 그리고 아버지는 상인=관리를 처형하고, 러시아 친구=작가 카프카를 살려두는 것은 카프카가 아버지에 대한 희망을 표현했다는 것이다. 작가 카프카가 결혼에 의한 위협으로부터 아무런 두려움도 느끼지 않는 것을 뜻한다, 카프카는 작가로서 펠리체와 행복하게 결혼하게 됨을 암시한다는 것이다.

물론 이는 작가의 내심의 희망에 불과한 것이 아니라, 생활과 정신 사이의 갈등, 생활인의 시민성과 예술가의 창조 사이의 갈등을 보여주기에 문학으로서의 가치를 갖는 것이라고 한다(『카프카 문학사전』 116-120쪽).

이렇게 본다면 이 소설은 괴테 이래 카프카 당대의 토마스 만이나 헤세에 이르는 교양 성장소설의 전통을 잇는 것이라고 볼 수도 있겠다. 앞에서 우리가 특히 당시 카프카가 괴테에 심취한 점과 연결해 쉽게 이해할 수 있다.

동시에 그런 일반적인 설명은 그 소설의 주제를 가부장적인 종교에 대한 아들의 반항이라고 하고, 아버지는 야훼, 아들은 그리스도, 친구는 성령에 비유된다고 한다. 그러나 생활인으로서의 아들을 그리스도로 보는 이러한 비유가 반드시 적절한 것인가에 대해서는 의문이 있다.

또는 도스토옙스키의 주제라고 보는 견해도 있다. 카프카는 1912년경 도스토옙스키의 「죄와 벌」, 1914년에 「카라마조프가의 형제들」과 유형지에서 쓴 편지를 읽었다. 「선고」의 주인공이 페테스부르크 친구와 편지를 주고받는 것이나, 죄의 문제, 인물 구성이 「죄와 벌」을 연상하게 한다. 그러나 「선고」에는 도스토옙스키의 작품에 나타나는 정도의 구체적인 죄와 벌의 묘사가 없다.

또한 니체의 영향도 있다고 한다. 당시 인기 작가였던 니체를 카프카는 잘 알았다. 카프카의 서재에는 『차라투스트라는 이렇게 말했다』가 있었고, 몇 작품, 예컨대 「선고」의 결말부분에 나타나는 성스러운 빛 속의 죽음이 디오니소스적 욕망의 근원으로 만족을 낳는 것으로 표현됨은 니체의 영향이라고 볼 수도 있다는 것이다(『카프카 문학사전』 42쪽). 그러나 「선고」의 결말 부분에 그런 표현은 볼 수 없다. 또한 카프카에 대한 니체의 영향은 「선고」를 쓸 무렵에는 남아 있지 않았다.

이러한 다양한 해석은 흔히 카프카 작품의 위대성의 상징으로 말해진다. 그러나 그 어떤 해석에도 공통된 점은 카프카가 어떤 계획에 의해 논리적으로 썼고, 집필 과정 중 여기저기에 교묘하게 상징을 배치하여 신비화를 불러 일으켰다는 전제에 입각한다는 것이다. 따라서 그 상징을 해독하면 작품의 이해가 가능하다는 입장에 서 있다.

그러나 이러한 전제 자체가 카프카의 특유한 창작방법과 일치하지 않는 것이다. 카프카는 집필 계획 같은 것을 세우지 않고, 그냥 자신의 딜레마를 쓰는 사람에 불과했다. 여기서 우리는 위에서 인용한 그 집필과정을 되새겨볼 필요가 있다.

「선고」에 대한 나의 견해

나는 러시아 친구와 작중 화자가 카프카의 두 분신임을 인정한다. 즉 러시아 친구는 상상 속의 또 다른 카프카이다. 그는 카프카가 언제나 프라하를 벗어나려고 했듯 러시아로 도망치듯 가서 외롭게 살고 있다. 프라하의 현실 카프카는 그에게 그대로 살도록 하는 것이 좋다고 생각해 3년간 제대로 연락도 하지 않는다.

카프카가 자신의 분신을 굳이 러시아인으로 설정한 것은 그가 사회주의에 공감한 탓이리라. 카프카는 러시아를 방문하거나, 그곳에 그의 친구가 산적은 없었으나, 러시아에서 온 유대어 극단의 배우들로부터 러시아에 대한 이야기를 많이 들었다.

현실 카프카는 그런 러시아 친구에 대해 자신이 약혼한 것이 죄라고 느끼지만 친구가 자기를 그대로 받아주고 자신의 결혼을 계기로 친구가 프라하로 돌아오기를 기대하는 편지를 쓴다. 그리고 그 이야기를 아버지에게 한다.

그러나 아버지는 그의 상상을 꿰뚫어 보고, 러시아에는 그의 친구가 없다고 말한다. 그러자 현실 카프카는 그 친구가 아버지에게 3년 전 러시아 혁명에 대해 이야기한 적이 있었음을 말한다. 그러자 아버지는 그 친구를 잘 안다고 하고, 카프카가 약혼녀에게 유혹 당한 악마라고 비난하며, 아들에게 죽음을 선고한다.

여기서 카프카의 러시아 분신이 작가인 카프카의 분신인가에 대해 나는 의문을 갖는다. 적어도 그 러시아 친구는 작가가 아니라 상인으로 묘사된다. 이는 카프카가 설령 프라하를 벗어나 러시아로 망명했다고 해도 그는 작가로서 살 수 없음을 암시한다. 카프카는 뒤에 러시아가 아닌 팔레스타인을 새로운 이주처로 삼고자 하면서도 그곳에서 작가로 살 생각은 하지 않았다. 따라서 '작가' 카프카가 러시아 친구로 표현된 것은 아니다. 그는 현실에서 독신 사회주의자로 살고 있는 카프카의 분신일 뿐이다.

그는 약혼을 통해 러시아에 있는 그 분신을 자기에게 돌아오게 하고자 한다. 그것을 위해서는 지배자인 아버지의 이해가 필요하다. 그러나 그의 아버지는 사신 그대로 그 사회주의자 분신이 처워라고 욕하며 그에게 죽음을 선고한다.

나의 결론은 이 소설의 주제가 사회주의자 카프카의 현실 속 파탄이라는 것이다. 약혼은 그를 현실에 이어주는 하나의 상징에 불과하다. 그 현실은 아버지로 상징되는 거대한 권력에 의해 지배된다. 그는 권력에 저항하는 것이 아니라 이해를 구한다. 그러나 권력은 그마저도 뿌리치고 그에게 죽음을 선고한다.

물론 여기서 사회주의자 카프카란 혁명가나 이론가를 말하는 것이 아니다. 사실 카프카가 살고 있는 현실을 막연히 거부하는 반자본주의적 낭만으로서의 사회주의를 동경하는 정도의 수준이다. 따라서 그것은 아나키즘의 반권력주의에 가까운 것이라고도 볼 수 있다.

「화부」

「선고」에 이어 완성된 「화부」와 「변신」에서도 카프카는 권력을 상징하는 아버지와 그에 저항하는 자식의 갈등이라는 주제를 되풀이했다. 그래서 카프카는 이 세 작품을 '자식들'이라는 제목으로 함께 출판하고자 쿠르트 볼프에게 요청했다. 출판사도 이에 동의했으나, 결국은 그렇게 출판되지는 못했다.

여하튼 「선고」를 하룻밤만에 쓴 직후 카프카는 다시 정열적으로 「화부」를 고치기 시작해 10월 초에 완성했고, 이어 몇 개 장을 더 썼다. 그것들이 뒤에 『실종자』가 된다. 그리고 11월 17일부터 12월 7일 사이에 「변신」을 썼다.

『실종자』의 제1장인 「화부」는 『소송』『성』과 함께 '고독의 3부작'으로 불리는 카프카 대표작의 주제인, 죄와 벌, 자식의 반란, 아버지의 승리, 법 위반자를 추방과 죽음이라는 절대적인 고독이라는 형벌로 처벌하는 아버지의 권력이라고 하는 주제를 처음으로 보여준다. 하녀로부터 유혹 당했다는 이유로 아버지에게 추방당하고 어머니로부터 유기된 소년 칼 로스만이, 인디언이 사는 무한한 가능성의 꿈의 나라에서 다시 자신을 발견한다는 그 이야기는 명백히 카프카의 개인적 갈등에서 비롯된 것이고, 당시 카프카는 그것을 해결할 수 있다고 낙관했음을 말해준다.

물론 이야기 자체가 카프카의 이야기는 아니다. 하녀의 유혹은 당시 그의 종형들과 관련된 것이었다. 또한 미국은 당시 유대어 극단 연극의 '황금의 메지나'에서 힌트를 얻은 것이었을 수도 있으나, 당시 카프카는 미국에 대한 많은 자료를 수집해 미국을 묘사했다.

그러나 카프카의 미국은 당대 자료에서 나타난 미국과는 다른, 매우 위험하고 부패한, 그러면서도 세계에서 유일하게 기적이 가능한 나라로 그려졌다. 그런 점에서 이는 미국의 미래를 예견한 사회비판적인 소설로 읽힐 수도 있다.

카프카는 그 후 2년간 이 소설을 완성시키고자 노력했으나, 결국 미완으로 그쳤다. 왜? 어쩌면 그는 미국으로 상징된 그의 동화적인 낙관을 사실은 결코 믿지 않았음에도 불구하고 그 낙관의 끝을 그대로 두고 싶은 탓이 아니었을까? 배제된 자는 망명 도중 정의에 가담하고, 억압 받는 자를 지원한다는 결말이다.

그러나 그것은 카프카 생전에 출판된 제1장 「화부」의 결말에 불과하다. 그 뒤의 여러 장은 미국은 희망의 상징만이 아니라, 아메리카의 꿈 이상으로 악몽이 있음을 보여준다. 환상은 깨어지고 점점 나락의 길로 빠져든다.

또한 「화부」에서 카프카는 「선고」에서보다 권력에 대한 인식을 더욱 넓게 보여주었다는 점에서 이 소설은 하나의 새로운 전환점이 된다. 즉 「선고」에서는 권위의 유일한 상징이었던 아버지가 「화부」에서는 여러 권력의 대리인 중 하나로 격하되었다.

또한 이 소설에서 사회상황은 디킨즈를 연상시킬 정도로 더욱 생생하게 묘사되어 사회소설의 하나로 보는 데에 부족함이 없다. 카프카 스스로 「화부」는 『데이비드 코퍼필드』의 영향을 받았다고 카프카 자신이 말했다. 예컨대 가방 이야기, 천한 일들, 농장의 연인 따위이다. 또한 로스만이 죄를 지었으나 유죄가 아니라는 점이 코퍼필드와 공통된다.

나아가 자식에 대한 아버지의 억압은 계급투쟁이나 노동자계급의 억압을 상징한다. 이는 당시 카프카가 노동자 생활을 누구보다도 잘 알았고 이미 오래 전부터 사회주의자였다고 하는 점에 의해 충분히 납득된다. 물론 카프카는 결코 사회주의적 리얼리즘과는 무관한 작가였다. 적어도 그는 사회주의의 승리가 모든 문제를 해결하리라고는 결코 믿지 않았다.

『실종자』

「화부」를 포함한 『실종자』 전체의 줄거리를 보자. 부모에 의해 미국으로 보내어진 로스만은 뉴욕 행 배에서 화부를 알게 된다. 화부는 자신이 기관사로부터 부당한 대우를 받는다고 호소한다. 로스만은 그를 돕고자 함께 선장을 만난다. 선장실에서 그는 야콥 아저씨를 만나 그의 집으로 간다.

어느 날 그는 아저씨의 사업 동료 폴룬더의 별장에 가고 그곳에서 폴룬더의 딸 클라라를 만나 권투를 하나 진다. 그는 곧장 집에 가고 싶었지만 아저씨의 다른 동료 그린에게 붙잡힌다. 그린이 전해준 야콥의 편지는 그가 자기 허락 없이 폴룬더 집에 갔으니 더 이상 자기 집에 살 수 없다는 내용이다.

그래서 로스만은 부랑아들과 함께 일자리를 찾아 나선다. 그는 옥시덴탈 호텔에서 엘리베이터 보이가 된다. 그러나 부랑아를 숨겨준 탓으로 급사장에게 해고되고 수위장에게 구타까지 당한다. 그 후 오클라호마 자연극장에 취직한다. 여기서 소설은 끝난다.

로스만이 미국에서 만나는 인물들은 그의 미국 사회로의 진입을 방해하는 권위적 인물들이다. 또한 노동자인 화부는 자신의 권리조차 인식하지 못하며, 부랑인들은 야만적이고 교활한 사기꾼으로 그려진다.

이는 분명 초기 자본주의에 대한 비판이다. 그러나 소설에서 그러한 비판은 확연히 드러나지 않는다. 우연한 계기로 얽히는 인간관계 속에서 주인공은 동물처럼 묘사된다. 그래서 그런 소외를 통해 현대문명을 비판하는 점이 이 소설의 주제라고 보는 견해가 있다.

「변신」

「변신」은 1915년에 발표되었다. 「시골의 결혼준비」에서 주인공은 현실을 잊기 위해 벌레가 되는 공상을 하나, 「변신」에서는 실제로 벌레가 된다. 전작과 비교하면 「변신」도 공상이라고 할 수 있다. 여하튼 공상은 현실이 되나 일상으로부터의 해방은커녕 비참하게 벌레로 죽는다.

나는 이미 이 책의 처음 '들어가는 말'에서 「변신」은 권력에 의해 인간이 벌레로 '변신되기'가 아니라 권력에 저항하고자 인간 스스로 '변신하기'를 시도한 것으로 본다고 말했다. 그러나 「시골의 결혼준비」에서 나타난 그 '변신하기'는 이 소설에서 명확하게 나타나질 않는다.

소설 첫 머리에서 주인공 그레고르 잠자는 불안한 꿈에서 깨어나 자신이 벌레로 변한 것을 보고 '어찌된 일일까?'라고 스스로에게 묻는다. 그러나 자신이 특별히 이상하다는 생각을 하지는 않는다. 대신 정상인처럼 이렇게 생각한다.

> 아아! 이렇게도 힘든 직업을 택하다니. 매일같이 여행이다. 이 일은 회사에서 하는 실질적인 일보다 훨씬 더 신경을 자극시킨다. 그 밖에 여행하는 고역이 있고, 기차 연결에 대해 늘 걱정해야 하며, 식사는 불규칙적이면서 나쁘고, 대하는 사람들은 항상 바뀌고 따라서 그들과의 인간관계는 절대로 지속적일 수 없으며 또한 진실한 것일 수도 없다. 이 모든 걸 악마가 가져갔으면!"(『변신』 110쪽)

여기서 우리는 '변신되기'가 아니라 역시 '변신하기'라는 것을 알게 된다. 이제 그 모든 일상은 악마가 가져갔고, 대신 그는 벌레로 변신한다. 그가 새벽차로 출근하지 않아 지배인이 찾아오자 그는 "왜 나는 조금만 늦어도 굉장한 의심을 하는 그런 회사에 다니는 신세일까?"라고 반발한 다(위 책 116쪽).

지배인의 비난에 그는 열심히 변명하나, 그의 대답은 이미 동물의 목소리이니 이해될 리 없다. 그러나 자신은 '훨씬 명료'하게 느낀다(위 책 121쪽). 그가 문을 열자 당연히 사람들은 모두 놀라고 일대 혼란이 벌어진다. 그 속에서 "그는 지금 안정을 갖게 된 사람은 자기 혼자라는 것을 알았다."(위 책 123쪽)

그 뒤로 그는 한 달 동안 방에 감금되어 살다가 '금단추가 달린 푸른 제복을 입은' 아버지로부터 사과로 폭행을 당한다(위 책 147쪽). 그리고 다시 한 달, 사과가 박힌 몸으로 그레고르는 살아가다, 생전 처음으로 바이올린 소리를 듣고 연주를 하는 여동생에게 간다.

음악에 이렇게 감동을 하는데도 내가 동물이란 말인가? 그가 열망했던 미지의 양식에 이르는 길이 나타나는 듯한 느낌이었다. 그는 여동생 앞까지 나가서 스커트를 잡아당기며 동생더러 바이올린을 들고 자기 방으로 와 달라고 암시를 하기로 결심했다. 왜냐하면 그기에 있는 사람들 중엔 아무도 자기만큼 열렬히 연주를 감상하지 않았기 때문이었다. 그의 흉측스러운 모습이 처음으로 쓸모 있게 될 것 같았다. 즉시 방문마다 달려가서 공격자를 물리칠 생각이었다(위 책 158쪽).

FRANZ KAFKA

DIE VERWANDLUNG

DER JÜNGSTE TAG · 22/23
KURT WOLFF VERLAG · LEIPZIG
1 9 1 6

「변신」 초판 표지

그러나 공격자들, 즉 생계를 위해 들인 '엄숙한' 하숙인들이 그를 보고 하숙을 그만둔다고 위협하고, 여동생이 그를 내쫓아야 한다고 주장한다. 그리고 그는 다시 감금되고, 자신이 더 이상 움직일 수 없음을 깨닫는다. 그리고 납작하게 말라죽는다. 반면 '아름답고 풍만한 몸집의 처녀'로 피어난 그의 여동생이 젊은 육체를 쭉 펴자 남은 가족들에게는 "마치 새로운 꿈과 훌륭한 계획에 대한 확신처럼 생각되었다."(위 책 168쪽)

「변신」에 대한 해석

이 작품에 대해서도 여러 가지 해석이 있다. 먼저 경계할 것은 이 작품이 인간의 타고난 고독을 다룬다는 식의 해석이다. 그러나 카프카는 이 작품만이 아니라, 어떤 작품에서도 그런 표현을 하지 않는다. 인간이 고독에 대항해 투쟁하지만, 고독은 결코 이길 수 없는 거대한 악으로 묘사하고 있는 것이다.

지금까지의 해석으로는 다음과 같은 것들이 있다. 예컨대 심리학적인 해석은 변신을 죽음의 충동에 대한 표현으로서 마조히즘적인 자기 증오의 표명이라고 한다. 또는 이와 반대로 변신은 직업과 가족의 메커니즘에서 해방되어 진정한 존재를 성취하면서 화해하며 죽기에 긍정적 발전의 표현이라고 보는 견해도 있다(『카프카 문학사전』, 91쪽).

그러나 카프카가 과연 죽음으로써 그런 성취를 이룩하고자 했을까? 직업과 가족으로부터의 해방이 결국은 죽음에 의해서만 가능하다는 정도의 극심한 절망을 표현했다고 보는 것이 옳지, 그런 죽음을 카프카가 과

연 존재의 성취나 세상과의 화해로 보았을까? 도리어 존재의 성취는 끝 내 불가능하고, 세상과의 화해도 불가능하다고 본 것이 아닐까? 그래서 이 소설은 흔히 극도의 불안을 표현한 것에 불과하고, 죽음은 그 극단의 종말에 불과한 것이지, 그것이 해결책으로 제시되어 있는 것은 아니라는 비판이 있다

한편 들뢰즈와 가타리는 카프카의 단편소설이 '본질적으로 동물적'이 라고 하고, 그것을 '출구를 찾는 것, 탈주선을 그리는 것'이라고 한다. 그 리고 이는 펠리체와의 편지 쓰기를 계기로 하여 쓰이는데, 그것은 배우 자도 부모도 보지 못하게 자기 방에서 자율적으로 한 동물-되기라고 말 한다(들뢰즈 85쪽). 그리고 카프카는 동물-되기를 포기하면서 장편소설을 쓴다고 본다(들뢰즈 90쪽).

들뢰즈와 가타리는 「변신」에서 고개 숙인 초상화의 숙녀 또는 어머니 와 고개를 드는 그레고리를 대조적으로 보며, 그 고개의 상반된 모습을 카프카 문학 이해의 관건으로 본다(들뢰즈 14, 19). 그러나 「변신」에서 그 런 표현을 보기는 힘들고, 더욱이 카프카가 그런 표현에 특정한 의미를 부여했다고 보기도 힘들다. 마찬가지로 음향에 대한 분석(들뢰즈 21) 등도 그렇다. 그러나 다음의 분석은 탁월하다.

관료적 삼각형이 점진적으로 구성된다. 먼저 위협하고 강요하는 지배인 이 있고, 다음으로 은행에서 일을 재개하게 된 후 제복을 입고 자며 마치 "집에서도 상관의 목소리를 기다릴 정도로" 스스로 복종하고 있는, 여전 히 외부의 권력을 증언하고 있는 아버지가 있으며, 마지막으로 가족 그 자

체 안에 들어와 가족을 대신해서 "예전에는 아빠·엄마·그레고르가 차지하고 있던" 자리를 대신 차지하고 있는 세 사람의 하숙인 관료들의 침입이 있다(들뢰즈 40).

그러나 이를 꼭 삼각형이라고 보아야 하는 특별한 의미는 없으리라. 왜냐하면 그레고르를 쫓아내어야 한다고 주장하는 여동생도 또 하나의 권력이기 때문이다. 그렇다고 사각형 운운할 필요도 없으리라. 요컨대 그레고르에게 변신 이전의 권력, 그가 변신으로 벗어나고자 한 권력이나, 그가 변신 이후에 자신으로부터 없어지길 원한 권력은 여전히 존재한다.

결국 권력에 대항하는 길은 바이올린 소리로 상징되는 예술도, 변신된 흉측한 몸으로 공격자들에게 돌격하는 혁명도 아니다. 바이올린 소리는 아름답기는 하나 예술은 벌레를 위한 것이 아니다. 또한 혁명은 흉측하기는 하나, 더 이상 걸을 수도 없을 정도로 약하고 병들었다.

그렇다고 해서 '변신'을 무의미하다고 보아서는 안 된다. 왜냐하면 권력에 저항할 수 있는 유일한 길이기 때문이다. 비록 그 끝이 패배 또는 죽음이라고 해도 변신은 끝없이 감행되어야 한다고 카프카는 주장하는 것이 아닐까? 지금 「변신」은 카프카를 상징하는 가장 대표적인 작품으로 여겨지고, 티에보가 쓴 카프카 전기의 원제는 '카프카의 변신'으로 되어 있다.

다시 펠리체

「변신」을 쓴 뒤 『실종자』의 제7장을 완성한 1913년 1월 초까지 카프카의 창작은 최고조에 달했으나, 그 후부터 카프카는 다시 슬럼프에 빠졌다. 그 전 해 9월 중순부터 카프카는 펠리체에게 열렬히 구애했지만 두 달 간 그녀가 전혀 답하지 않아 실망했다. 그러나 카프카는 그 때문에 창작에 몰두할 수 있었다. 게다가 12월 단편집 『관찰』이 출판되자 그의 창작 열기는 최고도에 이르렀다.

사랑은 작가의 창작에 어떻게 작용하는가? 이에 대한 가장 흔한 명제는 사랑에 의해 걸작이 탄생한다는 것일지 모른다. 그러나 카프카의 경우는 오히려 반대였다. 1912년 말, 펠리체는 카프카의 열렬한 구애에 조금씩 마음을 열었다. 그럼에도 불구하고 카프카는 슬럼프에 빠졌다.

이유는 긴장의 해이 때문이었다. 카프카는 구애를 통해 자신이 애인, 미래의 남편, 작가로서 능력이 있음을 그녀에게 과시했다. 그러나 그것은 결국 자기기만에 불과했고, 그것은 작가로서의 내면적 긴장을 해이하게 만들어 마침내 그의 창작을 불가능하게 했다. 새로운 창작열은 2년 정도 뒤에 그에게 새로운 위기가 찾아와 비로소 불붙기 시작해 그때서야 카프카는 『실종자』를 완결하고 「유형지에서」와 『소송』을 쓸 수 있었다.

앞에서도 말했듯이 카프카는 펠리체에게 1912년 10월부터 3개월 간 1백 통을 썼고(하루에 네 통까지도 썼다), 다음 8개월간 2백 통을 썼으며, 그 후 헤어지는 1917년까지 3백 통을 더 썼다. 즉 해가 갈수록 편지 수는 적어졌다. 이는 카프카가 펠리체를 사랑하면서도 끝없이 회의했고, 그것은 해가 갈수록 점점 커졌음을 말해준다.

그러나 사랑과 회의라는 말만으로 카프카의 편지를 이해할 수는 없다. 앞에서도 몇 번이나 말했지만 쓴다는 것은 카프카의 존재를 증명하기 위한 피나는 노력이었다. 편지도 예외가 아니었다. 편지는 끝없는 자기 폭로와 자기비판이었기에 언제나 상대가 아니라 자기에게 향한 자기와의 대화였다. 따라서 결코 그의 편지는 상대방과의 의사소통을 위한 편지가 아니었다. 그러므로 그 편지를 받는 상대방은 대단히 곤혹스러웠으리라.

그러므로 5년간에 걸쳐 5백 통 이상이나 펠리체에게 보낸 편지는 그의 작품이라 할 수 있다. 아니, 장편소설이라 할 수 있다. 그는 편지를 쓴 것이 아니라, 소설을 쓴 것이었다. 그것도 그의 작품 중 가장 긴 장편소설이었다. 대부분 미완으로 그친 작품과는 달리 끝이 있는, 헤어지기 전까지 쓴 유일한 대하 장편소설이었다. 그 장편소설을 좀 더 자세히 살펴보자.

펠리체에게 첫 편지를 보낸 뒤 1주일 뒤 답장이 왔다. 그냥 편지를 잘 받았다는 정도의 냉정한 내용이었으리라. 성실하고 보수적인 대도시 베를린의 처녀로서는 당연한 것이었으리라. 그 정도로 인해 당시 극도로 충만되었던 그의 창작열이 식지는 않았으나, 카프카는 실망했을 것임에 틀림없다.

카프카는 두 번째 편지에서 앞으로는 일기를 써서 보내달라고 했다(『카프카의 편지』 21쪽). 그야말로 일방적인 강요였다. 그러나 카프카에게는 펠리체라는 여성의 실체에 대해서 아무런 관심이 없었다. 물론 카프카에게는 펠리체에 대한 나름의 인상이 있었으나, 그것은 어머니 같은 그 모습으로 충분했다. 그 밖에 그녀의 생활, 취미, 사상, 감정은 그에게 관심의 대상이 아니었다.

여기서 우리는 카프카로부터 20세기 초엽의 전형적인 가부장적 남성의 모습을 본다. 더욱이 그는 종교적인 순수주의에 젖은 유대인이었다. 앞에서 보았듯이 그가 전통적인 유대주의를 경멸한 것은 사실이나, 그것은 당시의 타락한 유대교가 도리어 철저한 종교적 순수를 지키지 못한다고 본 탓이지 그 종교 자체의 순수성 자체를 의심해서가 아니었다.

여하튼 앞으로는 일기를 보내달라는 카프카의 두 번째 편지에 대해 펠리체는 첫 번째 편지 이상으로 당황했을 것임에 틀림없다. 보름을 기다려도 답장이 없자 카프카는 다시 세 번째 편지를 쓴다. 왜 답장을 보내지 않는지 알 수 없다는 내용이었다(『카프카의 편지』 22-24쪽).

이어 카프카는 「선고」를 완성한 밤에 네 번째 편지, 그리고 이튿날 길고 긴 다섯 번째 편지를 쓴다. 그리고 11월 1일의 아홉 번째 편지에서 자신이 글을 써야 한다는 것을 상세히 설명하고서 "이제 저의 삶을 그대에 대한 생각으로 확장했습니다. 깨어 있는 동안 그대를 생각하지 않는 시간은 십오 분도 안 됩니다. 다른 일은 아무것도 하지 못하는 십오 분도 많습니다. 그리고 이 사실조차도 글쓰기와 연관이 있습니다"라고 썼다(『카프카의 편지』 48쪽). 노련한 유혹의 편지였으나, 펠리체는 어머니처럼 충분한 잠을 자라고만 답했다.

12월 11일, 그는 그녀에게 바친다는 헌사를 쓴 『관찰』을 그녀에게 보낸다. 그는 그녀에게 그 책에 대한 평을 부탁했으나, 그녀는 계속 침묵한다. 그러자 카프카는 그녀가 읽었다는 작가들을 두어 달에 걸쳐 맹렬하게 비난한다. 이러한 간접 비난은 그녀의 몰이해로 인해 그들의 사이가 끝났다는 것을 뜻한다. 그래서 1913년 1월 말이면 창작도 중지된다.

여하튼 첫 6개월간, 카프카는 하루 2, 3통의 편지를 쓴다. 달콤한 연애시가 아니라 장문의, 자기연민, 질투를 비롯한 감정의 고양, 세밀한 관찰, 사회 비판 등등에 대해 썼다. 그리고 그가 편지에서 요구한 것에 맞는 답을 펠리체가 보내지 않으면 끝없는 비난과 훈계를 퍼부었다.

카프카는 미안하다는 이야기를 극단적으로 표현할 뿐, 그 위기의 원인이 무엇인지를 구명하고자 한 흔적은 찾아볼 수 없다. 예컨대 그녀가 두통을 호소하면 그는 동정의 말과 함께 치료방법을 상세히 썼으나, 그 두통의 원인에 대해서는 아무런 관심을 기울이지 않았다.

우리는 카프카가 펠리체의 답장을 모두 없앴기 때문에 그녀의 반응을 찾아볼 수는 없다. 우리로서는 그들의 관계에 대해 카프카가 보낸 편지로 알 수 있을 뿐이다. 카프카의 편지만 통해서 보아도 그들 사이에는 엄청난 차이가 있었음을 알 수 있다.

무엇보다도 중요한 차이는 펠리체는 어디까지나 보수적인 노처녀로서 카프카를 장래의 남편 후보로만 대했다는 것이다. 그녀에게 카프카는 훌륭한 신랑감이었다. 부유한 환경에서 자랐고, 유능한 관리이며, 특히 경제적으로 안정되었기 때문이었다. 펠리체에게 문제는 카프카의 모든 특이한 버릇(예컨대 채식주의나 식이요법)뿐이었다. 그래서 그것을 고치도록 설득하고 평범한 소시민 남편이 되도록 끝없이 충고했다. 물론 카프카는 그녀의 청을 거부했다.

1912년 로볼트 사에서 출판된 『관찰』에 대한 약간의 서평은 대체로 호의적이었으나, 그 초판 8백 부는 거의 팔리지 않아, 반 이상이 5년간 재고 상태였다. 카프카 자신 프라하에서는 11부만 팔렸다고 일기에 썼다.

그런데 그중 10권은 카프카가 산 것이었다.

카프카는 그 후 1913년에 『화부』, 1915년에 『변신』, 1916년에 『선고』를 같은 출판사에서 내었으나, 재판까지 나온, 뒤의 두 권을 제외하면 거의 팔리지 않았다. 1919년의 『유형지에서』, 1920년의 『시골 의사』도 마찬가지 였다. 따라서 출판사로서는 카프카의 소설이 전혀 장사가 되지 않을 것이었다.

『화부』에 대한 서평은 『관찰』의 경우보다 더욱 호의적이었다. 그러나 어느 경우에나 그는 비평에 대해서는 무심했다. 왜냐하면 그에게 글쓰기는 자기 내면의 소리에 따른 것이므로, 어느 누구도 그에게 자신이 나아갈 길을 말할 수 없다고 보았기 때문이다.

사랑의 방황

카프카와 펠리체는 1913년 3월 말, 베를린에서 두 번째로 만났다. 6개월 만이었다. 사랑을 고백하고는 첫 만남이었다. 그러나 그것은 서로가 서로에게 타인이라는 것, 서로가 상대에게 가졌던 이미지가 틀렸음을 확인시키는 것으로 끝났다.

카프카에게 그녀는 자신이 상상한 여인이 아니라, 도리어 그가 가장 싫어한 부르주아 여성의 전형이었다. 동시에 그녀에게 그는 늠름한 신랑 감이 아니라 낭패한 아이 같은 내성적인 모습뿐이었다.

그 뒤에도 그들은 편지를 계속 교환했고, 펠리체는 카프카를 계속 격려하기는 했으나, 이미 그녀는 더 이상 교제는 불가능하다는 것을 알았으리라. 그러나 카프카는 자신을 펠리체가 바라는 현실적인 인간으로 개조하기 위해 더욱 노력했다. 즉 1주 몇 시간을 정원에서 일을 하며 보내는 것이었다(『카프카의 편지』 472쪽). 그러나 그것도 한 달 만에 끝났다.

5월, 카프카는 다시 베를린에서 그녀를 찾아가 그녀의 가족들과 만났다. 카프카에게는 자신의 아버지와 꼭 같은 유대인 어른들을 만난 불쾌감만 남았으나, 펠리체는 결혼을 강요했다. 6월, 마침내 카프카는 그녀에게 1주일이나 걸려 대논문 같은 장문의 편지로 청혼했다(『카프카의 편지』 52-535쪽).

그 청혼 편지는 자신의 병약함, 무가치함, 가정적 감정의 결여, 우정의 결여 등을 소상하게 적은 것이어서 도저히 청혼으로 볼 수 없는, 결혼할 수 없는 이유의 방대한 설명이었으나, 바우어는 이미 그런 편지에 이력이 난 터라 그것을 청혼 편지로 받아들였을 것이다.

그녀의 그런 태도는 당시 그녀의 절박한 심정을 반영한다. 6년 간 별거하다 1912년에 다시 합친 부모는 여전히 불화였기에 그녀는 결혼을 통해 탈출하고자 희망했다. 게다가 그녀는 카프카의 내면을 그다지 심각하게 받아들이지 않았고, 자신이 그 모든 문제를 해결할 수 있다고 과신했다.

7월의 30세 생일, 카프카는 어머니에게 약혼을 알렸다. 어머니는 오직 카프카에게 펠리체 집의 재산상태를 흥신소에 조사하도록 요구했다. 그 뒤 카프카는 그 요구에 동의한 것을 후회하고 펠리체에게 사과했다.

세상사에의 관심

1913년, 세상은 여전히 시끄러웠으나, 카프카는 펠리체 때문에 세상사에 철저히 무관심한 것처럼 보였다. 그의 생애에 걸친 치열한 사회적 관심이 이 시기에는 전혀 없었던 것처럼 보인 점을 보면 그가 펠리체에 얼마나 고심했는가를 알 수 있다.

그러나 그런 무관심은 그의 일기에 전혀 관련 기록이 없다는 사실로 인한 추측에 불과하다. 그의 다른 시기 일기도 결코 사회에 대한 의견을 상세히 기록하지 않은 것을 보면, 일기에 기록이 없다는 사실만으로 그가 세상일에 무관심했다고는 볼 수 없으리라. 더욱이 그 시기에 중요한 사건들이 터졌다.

1913년 6월 25일, 그의 30세 생일 며칠전, 프라하에 계엄령이 선포되었다. 이는 황제의 재위 60주년 기념식에서 반오스트리아 폭동이 터졌기 때문이었다. 계엄령에 의해 프라하 시의회가 해산되고, 뵈멘 헌법의 무효가 선언되었다. 그 결과 뵈멘은 법적 자율성을 상실했다.

이미 격화될 대로 격화된 체코인과 독일인의 대립은 이듬해 제1차 대전에 이르기까지 이어져 다민족국가 제국의 붕괴로 끝났다. 양쪽 모두 반유대라는 점에서는 공통되었으므로 카프카를 비롯한 당시 유대인들은 어느 쪽 편을 들기조차 불가능했다.

그래서 카프카는 친구들을 거의 만나지 않고 보트 젓기나 영화에 몰두했다. 브로트와 바움은 결혼생활에 젖어 있었고 벨치도 곧 결혼할 예정이었다. 베르펠은 볼프사에 취직하여 라이프치히로 떠났다. 그러나 의사 작가 에른스트 바이스Ernst Weiss(1884-1940)와 알게 되었다.

카프카보다 한 살 위인 바이스는 빈 대학에서 의학을 공부하면서 프로이트를 아버지처럼 따른 만큼 자기 파괴적인 경향의 소유자였다. 그가 카프카와 만났을 때는 의사를 그만두고 작가로서 살아갈 결심을 했을 때였다. 그는 창조를 위해서는 자유와 독립이 불가결하다고 생각했다.

그런 바이스와 카프카가 친구가 되었음은 지극히 당연한 일이었다. 그러나 역시 당연하게 바이스는 친구 카프카의 창조를 방해하는 펠리체를 비롯한 모든 문제에 대해 단호히 적대적이었기 때문에 그렇지 못한 카프카는 괴로워했다. 이듬해 제1차 대전이 터지자 바이스는 세상이 의사를 요구한다는 이유에서 서슴없이 군의관으로 참전했다.

9월, 카프카는 빈에서 열린 재해예방과 구제에 대한 국제회의에 참석했다. 당시 빈에서는 제1회 시오니스트 세계회의도 열려 참석했다. 카프카는 그 어느 회의에서도 소외감만을 맛보았으나(『카프카의 편지』 622, 624쪽), 유대인의 팔레스타인 정착을 돕기 위한 시오니즘 단체인 '유대인 공직자 연합'에 가입했다.

그곳에서 베니스로 여행을 떠났으나 배 멀리로 입원했고, 펠리체에게 이별을 알리는 편지를 썼다. 그 뒤 리바의 요양소에서 18세의 소녀와 열흘 간 사랑에 빠졌다. 마치 어머니 같은 여인과의 사랑 뒤에는 소녀 같은 여인을 찾는 버릇처럼.

그리고 1913년 10월 말, 그는 펠리체에게 건강을 이유로 결혼할 수 없다는 편지를 보냈다. 펠리체는 자신의 여자 친구 브로흐에게 도움을 청했고, 카프카에게 프라하로 가는 그녀를 만나달라고 요청했다.

브로흐

그레테 브로흐Grete Bloch(1892-1941 또는 1942)는 펠리체의 친구였기에 카프카는 비슷한 나이, 비슷한 사람일 것이라고 생각했으나, 사실은 펠리체보다 5세나 어린, 갓 스물을 넘긴 나이였다. 게다가 펠리체와 달리 지적인 여성이었다. 그녀는 펠리체처럼 그다지 아름답지는 않았으나, 카프카가 당장 끌릴 만한 내면적인 매력을 지녔다.

브로흐는 펠리체와 안 지 반 년 채 되지 않았으나, 여러 공통점으로 급속히 친해졌다. 그녀도 펠리체처럼 베를린에서 태어나 상업학교를 졸업하고 회사에 취직했다. 역시 펠리체처럼 근면하고 유능했으나, 또한 펠리체와는 달리, 도리어 카프카처럼 섬세하고 내면적이었다. 그래서 두 사람은 금방 사랑에 빠졌다. 카프카에게는 브로흐가 어머니와 소녀를 동시에 가진 여성으로 보였을지도 모른다.

그 후 1914년 전반, 카프카는 펠리체에게 보내는 편지보다 더 많은 편지를, 그리고 더욱 상세한 편지를 브로흐에게 보냈다. 당시 카프카에게는 브로흐가 유일한 친구였다. 그러나 4월에 카프카는 펠리체와 약혼했고, 9월에 결혼한다는 약속을 했다.

6월, 카프카는 드레스덴에서 5년 전에 설립된 전위 예술가 마을을 찾았다. 그 마을의 '독일 아틀리에'는 뒤에 독일 바우하우스Bauhaus의 선구가 되었는데, 카프카는 특히 단순하고 기능적인 가구 제작에 이끌렸다.

또한 그곳에서 카프카는 자유학교에 흥미를 가져 뒤에 여동생 엘리의 아이를 그곳에 입학시키라고 권하기도 했다. 1921년 그 학교는 섬머힐 학교Summerhill School를 세운 닐Niel 에 의해 국제적인 연구소로 발전했다.

이어 라이프치히에서 쿠르트 볼프, 베르펠, 빌리 하스와 만났다.

7월, 카프카는 펠리체와의 약혼을 취소하고, 프라하를 떠나 베를린에서 자유로운 작가로 살겠다고 결심했다. 그러나 7월 말, 오스트리아는 세르비아에 선전 포고를 하고, 이어 독일이 러시아에 선전 포고를 하여 제1차 대전이 터져 그 계획은 수포로 돌아갔다.

브로트는 두 번째 카프카 전기에서 브로흐가 카프카의 아이를 낳았다고 썼다. 그러나 그것은 어디까지나 브로흐의 주장이었지 사실로 확인되지는 않았다. 그녀에 의하면 그 아이는 1921년, 7세로 죽었다고 했다. 따라서 1914년에 태어난 것이 되고, 임신은 늦어도 1914년 초에는 한 것이 된다. 그러나 카프카의 당시 일기나 편지에는 그것을 증명하는 어떤 것도 없다. 물론 카프카는 그때 상당수의 편지를 태우기는 했다.

1915년 5월, 브로흐는 펠리체, 카프카와 함께 스위스로 여행했다. 당시 이미 아기를 낳았다면 여행은 불가능했을지도 모른다. 물론 아기를 누군가에게 맡길 수도 있었겠으나. 여하튼 1916년 이후 카프카는 그녀와 만나지 않았다.

그 이야기는 1940년, 그녀가 피렌체에서 힘겨운 망명생활을 할 때 친구들에게 한 것이었다. 그녀는 1935년, 나치스를 피해 스위스를 거쳐 팔레스타인에 머물다 피렌체에서 살다 나치에 체포되어 강제수용소로 끌려가 살해되었다. 그녀는 카프카에게 받은 편지를 포함한 여러 편지를 펠리체에게 보냈고, 그것은 펠리체에 의해 보관되었다가 뒤에 『펠리체에게 보낸 편지』 속에 수록되어 공개되었다.

그때 발견된, 브로흐가 친구에게 편지 속에서 그녀가 카프카의 아이를 낳았다는 이야기가 처음으로 알려졌다. 브로흐는 이 사실을 전기에 쓰면서, 출산이 카프카에게 참으로 기뻤으리라는 추측과 함께, 그 증거로 카프카의 작품에 아이를 동경하는 부분이 많다는 점을 들었다.

그러나 우리는 그런 부분을 발견할 수 없다. 그는 결혼을 저주했고, 특히 아이를 갖는 것을 싫어했다. 따라서 브로트는 도리어 결혼 생활에서 아이가 태어나지 않아 아이를 동경한 자신의 기분을 카프카에게 그대로 대입시킨 것인지도 모른다.

왜 결혼을 거부했는가?

카프카의 육체에 대한 열등감이나 여성과 성에 대한 왜곡된 심리에 대해서는 앞에서도 말했다. 어린 시절부터의 근친상간적 환상은 그에게 결혼에 대한 지극히 추악한 이미지를 심어주었다.

심지어 부모 침대 위에 놓인 잠옷을 보고 구토를 할 지경이었고, 부모 방에서 들려오는 소리 때문에 소음에 대해 병적인 혐오감까지 가졌다. 물론 단순히 정신 이상적 차원이 아니라, 부르주아 부모에 대한 경멸에 동반된 것이었다.

대학을 졸업한 뒤에는 자신의 남성다움이라던가, 남편이 될 수 있는가에 대해 불안해했다. 우리는 그 좌절을 1907년의 「시골의 결혼준비」에서 본 바 있다. 결혼은 그에게 자신의 생존을 위협하는 것이었다. 게다가 설령 결혼한다고 해도 절대로 자식은 두지 않아야 한다고 생각했다.

이유는 물론 신체적인 결함 때문이 아니었다. 카프카는 지극히 정상적이었다. 그러나 아버지에 대한 극도의 모순된 애증 때문에 그 자신이 아버지라는 것을 상상할 수 없었다. 물론 그는 독신의 문제점을 잘 알았다.

그가 가장 좋아한 트리쉬의 독신 외숙부는 의사이면서도 우울증 환자였고, 다른 두 외숙부도 독신인 탓에 모두 비정상이었다. 그러나 주변의 그런 사례는 카프카로 하여금 독신을 포기하게 하기는커녕 도리어 그에게 불안만 증폭시켰다. 1911년의 일기를 토대로 한 「독신자의 불행」에서 그는 다음과 같이 썼다.

> 독신자로 남는다는 것은 정말 괴로운 일로 생각된다. 저녁때 사람들과 시간을 보내고 싶을 때에는 나이 든 사람으로서 위신을 지켜가며 한데 끼어줄 것을 어렵게 청해야 하고, 몸이 아프게 되면 자신의 침대 한 구석에서 몇 주일씩이라도 텅 빈 방을 바라보아야 하고, 언제나 대문 앞에서 작별을 해야 할 뿐 한 번도 자신의 부인과 나란히 층계를 올라갈 수 없고(『변신』 27쪽).

그렇다면 무엇이 원인인가? 나는 궁극적으로 결혼이 상징하는 권력을 카프카로서는 끝내 받아들일 수 없는 탓이었다고 본다. 당시 카프카는 펠리체만이 아니라 브로트와도 그의 결혼을 이유로 소원해졌다. 결혼만이 아니라 브로트가 시오니즘에 열중한 것도 이유였다. 카프카는 그것을 여전히 회의적으로 본 관찰자였기 때문이었다.

브로트만이 아니라 1913년 경, 프라하의 유대인 청년들은 시오니즘에 기울었다. 그러나 카프카는 그 사상에 공감하면서도 그 유행성, 편협한 시오니스트들의 당파주의, 유대인 작가들의 독선적인 경건주의를 싫어했다.

펠리체가 규칙적으로 유대 교회에 다닌 점 역시 펠리체를 멀리하게 된 요인 중 하나였다. 이미 카프카는 철저한 개인이었다. 결혼할 수 있는 남자도, 유대인도, 독일인도, 체코인도 아닌, 그는 적의에 찬 세계에서 오직 홀로 서야했다. 특히 새로이 닥친 결혼은 자아의 완전한 포기를 의미했다.

말하자면 결혼은 카프카에게 작은 것에로의 「변신」을 불가능하게 만들고, 모름지기 그것에 존재해야만 한다는 사실 때문이었다. 여기서 다시 앞에서 인용한 카네티의 설명을 들어보자.

> 부당한 모독과 박해를 우리는 가능한 한 사라져버림으로써 벗어나지 않으면 안 된다. 카프카의 주인공들은 다른 사람들이 살인과 무자비를 통해 저지르게 되는 죄를 덜어주기 위해 아주 작아지거나 아니면 곤충으로 변해버리는 것이다. 그들은 구역질나는 관습으로 그들을 혼자 묶어두려는 자들로부터 "굶음으로써 벗어난다".

결혼은 '구역질나는 관습'이었던 것이다. 결혼은 배우자의 생활 영역과 리듬에 따른 새로운 존재가 되는 것을 뜻한다. 물론 대다수 사람들에게는 그것이 행복일 수도 있다. 그러나 카프카에게는 그것이 불행, 그것도 엄청난 불행이었다.

■　*　카네티, 반성완 역, 『말의 양심』, 한길사, 1984, 134쪽.

펠리체의 편지

펠리체의 편지는 카프카의 인간과 작품의 이해에 매우 중요함은 앞에서도 말했다. 그러나 편지와 작품은 다르다. 편지에서 카프카는 주관적인 자기변명을 하나, 소설에서는 인간이라는 것의 유죄성을 인정한다.

그러나 카프카의 편지를 사실 그 자체로 간주하고, 소설을 허구라고 보아서는 안 된다. 소설에는 자전적 요소도 있고, 다른 요소도 있을 수 있다. 한편 카프카의 편지는 보통의 연애편지와는 전혀 다르게, 도리어 그의 일기를 방불케 하는 카프카의 투쟁이 드러난다.

일기에서도 카프카는 자기와 투쟁한다. 그러나 편지에서는 살아 있는 다른 인간과 투쟁해야 한다. 그런데 카프카는 그 실제의 펠리체와 함께, 자신이 멋대로 상상한 또 하나의 펠리체를 두고 투쟁한다. 이 점이 비극의 근본 요인이다. 그러나 더욱 근본적인 요인은 카프카 자신의 자본주의적 생활에 대한 거부에 있다.

카프카는 편지를 사적인 편지로 썼지, 출판하려고 하지 않았다. 심지어 소설을 비롯한 자신의 모든 글을 편지처럼 폐기하려고 했다. 카프카가 펠리체에게 쓴 편지를 비롯하여 모든 편지는 글을 쓰기 위한 힘을 갖고자 한 것으로 보인다.

그것은 사랑하는 여인에게 보내는 편지이긴 하지만 펠리체를 단 한 번 보고서 그렇게 많은 편지를 쓰는 것을 보면 자신이 글을 쓰기 위해서는 결혼해서는 안 된다고 하는 푸닥거리처럼 보인다. 『아버지께 드리는 편지』도 자신의 글쓰기 세계에서 가족을 몰아내기 위한 푸닥거리이다. 그러나 가족이나 결혼을 거부한다는 것은 카프카의 경우 자본주의를 벗어난다는 것을 뜻한다.

카프카는 펠리체와 헤어진 뒤 그녀로부터 받은 편지를 모두 없앴으나, 펠리체는 카프카와 헤어진 뒤 결혼을 하고 미국에 망명하면서도 카프카의 편지를 가지고 갔다. 당시 카프카는 그야말로 무명이었으므로 펠리체가 그 편지를 순수한 보관의 목적 외에 다른 목적으로 이용하고자 했을 리는 전혀 없다. 그녀는 가족에게는 물론 누구에게도 카프카와의 관계를 말하지 않았다.

제2차 대전 후 브로트가 그 편지의 출간을 권했으나, 그녀는 오랫동안 거부했다. 그 후 카프카의 명성이 오르고, 그녀가 병이 들어 치료비가 필요해진 탓에 그 편지는 1967년에 출판되었다. 펠리체가 죽고 8년 뒤였다.

"평지 위를 걷고자 노력하지만 뒷걸음질만 친다면 그것은 절망적인 일일 것이다. 그러나 절망의 크기만큼, 발바닥이 보일 만큼 가파른 비탈을 기어오르고 있는 것이므로 뒷걸음질은 오로지 지형 때문에 생겼을 수도 있는 것이니 절망할 필요가 없다."

6장

참혹한 전쟁

I

제1차 대전

제1차 대전은 그것이 터지기 43년 전에 터진 1870-71년의 보불전쟁 이후 처음으로 유럽에서 터진 전쟁이었다. 그 사이 반세기 유럽에는 전쟁이라고 할 만한 것이 없는, 그야말로 평화와 진보의 세월이었다.

따라서 누구도 제1차 대전이 터지리라고 예상하지 못했고, 나아가 그것이 1주일 이상 계속되리라고 예상한 사람도 아무도 없었다. 즉 1914년 여름, 세르비아의 테러리스트들에 대한 오스트리아의 반격은 당연히 오스트리아의 승리로 곧 끝나고 사건은 기껏 '제3차 발칸 반도 전쟁' 정도로 역사에 미미하게 기록될 것으로 보였다.

그러나 그것은 어디까지나 희망 사항이었다. 자본주의의 발전에 의해 유럽이 통합된 듯이 보였지만 치열한 국가 간 경쟁에 의해 숱한 위기와 대량 실업이 생겨났고, 이에 대항하는 사회주의 세력의 대두에 대해 경직된 관료기구에 의해 지배된 여러 국가는 이미 10년 전부터 붕괴의 조짐을 보였다.

그러나 국제사회주의 조직도 발칸 반도 사태에 대해 안이하게 대처했다 7월 28일 오스트리아가 세르비아에 선전 포고한 다음 날, 브뤼셀에서 긴급 국제회의가 소집되었으나, 그 충돌은 지역 분쟁에 불과하므로 노동운동 측이 개입할 필요가 없고, 특히 오스트리아 정부는 사회주의를 위협하고 있으므로 개입할 수 없다는 결론을 내렸다.

물론 반대자도 있었으나 소수에 불과했고 반대로 인한 대가도 엄청났다. 즉 전쟁에 반대한 프랑스 사회주의자 장 조레스Jean Jaurès(1859-1914)는 다음 날 암살당하고, 독일 혁명가로 제1차대전 중 스팔타쿠스 단을 이끌었고 그 후 독일 공산당을 세운 리프크네히트Karl Liebknecht(1871-1919)와 로자 룩셈부르그Rosa Luxembourg도 투옥되었다. 그러나 그런 반대자들도 전쟁의 엄청난 전개에 대해서는 아무런 상상도 하지 못했다.

전쟁이 터지기 직전에 베를린을 여행한 카프카는 독일인들의 규율, 연대, 감격에 놀라 독일이 곧 승리하리라고 믿었다. 아니 몇 년 동안 그렇게 믿었다. 그러나 전쟁은 그의 전쟁도, 그의 가족이나 친척 또는 친구들의 전쟁도 아니었다.

당시 사람들은 대부분 정치에 무관심했다. 특히 독일계 유대 청년들은 유대교나 기독교, 바그너의 음악, 인상주의 회화 같은 당대의 유행 문화에만 탐닉했다. 전쟁에 대한 관념조차 없어서 평화주의라는 신념도 생길 수가 없었다.

당시 일기에 의하면 카프카는 전쟁 소식을 듣고도 태연히 수영장에 갔다. 그러나 브로트는 카페 아르코에서 친구들을 만나 토론을 했다. 그들은 진리와 정의의 유일한 수호자인 마사리크만이 그 도덕적 권위, 지성, 정치적 지혜를 통해 여러 나라에 호소함으로써 충돌이 회피될 수 있다는 결론에 이르렀다.

그들은 마사리크의 사무실로 찾아갔다. 그러나 마사리크는 그들에게 독일계 유대인들이 "체코인은 오스트리아를 배반했다"고 비난하는 것을 막아야 한다고 답했다. 그 후 마사리크가 파리에 가서 체코 독립운동을 시작하자, 브로트 등은 마사리크가 그들이 생각한 것과 달랐음을 알았다.

이는 당시 브로트를 비롯한 카프카 친구들이 얼마나 소박했는가를 보여준다. 또한 당시 프라하 유대인에 대한 체코인의 적대감이 얼마나 컸고, 그것이 전쟁 발발에 의해 더욱 커졌는지도 말해준다.

전쟁이 터지자 오스트리아 정부는 즉각 프라하에 계엄령을 발동하고 시민권을 정지시켜 검열 등을 실시했다. 이에 대해 오스트리아인들은 당연히 저항했으나, 그것은 하체크가 그린 『용감한 병사 슈베이크』처럼 소극적인 것에 그쳤다. 브레히트가 말했듯이 슈베이크는 카프카가 만든 요제프 K와 대조적인 쌍둥이였다.

프라하 독일인들은 당연히 애국주의에 빠졌으나, 독일계 유대인들은 더욱 애국심에 빠져 앞 다투어 군대에 자원했다. 전통적으로 반유대적인 체코 민족주의자들은 더욱 유대에 대해 적대감을 가졌다. 유대 최대의 적인 러시아도 연합군 측에 가담했다.

세계대전 당시 참호 속 병사들

그러나 일부 유대 청년들은 도리어 체코 문화에 친숙하여 독일 군국
주의에 반발했고, 특히 전쟁이 길어지면서 독일의 패색이 짙어지자 유대
인들은 점차 전쟁에 반대하고 체코를 지지하는 쪽으로 돌아서기 시작했
다. 그러나 여전히 체코 독립에 의해 유대인의 생존은 끝나는 것이 아닌
가 하는 불안을 끝내 버리지는 못했다.

『소송』

전쟁이 터지자 누이동생 엘리의 남편이 참전하여 그녀는 두 아이를 데리
고 부모의 집으로 왔다. 그들을 위해 카프카는 방을 내주어야 했다. 그래
서 평생 처음으로 부모의 집을 나와 역시 남편의 참전으로 혼자 있던 누
이 발리와 함께 아파트에서 1915년 2월까지 살았다.

카프카는 다시 글을 쓰기 시작했다. 그러나 여전히 현실에 대해서는
거리를 두면서. 1914년 8월 11일의 일기를 보자.

애국주의적인 행진, 시장(市長)의 연설, 그리고 나서 인파가 사라지고 다시
나타나고, 또 다시 이어지는 독일어의 외침, "우리가 사랑하는 군주여, 만
세!" 나는 그곳에서 우울한 눈길을 하고 서 있다. 이런 행형은 전쟁의 가장
혐오할 부수 현상이다. 그것은 한때는 독일인, 다른 때는 체코인이 되는 유
대 상인들로부터 나온다. 물론 이 애국심은 시인되어 왔다. 그러나 지금처
럼 소리 높여 외치는 것이 허용된 적은 한 번도 없었다. 물론 그들은 상당
히 많은 사람들을 열광시키고 있다. 조직화도 뛰어나다. 매일 밤 되풀이되

고 있는 듯하다(『사랑의 형이상학』 228쪽).*

전쟁은 급격히 국제적으로 비화되었다. 그러나 카프카는 더욱 자아를 파고들었다. 8월 15일의 일기에는 "인생을 시작하기 위한 두 가지 과제" 로 "너의 생활권을 차차 좁혀 가는 것 그리고 너의 생활권 이외의 어딘 가에 네가 숨어 있지 않은가를 몇 번이고 다시 살펴보는 것"이라고 썼다.

그는 「칼다 철도의 회상Die Erinnerung an die Kaldabahn」을 쓰기 시작 했다. 「선고」를 연상시키는 이 단편소설의 주인공은 역시 러시아 오지에 서 고독과 싸우는 게오르그의 친구 같은 인물이다. 이어 8월 하순, 장편 소설 『소송Das Prozeß』을 쓰기 시작했다.

이 소설은 당시 카프카의 경험에 근거한 것이라고 여겨져 왔다. 특히 여주인공 뷔르스트너가 펠리체인가, 아니면 브로흐인가에 대해서는 오 랫동안 논쟁이 있었다. 다수 의견은 펠리체로 보지만, 브로흐로 보는 카 네티의 의견도 무시하기 어렵다.

그러나 그런 논쟁은 중요한 것이 아니다. 그런 것을 다 잊고 소설을 들 쳐 보자. 첫 문장은 다음과 같다. "누군가 요제프 K를 중상 모략한 것이 틀림없다. 그는 특별한 잘못을 저지른 적도 없는데 어느 날 아침 느닷없 이 체포되었다."

전쟁이 터진 당시 사람들은 모두 그런 느낌에 살았으리라. 누구나 이성 을 믿지 못하고 자신이 이유도 모르고 심연의 나락으로 끌려가는 느낌

■　＊　단 번역은 저자에 의해 수정됨.

308

이었으리라. 그러나 전쟁의 비이성은 카프카에게 특별한 일이 아니었다. 그는 이미 어렸을 때부터 그런 비이성의 나락에 빠져 허우적거렸기 때문이다.

요제프 K는 절망적으로 그에게 혐의가 주어진 범죄의 종류를, 그리고 그를 재판하는 법관들의 정체를 해명하고자 시도한다. 이성을 무기로 삼아, 합리적으로는 도저히 이해될 수 없는 판결의 불가해한 논리에 대항하고자 한다. 그러나 그것은 실패하고, 그는 채석장에 끌려가 칼에 찔려 죽는다.

이 소설에 대해서는 여러 가지 해석이 있다. 지금까지 소위 독일에서의 주류였던 철학적 해석과 유대교 입장에서의 종교적 해석, 그리고 카프카의 생애에 대입하는 심리적 해석이 중심이었다. 그러나 나는 그런 견해들에 의문을 갖는다.

우선 이 소설을 소설 그 자체로 읽는 경우, 지극히 불합리한 소송의 진행이 줄거리이고, 소설의 여기저기에서 재판에 대한 비판이 나온다는 점에서 사법부에 대한 풍자로 이해될 수 있다. 내가 법학자여서 그런 것만은 아니리라. 나는 기본적으로 그런 생각을 한다. 그렇게 이해해서 안 된다는 법은 없다.

그러나 이런 정도의 이해에 그치는 경우는 거의 없다. 카프카의 삶에 비추어 보면 법정은 카프카가 끝없이 저항한 가부장주의적 가정이나 직장, 불합리한 법관은 아버지나 상관을 상징하는 것으로 볼 수도 있다. 이른바 심리학적인 해석이다. 그러나 그것은 카프카 개인의 문제의 이해로 그쳐서는 우리에게 무의미하다.

그래서 이러한 해석은 사회적인, 정치적인, 나아가 역사적인 해석으로도 나아갈 수 있다. 즉 법정은 사회나 국가의 정치를 상징하고, 그 극단인 나치의 테러를 예언한 것이라고도 볼 수 있다. 또는 근대의 합리주의와 계몽주의의 진보성과 낙관성에 대한 의문을 제기한 것이라고도 볼 수도 있다. 나는 이러한 견해에 찬성한다.

이와 달리 철학적 해석은 법정을 '삶의 과정의 총체성'으로 보고, 그런 법정에서 아직 충만한 삶을 살지 못한 요제프 K는 죄인으로 여겨졌다고 보는 것이다. 이러한 해석은 카프카는 1917년 11월, 브로트에게 보낸 편지에서 "나는 도시, 가족, 직업, 사회, 사랑, 민족공동체에서 스스로를 입증하지 못했다"라고 썼다는 점을 근거로 삼는다.

이러한 해석은 독일에서 가장 일반적인 견해인 듯하다(『카프카 문학사전』 127쪽). 카프카가 평생 '충만한 삶'을 추구한 것은 사실이다. 그러나 과연 그것이 '도시, 가족, 직업, 사회, 사랑, 민족공동체에서 스스로를 입증하'는 것일까? 그는 도리어 그것들로부터 끝없이 벗어나고자 몸부림친 것이 아닐까?

이러한 견해가 독일에서 일반적이라는 사실은 독일식 계몽주의의 '충만한 삶'에 대한 굳은 신념에서 비롯된다고 하는 점 때문에 매우 독일적이기는 하나, 여전히 독일적 전통에 머물러 있다는 느낌을 준다. 그러나 카프카는 그 소설을 쓸 때 이미 독일적인 것에서 벗어나지 않았을까?

이러한 의문은 종교적인 해석에 대해서도 느껴진다. 그 해석은 법정을 신성의 발현형태라고 보는 것이다. 그러나 그 경우 신에 해당한다고 보아야 할 법관은 너무나도 비합리적이고, 신의 심판 과정에 해당될 재판 과

「소송」 초판본(©Foto H.-P,Haack)

정도 그렇다는 이유에서 종교에 대한 비판으로 볼 수는 있어도 카프카가 종교적이었다고 보기는 어렵게 만든다. 즉 카프카는 유대교를 비합리적인 것으로 보았으니, 그런 표현은 유대교에 대한 비판으로 제기되었을지도 모르나, 그 자신 종교성에서 소설을 썼다고는 보기 어렵다.

여기서 나는 『소송』에 대한 나름의 새로운 해석을 제시한다. 요제프 K는 대단히 전도 유망한 청년으로 무엇하나 모자람이 없다. 그런 그가 갑자기 소송에 휘말린 것은 당시의 사법제도에 대한 비판으로 읽힐 수 있다. 그러나 그런 환상적 풍자의 비판으로만 보기에 이 소설은 너무나 복잡하다.

우선 K는 자신의 죄가 무엇인지도 모르고 열심히 변호를 하나 헛수고일 뿐이다. 결국 그의 죄는 절대적인 권력을 믿고서 그 소송에 스스로 끝없이 휘말리는 것으로밖에 볼 수 없다. 물론 그 권력은 정당하지 않다. 그의 죄는 부당한 권력에 복종했다는 것이다.

『소송』에 대한 나의 해석

카프카의 『소송』은 그야말로 소송의 이야기다. 카프카와 마찬가지로 법학도인 나는 그것을 정말 소송의 이야기로 읽는다. 주인공 K는 말한다. "죄가 없는데도 재판을 받을 뿐 아니라 무지하기 때문에 재판을 받는다는 것이 이 재판제도의 특징이다." 그렇다. 우리의 재판제도도 예외가 아니다. 『법은 무죄인가』(개마고원, 1998)라는 책에서 나도 그렇게 썼다.

『소송』은 사회, 국가 및 종교의 조직이라는 가공할 만한 가면을 쓰고 있다. 마지막까지 주인공은 그의 죄가 무엇인지 모른다. K는 마지막까지 필사적인 저항을 하나 결국은 포기한다. 체제는 너무나도 강고하기 때문이다. 그는 자신을 변호하면서 다음과 같이 말한다.

틀림없이 이 법정에서 볼 수 있는 모든 언행, 다시 말하면 저와 같은 경우에서 말한다면 체포와 오늘 이 자리에서 받을 심문의 배후에는 커다란 조직체가 하나 있습니다. 그리고 여러분, 이 커다란 조직체는 무엇을 말하는 것일까요? 그것은 무고한 사람들을 체포하고, 그네들에 대해서 무의미하며 저의 경우와 마찬가지로 대개 아무 소용도 없는 재판 수속을 하고 있습니다. 모든 일이 이처럼 아무 의미도 없으니 관리들이 극도로 부패하는 것을 어떻게 면할 수 있겠습니까?(『심판』 176쪽)

여기서 묘사되는 법정은 아주 현실적인, 객관적으로 존재하는 권력, 곧 인간에게 적대적이고 인간을 압박하며 예속시키는 권력이다. 바로 카프카가 인식하고 증오한 부르주아 세계이다. 그리고 그 속에서 인간은 결국 패배한다.

올바르고 유일한 길은 현실에 만족하는 일입니다. 세세한 점을 일일이 개선할 수 있다 해도—그런데 이것은 쓸데없는 생각인데.— 그것은 여러 가지 미래의 사건을 위해서 도움이 되겠지만 그 때문에 특히 항상 복수를 하려고 노리고 있는 관리들의 눈에 띄게 되면 한없이 손해를 당하게 됩니다. 그저 눈에 뜨이지 않는 것이 제일이지요. 아무리 기분에 거슬려도 꾹

참아야 합니다. 이 어마어마한 재판조직은 말하자면 영원히 공중에 떠 있
는 것이며 그런데서 자기 힘으로 무엇을 변경해보려고 해도 그때는 발붙
일 곳을 잃어버리고 자신이 그만 떨어지게 되는 것이지요. 한편 그 커다란
유기체는—전체가 다 얽혀 있기 때문이지만—사소한 장해에 대해서는 다
른 데서 쉬사리 보충할 수 있으며 사실이 그렇지만 아무리 그것이 그 이상
더 굳어지고 더욱 주의를 기울이며 더욱 엄격하고 사나워지지는 않는다
고 해도 그 상태에는 조금도 변함이 없을 것이라는 것을 힘써서 알아두어
야 할 겁니다.(『심판』169-170쪽).

『소송』은 권력 자체의 체제로서의 힘을 말한다. 여기서 지배와 피지배
의 관계는 그 체제 속에 존재하는 내부관계에 불과하다. 따라서 그것은
부르주아 민주주의로는 전복될 수 없고 그 자체와 대결해야 한다. 이를
카프카는 야누흐와의 대화에서 게오르크 그로츠George Grosz에 대해 다
음과 같이 말했다.

실크 모자를 쓴 뚱뚱한 사나이가 가난한 사람들의 목덜미에 앉아 있습니
다. 그것은 사실입니다. 그러나, 이 뚱뚱한 사나이를 자본주의라고 한다면
그것은 아주 옳다고는 할 수 없습니다. 뚱뚱한 사나이는 일정한 조직의 틀
속에서 가난한 사람들을 지배합니다. 그러나 그는 조직 자체는 아니지요.
조직의 지배자는 더욱 아닙니다. 반대로, 뚱뚱한 사나이는 그림 속에서는
묘사되어 있지 않은 멍에를 메고 있습니다. 이 그림은 완전하다고 볼 수 없
습니다. 따라서 잘된 그림이 아니지요. 자본주의는 안에서 밖으로, 밖에서

안으로, 위에서 밑으로, 밑에서 위로 올라가는 예속조직입니다. 모든 것이 멍에를 메고 있습니다. 자본주의는 세계와 영혼의 한 상태입니다(『카프카와의 대화』 198쪽).

『소송』은 인간을 죄인으로 만드는 것은 신이 아니라 권력들이라고 주장한다. 여기서도 법에 대한 도전은 없다. 세상에 있는 것은 법에 대한 비굴한 종속이다. K에게 책임을 전가시키는 더럽고 타락한, 보기에도 흉칙한 권력체제, 그리고 윤리적 세계질서를 농단하는, 속이 보이도록 닳아 빠진 누더기 정의는 검은 옷을 걸친 신사들이라는 환상적인 풍자로 소름끼치게 묘사된다.

K는 굳어진 몸으로 그네들 사이로 사이로 끼여서 걸어갔다. 그때 그네들은 누구 한 사람 매를 맞으면 셋이 다 얻어맞을 정도로 완전히 일체가 되어 있었다. 무생물이 아니면 찾아볼 수 없는 그러한 일체였다.(『심판』 297쪽).

그러자 한 남자의 손이 K의 목을 누르고 다른 남자는 칼로 K의 심장을 찌르더니 그것을 두 번이나 욱였다. 눈이 흐려졌지만 K는 두 남자가 마주 대고 바로 자기 눈 앞에서 최후의 결말을 노리는 것을 알았다.
"개 같은 자식!" 하고 K는 말했다. 그가 죽은 후에는 모욕만이 남은 것 같다.(『심판』 302쪽).

「법 앞에서」

『소송』의 제9장에 수록된 「법 앞에서*Vor dem Gesetz*」는 1914년 11/12월에 쓰여진 작품으로 흔히 개별 단편으로도 취급된다. 특히 우리나라에서 그렇다. 카프카 자신 1915년 9월 7일자 『자위』에 처음으로 게재했다. 그리고 그것을 일기에서 '전설'이라고 불렀다.

흔히들 이 작품의 '법'이란 '옳은 것'에 대한 암호이자, 충만한 삶의 상징이며, 신이 원하고 인간에게 걸맞은 질서라는 종교적 해석이 지배적이다. 그러나 적어도 카프카가 종교를 믿지 않았음은 물론 독일어의 Gesetz는 '법률'을 말하는 것으로서, '옳은 것'을 말하는 Recht와는 구별된다. 이는 『소송』에서 교도소 보좌 신부가 K에게 법정에 속았다는 점을 설명하기 위해 그 이야기를 하는 것으로 배치되어 있음에서도 알 수 있다.

이야기는 간단하다. 어느 남자가 '법' 안으로 들어가고자 하자 문지기가 막는다. 평생 그러다가 남자가 죽어가서 문지기는 그 문은 단지 그 남자를 위한 것이었다고 말하고 문을 닫는다.

「법 앞에서」는 체제를 상징하는 법이 화석화된 제도로 더 이상 시대에 맞지 않고 여전히 위협적인 존재로 인간을 억압하는 모습을 보여준다. 그 문지기는 권리를 추구하는 인간을 추방한다. 그래서 법은 더 이상 「권리를 위한 투쟁」의 수단이 아니라 권리를 억압하는 것이다. 문지기는 말한다.

> 나는 힘이 장사지. 그래도 나는 최하위의 문지기에 불과하다네. 그러나 홀을 하나씩 지날 때마다 문지기가 하나씩 서 있는데 갈수록 힘이 센 문지

기가 서 있다네(『변신』 225쪽).

그런 문지기는 복잡한 법절차나 재판절차 또는 법률가를 뜻한다고 볼
수 있으나, 나는 법률가라고 본다. 이는 카프카의 「법에 대한 의문」에서
더욱 분명하게 나타난다. 카프카는 법률가가 이미 법을 무의미하게 함을
말한다. 따라서 카프카가 문지기의 위압에도 불구하고 남자는 반항했어
야 함을 주장했다는 지적(『카프카 문학사전』 81쪽) 역시 무의미하다.

그 밖에도 여러 해석이 있다. 예컨대 문지기는 어머니(따라서 어머니가
법이다)에 대한 접근을 방해하는 아버지이고, 그런 유아적 집착을 버려야
함을 교훈으로 제시한다는 심리학적 해석 등이다(『카프카 문학사전』 81-82
쪽). 그러나 이러한 해석에는 의문이 있다. 카프카는 심리적으로 왜곡되
지 않았기 때문이다.

전쟁의 파국

양차 대전에서 전쟁을 일으킨 당사자이나 결국은 두 번이나 패한 독일은
20세기 역사에서 엄청난 오점을 남겼다. 그러나 어느 경우에나 독일은 처
음에 승리에 자신이 있었기에 전쟁을 일으킨 만큼 초반에는 전격작전에
의해 금방 승리할 듯이 보였다.

중요한 적은 서쪽 유럽과 동쪽 러시아였다. 독일은 먼저 러시아 공격에
총력을 기울여 추운 겨울이 오기 전에 끝장을 볼 참이었으나, 전쟁이 터
진 지 6주 만에 그것이 불가능하다는 사실이 삼척동자의 눈에도 분명했

다. 그러나 전쟁은 수많은 사람을 죽이고 다치게 하면서 4년을 끌었다.

장비나 전력에서 뛰어났던 오스트리아군은 장비도 빈약하고 통일성도 없는 러시아군에 초반전에서 패해 프라하는 물론 빈까지 곧 함락될 듯이 보였다. 그러나 검열제는 그런 사실을 숨기고, 도리어 사실과는 거꾸로 전쟁에 승리하여 모스크바로 진격하고 있다는 허위 보도를 내보냈다

심지어 오스트리아는 소국인 세르비아에 패했다. 물론 진상은 계엄군 당국의 철저한 탄압에 의해 보도되지 않았으나, 피난민을 통해 진실은 전해졌다. 슬라브족의 생각지도 못한 승리는 동족인 체코인들을 당연히 격앙시켰고, 반면 프라하의 독일계 사람들은 공포에 떨었다.

카프카도 예외가 아니었다. 그러나 생활은 종전과 조금도 다름이 없이 공단 출근과 글쓰기였다. 동료들의 참전으로 인해 근무시간이 오후 2시에서 4시로 연장되고 일요일에도 근무했지만, 부모 집에서 점심을 먹고, 다시 2시간 근무하거나 독서 후 9시까지 자고, 부모 집에서 저녁을 먹은 뒤 글을 썼다.

전쟁은 그의 죄의식을 더욱 두텁게 만들었다. 불구인 브로트를 제외한 모든 친구들이 입대했다. 카프카도 입대하고자 1915년과 1916년 두 차례 신체검사에서 병역적격자로 판정 받았으나, 공단 측에 의해 '필수 불가결한 직원'으로 인정되어 변역에서 면제되고 예비역에 배속되었다. 1917년에도 신체검사를 받았으나, 이미 결핵이 발병하여 불합격처분을 받았다.

「유형지에서」

1914년 10월, 카프카는 3일 만에 단편 「유형지에서」를 썼다. 그 유형지가 어딘지에 대해서는 불명하나, 카프카가 그 앞에 쓴 소설을 볼 때 러시아 어디일 수 있겠다. 여하튼 유형지의 장교는 그곳을 방문한 탐험가에게 사병을 처형하는 도구를 자랑하며 신임 사령관에게 좋은 평을 해달라고 부탁한다. 그러나 탐험가가 거부하자, 장교는 그를 설득하기 위해 사형수 사병을 풀어주고 스스로 기계 밑에 눕는다. 그러나 기계가 망가져 장교를 죽인다.

이런 혐오스러운 이야기에 볼프는 출판에 난색을 표했다. 이에 대해 카프카는 그 소설만이 특별히 혐오스러운 것이 아니고, 자기 작품 모두가 그러하며, 특히 당시의 시대 일반, 카프카가 속한 특별한 의미의 시대도 혐오스럽다고 답했다.

전쟁이 끝난 1년 뒤인 1919년에야 출판된 이 소설은 특히 1920년 투홀스키로부터 극찬을 받았다. 그는 군사법정을 비유한 것으로 느끼면서도, 장교가 사디스트가 아닌 '정의의 집행자'라는 이름의 기계에 불과하고, 그 기계를 싫어하는 사령관, 탐험가도 그것을 용인하는 절대 권력의 구조 속에 있음을 보여준다고 평했다.

이 소설은 투홀스키처럼 전쟁에 대한 풍자라거나, 뒤의 강제수용소를 예견한 것이라는 해석에서부터, 예수의 희생적인 죽음을 형상화했다거나 문학적인 자기 형벌에 대한 기록이라는 브로트의 견해까지 다양한 해석이 제기되었다.

창작의 중단

카프카는 1914-5년에 스트린드베리August Strindberg(1849-1912)의 「망망대해」를 읽고 충격을 받았다(『카프카의 편지』 720쪽). 충동적인 약혼에 실패한 나약한 주인공의 자살 이야기는 펠리체와의 힘든 관계를 연상시켰다. 그 후 카프카는 스트린드베리의 자서전을 비롯한 모든 소설에 심취했다.

카프카는 스트린드베리의 인간 혐오, 남성의 창조력을 파괴하는 흡혈귀적 여성에 대한 불안, 결혼에 대한 반감에 특히 친근감을 느꼈다. 그 여성이란 바로 펠리체였다. 「유형지에서」를 쓴 뒤 카프카는 다시 펠리체 문제로 괴로워했다.

그래서 다시 글쓰기는 1916년 말까지 중단되었다. 물론 펠리체만이 원인인 것은 아니었다. 전쟁은 여전히 계속되었고, 개인적으로도 공장 운영 문제로 바빴고, 그로 인해 아버지와의 갈등도 더욱 깊어졌으며, 새로 이사한 집은 너무나 시끄러웠다.

또한 전쟁으로 인한 부상자 복지사업이 직장의 새로운 일거리로서 카프카에게 맡겨졌다. 그는 이 새로운 일을 열심히 수행했고, 치료기관의 확충을 위한 사업에도 참가했다. 그 사업은 1918년 새로운 정신병원을 개설하는 것으로 결실을 맺었다. 1916년 11월 카프카가 정신병원을 설립을 요청하는 다음 호소문은 감동적이다.

동포들이여!

모든 인간적 불행을 가득 안고 있는 세계 전쟁은 또한 신경의 전쟁이기도 하다. 이러한 신경 전쟁에서는 너무나 많은 사람들이 희생된다. 지난 수십 년간 평화 속에서 집중적인 기계 산업화로 인해 산업에 종사하는 사람들의 신경 조직이 그 어느 때보다도 더 많이 공격 당하고 해를 입고 장애를 일으켰듯이, 현재의 전쟁 상태 속에서 거대하게 증가한 기계화는 전쟁에 참여한 사람들의 신경조직에 심각한 위험과 장애를 야기한다(『카프카의 편지』 911-912쪽).

1914년에 이미 1만 5천명의 유대인 피난민이 프라하에 왔다. 그것은 시의 재정을 압박했을 뿐만 아니라, 체코인의 반유대 감정을 더욱 나쁘게 만들었다. 게다가 프라하에 살던 유대인과 피난민 유대인 사이의 갈등도 깊어졌다.

그러나 이미 러시아나 동유럽의 유대인들에게서 참된 유대인의 모습을 발견했던 카프카는, 피난민 유대인을 경멸한 프라하 유대인들과 반대로, 그들에게 금방 친숙해졌고, 그들을 위한 문화사업에도 참여했다. 또한 동유럽에서 시작된 유대교파인 하시디즘에 심취했다.

그러나 1915년에는 생활이 더욱 어려워졌다. 식료품은 2배나 오르고, 그나마 공급이 중단되기 일수였다. 반오스트리아 체코인에 대한 탄압은 더욱 격심해졌고, 3월에는 이탈리아도 오스트리아에 전쟁을 선포하여 새로운 희생자가 늘어났다. 그중에는 카프카의 김나지움 친구인 폴라크도 포함되었다.

카프카도 참담한 상태였다. 두통은 더욱 심해져 집안에서만 지냈으나 집필은 불가능했다. 다시금 펠리체와 가까워져 처음으로 함께 10일을 지냈다. 그 결과 카프카는 기적처럼 건강을 회복해 다시 1917년 7월 약혼했다.

이제 결혼은 의무라고 느낀 탓으로 카프카는 그녀를 교육하고자 했다. 즉 그녀의 부르주아적 태도를 고친다는 것이었다. 그녀는 카프카의 요구로 베를린에 있는 유대 피난민 아동을 돕는 시설에 지원했다.

이 무렵 카프카는 9세 연하인 막내 여동생 오틸리에와 친하게 지냈다. 오틸리에는 카프카의 4남매 중에서도 아버지에 대한 반항이 가장 심했기 때문에 어려서부터 카프카와 가장 친했다. 이를 근친상간으로 보는 견해가 있으나, 무리라고 생각된다.

1916년, 24세의 그녀는 여전히 아버지에 반항했고, 특히 체코인 기독교도 청년과의 연애로 그러했다. 카프카는 그녀에게 괴테, 쇼펜하우어, 함순, 플라톤, 도스토옙스키를 읽게 했고, 그녀가 아버지 상점 일을 그만두고, 농업에 종사하려는 계획을 적극 지원했다.

그러나 자신은 여전히 두통에 시달리고 집필을 하지 못했다. 쿠르트 볼프가 카프카에게 출판사에서 일할 것을 권했으나, 카프카는 거절했다. 대신 1916년 10월, 『선고』가 출판되었다.

그 후 카프카는 뮌헨의 화랑에서 「유형지에서」와 브로트의 시를 낭독했다. 그곳에서는 혹평을 받았으나, 그것은 뒤이어 당시 뮌헨에 머물렀던 릴케의 호평에 의해 메워졌다. 당시 두 사람이 서로 알았는지는 불명하나, 카프카에 대한 릴케의 높은 관심은 뒤에도 이어졌다.

창작의 재개

그 후 카프카의 창작열은 다시 불타 올랐다. 조용한 집으로 이사한 1916

년 12월부터 1917년 4월까지 그는 자신이 생전에 발표한 대부분의 단편을 집필했다. 「시골의사」 「회랑에서」, 「형제 살인」, 「이웃 마을」, 「다리」, 「양동이를 탄 사나이」, 「재칼과 아랍인」, 「신임 변호사」, 「사냥꾼 그라쿠스」, 「학술원에 드리는 보고」 등이다.

당시 카프카는 주변으로부터 더욱 멀어졌고, 그런 상황이 1917년 초에 쓴 짧은 글 「사냥꾼 그라쿠스 *Der Jägger Gracchus*」로 표현되어 있다고 한다. 「사냥꾼 그라쿠스」의 그라쿠스는 이탈리어어 까마귀란 뜻으로 카프카 자신을 말한다. 그는 모든 인연을 끊고 자유 속에서 자신을 찾으려는 신화 속의 인물이라고 한다(『카프카 문학사전』 106쪽). 죽은 자도 아니고 산 자도 아닌 사냥꾼의 입을 빌어 카프카는 말한다.

> 내가 여기에 쓰고 있는 것을 아무도 읽지 못할 것입니다. 나를 도우러 아무도 오지 않을 겁니다. (⋯)
> 그것을 나는 알고 있고, 그래서 도움을 청하려고 소리치지 않습니다. 비록 어떤 순간에는—지금처럼 자제력을 잃을 경우에는—매우 강렬하게 그런 생각을 합니다만 말입니다(『변신』 505쪽).

같은 시기에 쓰여진 「황제의 칙명 *Eine kaiserliche Botschaft*」이나 「가장의 근심 *Die Sorge des Hausvaters*」** 역시 공동체로부터의 고립을 표현한다고 한다(『카프카 문학사전』 19쪽). 특히 「가장의 근심」은 오드라덱이라는 아들에

■　* 전집 1, 500-506.
　** 전집 1, 241-242쪽.

대한 것인데, 그 아들 역시 그라쿠스처럼 죽지도 않는, 게다가 인간인지 사물인지도 명확하지 않은 존재로 그려진다. "그는 흔히 오랜 동안 말이 없다. 마치 나무토막처럼. 그는 나무토막인 것 같기도 하다."(『변신』 242쪽)

이 작품에 대해서는 여러 가지 해석이 있다. 예컨대 브로트는 오데라덱을 불행한 유대민족의 운명으로, 엠리히는 '현존재의 절대적 자유'로 본다. 또는 가장과 자식의 대화 단절로 보는 견해(『카프카 문학사전』 21쪽)도 있다. 유대 민족의 운명이나 부자간 대화 단절로 보는 견해는 일리가 있다. 그러나 엠리히처럼 보는 것은 작품 전체의 어두운 분위기와 반드시 맞지 않다.

그러나 나는 매우 조심스럽지만, 적어도 위 작품들을 쓰기 직전인 1916년 말 카프카가 다시 펠리체와 약혼을 하고, 직장과 사회에서 정신병자 구제를 위한 새로운 일에 적극적으로 참여한 이 시기를 새로운 창작의 활기를 불어넣은 시기로 본다.

동시에 이 시기에 쓰여진 위의 단편들은 그러한 정신병자 구제와 관련되어 이해할 수도 있다고 본다. 즉 그라쿠스와 오드라텍을 그런 사람들을 형상화한 것이고, 그들을 둘러싼 공동체의 냉대는 카프카가 요청한 정신병자 구호에 대한 사람들의 냉대로 본다는 것이다.

한편 1917년 1-2월에 창작된 것으로 추측되는 「시골의사_Ein Landarzt_」는 카프카가 좋아한 외삼촌와 같은 어느 시골 의사의 황당한 왕진을 묘사한다. 그는 하녀 로자와 함께 사는데, 그가 종소리를 듣고 왕진을 가자 마부가 하녀를 덮친다.

의사는 환자가 전혀 아프지 않다고 생각하다, 말들이 머리를 창문 안에 밀어 넣자 환자 소년의 엉덩이 부분에서 불치의 큰 상처를 발견한다. 소년이 의사를 무능하다고 비난하자, 의사는 도망친다. 마지막 장면을 보자.

> 발가숭이로 이 불행한 시대의 혹한에 몸을 내맡긴 채 현세의 마차와 비현세의 말을 타고 이 늙은 나는 이리저리 떠돌고 있을 뿐이다. 나의 털외투는 마차 뒤에 매달려 있지만 그것을 잡을 길이 없고, 그리고 환자들 중 움직일 수 있는 놈들조차도 그 어느 누구하나 손가락 하나 까딱 않는구나. 속았구나! 속았어! 잘못 울린 밤의 종소리를 따르다 보니-정말 돌이킬 수 없게 되었구나(『변신』 219쪽).

이 소설에 대해서는 여러 가지 해석이 있다. 종소리와 치료를 문학적 소명이라고 하고, 작가로서 그것에 따랐기에 생활과 관능을 상징하는 로자를 희생시키게 되었다(즉 펠리체와의 파혼)는 것이다. 또는 종소리를 가부장적 권위라고 보고, 그것에 의한 정신적 파멸을 묘사했다고 보는 해석도 있다(『카프카 문학사전』 135-136쪽).

의사에 대한 카프카의 불신은 평생 지속되었다. 「시골의사」에서도 그런 의사의 무능, 특히 '불치의 큰 상처'로 표현된 정신적 상처를 모르는 의사를 비판하는 것이라고 볼 수 있을까? 그래서 카프카는 정신병원 건립에 적극 나선 것일까?

그러나 위 마지막 문장에서 보듯이 이 소설은 직업의 존엄성을 유린당한 시골 의사의 비탄이고 항거라고도 볼 수 있다. 그것은 잘못 울린 종소리-혁명에의 부름도 아니고, 영원한 인간조건 같은 것도 아닌, 오히려 '불행한 시대'에 대한 항거라고 볼 수 있다.

정치소설

1917년 1월에 창작된 「재칼과 아랍인*Schakale und Araber*」은 북쪽에서 아랍으로 여행하는 여행객의 이야기이다. 여행 중 나는 재칼을 만난다. 재칼은 나에게 내가 북쪽에서 왔다는 것을 알고 있다고 말한다.

> 바로 그곳에 우리는 희망을 걸고 있습니다. 그곳에서는 이곳 아랍인들 사이에서는 찾아볼 수 없는 오성이 있지요. 이 차가운 자만감으로부터는 한 치의 오성도 일으킬 수 없습니다. 그들은 동물을 잡아먹기 위해서 죽입니다. 그러면서도 동물의 썩은 시체는 경멸하지요(『변신』 229쪽).

재칼은 나에게 원하는 것은 "순수함"뿐이라고 말하며, 가위로 아랍인을 죽여달라고 부탁한다(『변신』 231쪽). 그러자 아랍인들은 재칼에게 썩은 낙타 고기를 던져준다. 재칼은 아랍인도, 증오심도 잊고 고기에 달려든다. 아랍인이 채찍질을 하자 재칼들은 멀리 도망친다.

이 소설에 대해서 재칼은 각각 아들, 예술가, 혁명가, 유대인을 상징한다고 보는 여러 가지 해석이 있다(『카프카 문학사전』 207-208쪽). 이러한 해

■ * 유사한 견해는 피셔, 임철규 편역, 『카프카와 마르크스주의자들』, 까치, 1986, 113쪽.

석은 각각 아랍인을 아버지, 세속인, 지배자, 유럽인으로 대응시키리라.

반면 들뢰즈는 재칼을 언제나 자유가 아닌 유일한 탈출을 상징하는 카프카의 동물을 상징한다고 보면서 다음 구절을 인용한다(들뢰즈 86).

> 물론 우리는 그들을 죽이지는 않소. (…) 우리들은 그들의 살아 있는 육체만 보아도 도망 치지요. 보다 순수한 공기 속으로, 사막으로. 사막은 그렇기 때문에 우리들의 고향이지요(『변신』 230쪽).

그러나 나는 이 소설을 정치소설로 본다. 북쪽은 사회주의 러시아를 상징하고, 아랍은 현재 전쟁이 일어나고 있는 유럽을 말하며, 재칼은 지배지에 저항하면서도 결국은 빌붙는 유럽의 민중 또는 유대인을 뜻하는 것으로 볼 수 있다.

이러한 해석은 1917년 3월에 쓰인 「낡은 쪽지Ein altes Blatt」를 정치소설로 보는 것과 연결된다. 우리나라가 지저분하고 탐욕스러운 북방 유목민들에게 침략 당한다. 그러나 황제는 물론 시민인 우리들도 그들을 쫓아낼 수 없다. 시민들에게 그럴 만한 능력이 있다는 것은 "오해이고, 우리는 그것으로 인해서 몰락하고 있다."(『변신』 224쪽)

이 작품에 대해서는 유목민=예술, 시민=카프카의 삶에 비유하거나, 시민=자아, 황제=초자아, 유목민=이드로 이해하거나, 카프카 부자의 갈등을 상징한다고 보는 견해 등이 있다(『카프카 문학사전』 38-39쪽).

그러나 나는 제1차 대전의 상황으로 읽는다. 북방 유목민은 침략자 러시아이고, 우리나라는 오스트리아이다. 애국자들은 시민들의 애국심에 호소하나, 그런 애국심이란 오해에 불과하다.

마찬가지 해석은 1917년 3월에 쓰여진 것으로 추정되고, 뒤에 유고집에 수록된 「만리장성의 축조」에 대해서도 말할 수 있다. 그것은 만리장성 축조 건설자의 입장에서 그 축조를 설명하는 내용이다. 북방민족의 침입을 믹고지 축그던 것에 | 시실은 부분저으로 추주되어 목적이 상실된다. 그러나 더욱 본질적인 문제는 황제의 정치제도에 있다.

> 황제 주위에는 번쩍이는 그러나 정체가 불투명한 궁정의 무리들이-시종과 친구의 옷을 입은 악의와 적의가 쇄도하고 있다. 독화살로 황제를 쏘아 그의 저울판에서 떨어뜨리려고 항시 노리고 있는 황정의 반대편 평형추가 그들이다. 황제의 권위는 불멸이다. 그러나 황제 하나하나는 쓰러지고 추락하고, 전체 왕조 자체는 드디어 침몰하여 오로지 그르렁거림으로써 잠깐씩 숨을 돌린다(『변신』 517쪽).

이 소설은 중국을 소재로 한 것이나 사실은 카프카가 살았던 오스트리아-헝가리제국의 무능을 비판한 것이다. 어디에나 황제는 신비의 전제자로서 민중을 지배하나, 무능하게 죽어가고 있을 뿐이다. 「황제의 칙명」이나 「도시 문장」에 나오는 황제처럼. 그리고 북방민족은 이미 오스트리아 제국을 제압하고 있던 러시아를 뜻한다.

그러나 황제는 신으로 해석되기도 한다. 바로 '신은 죽었다'라는 니체의 말이 여기에 암시되어 있다는 것이다(『카프카 문학사전』 64-65쪽). 이와 달리 "내세에 대한 어떤 희망을 위해서 오히려 국민의 결속도 다질 목적을 위해서 이 현세계의 지도부가 선양되어야 한다는 논리의 주장인 듯하다"고 보는 견해도 있다. 즉 새로운 공동체에 대한 희망을 말한 것이리라.

「학술원에 드리는 보고」

1917년 4월에 창작된 것으로 추측되는 「학술원에 드리는 보고」는 인간으로 변한 원숭이가 학술원에서 하는 보고 형식으로 쓰여진다. 우리나라에서도 「빨간 피터의 고백」이라는 제목의 연극으로 소개된 바 있다.

원숭이는 자신이 나포되어 갇힌 것을 "난생 처음으로 출구가 없는 상황"에 갇힌 것으로 표현한다(『변신』 259쪽). 그것은 의도적으로 자유라는 말 대신에 사용된다. 그 이유는 다음과 같다.

> 인간들 사이에서는 너무도 자주 자유라는 말로써 기만당하고 있습니다. 그리고 자유가 가장 숭고한 감정에 속하는 것처럼, 그에 상응하는 기만 역시 가장 숭고한 감정에 속합니다. (…)
> 그렇습니다. 저는 자유를 원치 않았습니다. 단지 하나의 출구만을 원했습니다. 왼쪽이든 오른쪽이든 어디든 관계없이. 저는 그 밖의 다른 요구는 하지 않았습니다. 그 출구가 하나의 착각일지라도 말입니다.(『변신』 261쪽).

원숭이는 도주가 절망임을 알고 인간을 관찰하고, 그 흉내를 내기로

■ * 김윤섭, 『독일문학과 동양사상-동서문학 비교론』, 예림기획, 1998, 243쪽.

해 담배도 피우고 술도 마시고 그러다 조련사에 의해 생식기 부위를 태워 다치기도 한다. 마지막으로 원숭이는 말한다.

저는 인간의 판단은 원치 않습니다. 저는 단지 견문을 넓히고자 할 뿐입니다. 저는 다만 보고를 띠 름입니다(『변신』 269쪽).

이 작품에 대해서도 여러 가지 해석이 있다. 예컨대 술 마시기는 카프카가 남성 세계로 진입하는 것, 생식기 부위 상처는 카프카의 거세 공포, 우리 속 고통은 카프카의 섹스에 대한 고민 등으로 보는 심리적 해석이 있다. 또는 원숭이의 인간화는 예술가의 출세를 뜻한다고 보는 견해까지 있다. 또한 원숭이가 동물 상태의 자유를 과대평가한다든가 하는 이상한 비판도 있다(『카프카 문학사전』 265-266쪽).

그러나 그 어느 것이나 납득하기 어렵다. 반면 이 소설은 유대인의 동화주의를 풍자한다든가, 다윈의 진화론이나, 많은 교사에 의한 교육을 풍자한다고 보는 입장은 일리가 있으리라. 위 두 인용에서 나는 당시 카프카가 자유가 아닌 출구를 요구한 점, 그리고 자신의 입장을 판단이 아닌 보고라고 말한 점에 주목한다.

이와 관련되어 들뢰즈와 가타리는 다음과 같이 말한다.

작가는 글을 쓰는 사람이 아니라 정치적인 사람이며, 기계 사람이고 실험적인 사람이다. (…) 탈주선은 기계의 일부이다(들뢰즈 25쪽).

그래서 작가 카프카는 스스로 동물로 '변신'하거나 「유형지에서」와 같은 처형 기계를 창조하거나, 『실종자』에서 아메리카라는 기계, 『소송』에서 사법권이라는 기계, 『성』에서 권력이라는 기계를 보여준다는 것이다. 나도 이 책의 앞 부분 '들어가는 글'에서 카프카가 관찰자라는 말을 했다.

그러나 관찰의 차원에서만 「학술원에 드리는 보고」의 의의를 인정한다는 것은 그 작품의 의미를 왜곡시키는 것이리라. 결국 근대적 의미의 시민적 자유란 현대라고 하는 극단적 상황에 와서는 오직 탈출, 출구만을 뜻하는 절박한 것이 되었음을 보여주는 것이 아닐까?

7장

새로운 혁명

I

1917년

1917년 2월, 러시아 혁명이 터졌다. 마사리크는 오스트리아군에서 탈주한 체코인 병사들을 모아 민족군대를 조직하기 시작했다. 몇 달 전, 48년을 통치한 오스트리아 황제가 죽었고, 몇 달 뒤에는 미국이 참전하여 전쟁의 끝이 보이기 시작했다.

프라하의 체코인들은 매일 환성을 질렀으나, 독일인들과 유대인들은 더욱 불안해졌다. 카프카의 아버지 헤르만은 그 이름 Herrmann의 r을 지워 조금이라도 독일인처럼 보이지 않게 하려고 개명했다.

카프카는 더욱 자기에 파묻혔다. 브로트를 비롯한 친구들도 거의 만나지 않고 펠리체와의 편지도 중단했다. 1917년 1월부터 9월까지의 편지는 남아 있지 않다. 대신 그는 봄에 이사를 하고 히브리어 공부에 열중해 1

년 만에 유창하게 히브리어를 구사하게 되었다.

그러나 8월, 카프카는 결핵으로 인한 최초의 각혈을 했다. 그는 직장에 퇴직을 신청했으나 3개월 휴직 명령을 받았다. 이어 취라우의 오틸리에에게 가서 휴가를 연장 받아 8개월을 지냈다. 그의 생애에서 가장 행복한 시절이었다.

카프카의 결핵은 그다지 심각한 것은 아니었다. 19세기에는 심각한 전염병이었으나, 1882년 코흐에 의해 결핵균이 발견되고 왁친도 개발되었다. 카프카는 그 전에 살던 집이 습기가 많아 결핵에 걸렸다. 그 밖에 그의 과도한 채식주의와 식이요법도 원인이 되었다. 그러나 전쟁 전후로 프라하 사망자 중 30%가 결핵에 의한 것이었다. 사회적인 요인 역시 무시할 수 없다.

그러나 카프카처럼 결핵 진단을 받았다고 해서 바로 죽는 것은 아니었다. 대부분의 중산계급 환자들은 휴양이나 칼로리 있는 식사를 통해 완치되었다. 그러나 카프카에게는 결핵이 무엇보다도 자신의 정신적 위기에 대한 구제의 기회가 되었다.

카프카와 펠리체는 다시 헤어졌다. 그들은 1917년 크리스마스, 프라하에서 마지막으로 만났다. 카프카는 병든 자신 때문에 그녀를 희생시킬 수 없다고 말했으나, 펠리체는 병을 이유로 헤어질 수 없다고 버텼다.

카프카와 헤어진 15개월 뒤, 펠리체는 1919년 베를린의 부유한 은행원과 결혼했다. 카프카는 그 소식을 듣고 기뻐했다고 브로트는 전하고 있다. 1936년 펠리체는 가족과 함께 미국으로 망명해 그곳에서 죽었다.

취라우

취라우는 역이 있는 마을로부터 몇 킬로나 떨어지고 전기도 없는 벽촌이었다. 그는 그곳에서 평생 그런 자연과 자유를 만끽했다. 그는 전쟁이 끝나면 그곳에서 작은 농지를 구입해 농사를 지을 꿈도 꾸었다.

8월의 각혈은 그의 모든 문제를 해결한 것처럼 보였다. 결혼, 직장, 불면, 두통 등등. 그는 프랑스와 체코어를 쓰여진 자서전이나 서간집 외는 책을 읽지도 않고 시골 생활을 즐겼다. 일기도 최소한으로 쓰고, 10월에 일련의 아포리즘을 썼을 뿐이었다.

그것은 사후인 1931년, 브로트에 의해 『죄, 고뇌, 희망;진실의 길에 대한 고찰』이란 제목으로 발간되었다. 그러나 이 제목은 간결하고 엄격한 스타일의 자아에 대한 사색을 담은 아포리즘과는 맞지 않다.

겨울이 오면서 해가 짧아지자 읽고 쓰는 것은 어려워졌다. 특히 쥐가 들끓어 잠을 자기도 어려워졌다. 그는 겨울에 맞는 작가인 듯 톨스토이와 헤르첸 그리고 키르케고르의 자전적 저작을 읽었다. 특히 키르케고르의 올기네와의 파혼은 카프카가 펠리체와 파혼한 경험과 너무나 비슷했다. "결혼하라, 그러면 후회하리라. 결혼하지 마라. 그래도 후회하리라"라는 키르케고르의 말은 카프카의 심정을 그대로 옮긴 것이었다.

카프카 자신의 경우만이 아니었다. 브로트도, 바움의 결혼도 위기에 빠졌다. 그래서 카프카는 그들의 상담역이 되었다. 그러나 조언은 상대가 받아들이지 않는 경우 무의미하다. 특히 브로트가 그랬다. 그는 자신의 바람기에 대한 부인의 반응이 지나치다고 생각해 자기 연민에 젖어 있었다. 카프카는 부인의 편을 들어 브로트의 결단을 촉구했으나, 브로트는 불응했다.

취라우에서 카프카는 정신적 안정을 되찾았다. 아버지에 대한 원망도 가셔졌다. 그래서 곧 출판될 『시골의사』의 교정쇄에 '아버지에게'라는 헌사도 넣었다. 그리고 팔레스타인으로 가겠다고 결심했다. 바로 1918년 1월, 영국군이 예루살렘에서 터키군을 몰아내고, 그곳에 유대인 국가를 세운다는 발포어 선언이 발표되었다.

1918년 3월 카프카가 쓴 「무산 노동자 동맹Die besitzlose Arbeiterschaft」은 제목과는 달리 "노동 생활을 양심의 문제, 동포에 대한 신뢰의 문제로 삼는다"는 내용은 아나키즘적인 소박하고 금욕적인 공동체를 구상한 것이었다(1953년에 간행). 카프카는 그 글에서 500명 미혼 남자로 구성된 노동공동체를 구상한다. 그들은 재산을 국가에 헌납하고 1일 4-5시간의 노동과 사회보장제도를 인정받는 것으로 되어 있다.

이러한 카프카의 노동공동체 구상에 대해 당시 유럽에서 중요하게 주장된 노동자들의 권리, 예컨대 임금 결정의 자율성, 착취의 방지, 평등의 원칙, 특히 노동자의 단결권 등이 명시되지 않아 '이상하다'고 보는 견해가 있다(『카프카 문학사전』 69쪽).

그러나 이를 '이상하게' 볼 필요는 없다. 노동법 전문가인 카프카가 그러한 주장들을 몰랐던 것이 아니라는 것은 충분히 짐작된다. 그러나 그 것은 어디까지나 자본주의 기업에서 필요한 것이고, '양심과 신뢰'를 기반으로 한 카프카의 새로운 노동공동체에서는 그런 것들이 문제될 리가 없다고 생각한 것이다. 즉 임금은 동등할 것이고, 착취나 불평등은 원천적으로 없을 것으로 보았다는 것이다.

이러한 노동공동체의 구상은 당시 카프카가 읽은 톨스토이의 영향에 의해 형성되었다. 또한 당시 추라우에서도 받아 본 유대 잡지 《자위》에 실린 골든Aron David Goldon(1865-1922)의 영향도 인정된다. 골든은 러시아에서 태어나 톨스토이와 크로폿킨의 영향을 받고 1904년 팔레스타인으로 건너가 '노동을 통한 유대인 구제'를 목적으로 한 키부츠 공동체를 창시했다. 그 뒤 두 사람은 프라하에서 만났고, 카프카는 만년까지 팔레스타인 이주를 꿈꾸었다.

그의 공상은 대단한 것이 아니었다. 작가로 사는 것도 아니었다. 즉 김나지움 친구인 베르크만이 근무하는 예루살렘 도서관의 제본기사나 텔아비브의 식당에서 보이로 일하는 등의 아주 소박한 꿈이었다. 당시 일기에 나타나는 농부들에 대한 깊은 인상도 그것과 관련이 있으리라.

> 농업 속에서 자신을 구원하는 귀인들, 그 속에서 자신의 일을 아주 현명하고 겸손하게 배치하여 자신을 빈틈없이 전체 속에 끼워 넣으며, 축복 받은 죽음에 이르기까지 그들은 그 어떤 동요나 뱃멀미로부터도 지켜져 있다. 진정한 대지의 시민들(바겐바하 140쪽 재인용).

카프카 자신 농부나 수공업자가 되어 팔레스타인으로 가는 꿈을 꾸었고, 특히 그 뒤에도 가구공장에서 스스로 수공업에 종사했다. 1920년 그는 이에 대해 야누흐에게 다음과 같이 말했다.

> 그 작업장에서 일하는 것을 좋아합니다. (…) 순수하고 명료한, 일반적으

로 유익한 수공업보다 더 아름다운 것은 없습니다. 가구를 만드는 일 이외에도 이미 농업과 원예분야에서 일을 해보았습니다. 이런 일들은 모두 관청에서의 강제 노동보다는 훨씬 더 아름답고 유익한 것이었습니다. 관청에서 일하는 사람들은 무슨 높고 훌륭한 사람들같이 보이지만, 실은 그것은 허 ㅏ이 껍데기에 지나지 않습니다. 실제로는 더욱 외롭고 따라서 더욱 불행한 사람들입니다. 그것이 전부입니다. 지적 노동은 인간을 인간의 공동사회로부터 떼어놓는 것입니다. 이와 반대로, 수공업은 인간을 인간에게로 인도합니다. 내가 일터나 정원에서 일할 수 없게 된 것은 정말 섭섭한 일입니다. (…) 나는 농부나 수공업자가 되어서 팔레스타인으로 갈 꿈을 꾸었습니다(『카프카와의 대화』 19쪽).

그렇게 그는 다시 가장 순수한 소년의 시대로 되돌아갔다. 그 8개월은 그의 내면을 변화시키기에 충분했다. 따라서 그가 1918년 4월 말, 다시 프라하로 돌아와 직장에 출근했어도 과거와 같은 부담은 없어졌다. 그러나 이는 자신에 더욱 충실하게 되었다는 것이지 그가 세상과 타협했다는 것이 아니다. 따라서 최소한의 가족과 직장 외에 친구들도 전혀 만나지 않았다.

다시 말한다. 친구 없이 못사는 사람들이 오해할지 모르지만, 그가 친구들도 만나지 않은 것은 자아에 귀를 기울이기 위해서였다. 그래서 그는 소설을 쓰는 것은 물론 일기조차 쓰지 않았다.

다시 프라하

전쟁 말의 프라하는 유령 도시 같았다. 절대적인 식량 부족, 끝없이 늘어나는 사상자, 오스트리아의 가혹한 탄압으로 봉기와 스트라이크가 끊이지 않았다. 체코 민중은 식량을 요구하고, 정치인은 독립을 요구했다. 반면 독일인들은 파괴분자를 철저히 탄압하기를 요구했다.

그런 대립은 정치적인 차원만이 아니라 모든 영역에 미쳤다. 예컨대 당시 카프카의 종형 브루노 카프카는 자신이 편집한 보수 일간지 〈보헤미아〉에서 오페라극장이 체코 오페라 「예누파」를 상연하는 것에 강력하게 항의했다. 야나체크가 작곡하고 체코어 대사를 브로트가 독일어로 옮긴 것이었다.

이런 대립은 카프카의 직장에서도 마찬가지였다. 카프카는 물론 독일인으로 간주되었다. 그러나 유일한 유대인인 카프카만큼은 체코인들로부터 배척당하지 않았다. 그가 평소 친오스트리아, 반체코적이지 않았으며, 체코어가 유창한 탓이었다.

전쟁 말기인 그해 여름을 카프카는 고독하게, 그러나 바쁘게 보냈다. 수영과 산책, 그리고 히브리어 공부에 열중했고, 교외 과수원에서 노동도 했다. 그리고 농업학교를 다니게 된 오틸리에를 위해 분주했고, 그는 그 학비까지 부담했다.

전후와 사랑

1918년 11월 전쟁은 끝났다. 오스트리아 제국도 끝났다. 그것을 구성한 여러 민족은 모두 독립했다. 보헤미아 왕국도 체코슬로바키아 공화국으로 바뀌었고, 체코인들이 독일인들을 몰아내고 권력을 잡았다. 독일인들과 독일계 유대인들의 공포는 극단에 이르렀다.

4년 전부터 국가파괴활동이라는 혐의로 국외 망명 중이던 마사리크가 초대 대통령으로 서축되어 돌아왔다. 철학교수 출신답게 그는 서로 적대적인 소수민족과의 화해 위에서 국민국가를 창조하고자 어떤 민족도 동등한 권리를 가지며 국가의 보호를 받는다고 선언했다. 의회가 새로 구성되면서 유대인도 그 대표를 선출했다. 브로트가 의회에서 시오니스트당을 대표했다.

그래서 독일인과 유대인의 공포는 일단 가셔졌으나, 지방에서는 그들에 대한 체코인의 습격이 상당 기간 계속되었다. 그래서 1918년부터 1920년 사이에 약 6천 명의 체코슬로바키아 유대인이 팔레스타인으로 이주했다. 그러나 그 후에는 평화가 정착되었다. 이는 1921년부터 1939년 공화국이 해체되기까지 국외이주 유대인이 4천명에 불과했던 것에서 알 수 있다. 그러나 역시 변화는 컸다. 카프카 직장에서도 독일인은 해고되고 사용 언어도 독일어에서 체코어로 당장 바뀌었다. 카프카만이 예외였다. 그러나 그는 결핵의 악화로 휴가를 받아 1919년 3월까지 셸레젠의 요양소에 머물렀다.

그곳에서 카프카는 8살 아래인 내성적인 유대인 미용사 유리에 보리첵Jilie Wohryzek과 사랑에 빠졌다. 그 뒤 두 사람은 멀어졌으나, 1919년 여름 카프카는 돌연히 그녀에게 청혼했다. 이 돌연한 변화를 바겐바하는 카프카의 버릇인 '내면의 강박' 탓으로 설명하나(바겐바하 147쪽). 보다 중요한 이유는 막내 여동생 오틸리에의 결혼에 있었다.

카프카는 오틸리에의 결혼에 찬성했으나, 역시 오랫동안 자신을 존경하고 자신은 어머니와 같이 느낀 여동생의 결혼으로 인한 배신감과 상실감에 젖었으리라. 그리고 그 대리로써 보리첵에게 매달린 것이었다. 역시 카프카를 존경한 자기희생적인 보리첵은 그 대리의 역할에 충분했다.

아버지가 결혼을 반대한 것도 이유였다. 아버지는 그녀가 유대인 교구의 하인이자 구두수선공의 딸이라는 이유로 반대했다. 대신 아버지는 36세의 아들에게 차라리 사창가에 가라고 충고한다.

> 그 여자는 블라우스를 잘 골라서 입었겠지. 프라하 유대인 여자들은 그런 일에 능숙하거든. 물론 너는 그것 때문에 그 여자랑 결혼하겠다고 마음먹었겠지. (…) 난 널 이해할 수 없구나. 넌 다 자란 어른 아니냐. (…) 다른 해결책도 얼마든지 있지 않느냐. 혹시 그런 데가 무서워서 못 가겠다면, 내라도 함께 가주마(『아버지께 드리는 편지』 142쪽).

이러한 아버지의 냉혹한 발언이 카프카로 하여금 뒤이어 『아버지께 드리는 편지』를 쓰게 한다. 당시 카프카는 유서를 써서 지갑 속에 보관했다. 그것은 유언집행인으로 브로트를 지정하고, 그에게 모든 미발표 원고를 태우라는 것이었다.

『아버지께 드리는 편지』

1919년 11월 열흘 동안 카프카는 셸레젠 요양소에서 『아버지께 드리는 편지』를 썼다. 그는 아버지에게도 자신에게도 책임이 없음을 전제하면서도 아버지를 몰아세운다. 아버지는 비열한 폭군이고, 가족이나 종업들에게 조아치고 잔혹하며 편견에 가득 차, 그들을 가축처럼 대우했다고 고발한다. 가정에서 그는 큰 소리로 협박을 하면서 아이들에게 완벽한 예의를 요구하면서도, 자신은 언제나 야만인처럼 굴었다. 반면 그는 자기보다 높은 사람에게는 무조건 굴종한다. 카프카가 그린 아버지는 실제의 아버지 그대로였다.

그러나 중요한 문제는 왜 36세의 남자가 새삼 그런 편지를 쓰게 되었느냐 하는 점이다. 그는 그 편지에서 아버지로 인해 자신의 세계는 다음과 같이 세 부분으로 분열되고 말았다고 말한다.

> 그 하나는 저라는 노예가 살고 있는 곳이었습니다. 이곳은 저만을 위해 제정되었고, 이유는 모르지만 아무튼 제가 한 번도 완벽하게 지키지 못한 법의 지배하에 있는 세계였습니다. 저의 세계에서 아득히 먼 곳에 있는 두 번째 세계는 아버지께서 사시는 곳이었습니다. 여기에서 아버지는 자신의 통치를 위한 일, 즉 명령을 내리고 명령 불이행 때문에 분노하는 일에 종사하셨지요. 그리고 세 번째 세계는 다른 사람들이 행복하게, 명령과 순종으로부터 자유롭게 살아가는 세계였습니다(『아버지께 드리는 편지』 41-42쪽).

제1의 세계는 자신의 현실이고, 제2의 세계는 자신이 증오하는 아버지의 세계이며, 제3의 세계는 카프카가 이상으로 생각하는 세계이다. 이제 카프카는 제1의 세계를 버리고, 제2의 세계도 부정하며, 제3의 세계로 나아가고자 한다.

카프카는 자신의 세계가 아버지의 세계와 멀다고 하지만 사실은 자신의 세계는 아버지가 지배하는 세계이다. 이제 카프카는 그 두 세계를 버리고, 제3의 세계로 나아가고자 한다. 따라서 이 편지를 정상적인 부자관계 또는 그런 관계를 희망하는 편지로 보아서는 안 된다.

그런데 이 편지에 대해 우리말 역자는 "가장 사랑하는 아버지 한 사람의 동의를 글로써 얻어낼 자신이 없다면, 세계를 향해 글을 쓴다는 것이 무슨 의미가 있겠는가," "모든 글의 소각을 유언으로 남긴 것은 그 때문이었는지 모른다"고 말한다(『아버지께 드리는 편지』 8쪽).

그러나 이 편지를 아버지에 대한 화해의 편지라고 보아서는 안 된다. 또한 소위 심리학적 해석처럼 카프카의 병력에 대한 표명으로 보아서도 안 된다. 나아가 사회적, 물질적 상승에 대한 무조건적인 의지로 반유대주의에 대해 맞선 것이라고 보아서도 안 된다(그런 해석의 보기는 『카프카 문학사전』 148-9쪽).

이 편지는 1919년 카프카가 쓴 유일한 글이었다. 그는 어머니와 오틸리에에게만 그것을 보여주고 서류함에 집어넣었다. 그의 사후 브로트가 그것을 발견하여 1937년에 쓴 최초의 전기에서 그것을 부분적으로 이용했다.

당시 브로트는 그 편지에 충격을 받았다. 왜냐하면 아버지에 대한 존경심을 해칠 뿐만 아니라, 자신이 카프카를 성자라고 부른 점을 부정하

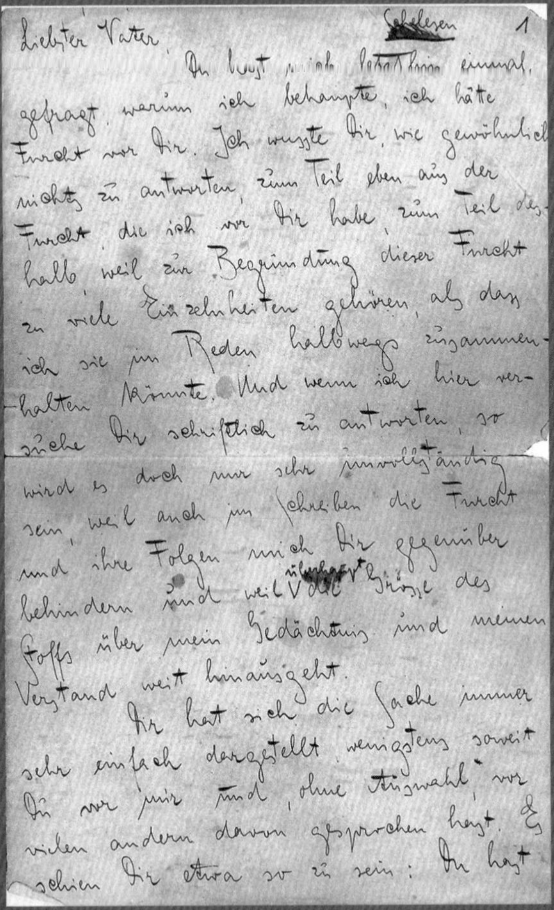

게 만드는 것이었기 때문이었다. 그가 이 편지를 완전한 형태로 공개한 것은 1950년 그가 편집한 최초의 카프카 전집에서였다.

편지를 쓴 직후 1920년 1, 2월에 그는 지금 『그, 1920년의 기록*Er, Aufzeichnungen aus dem Jahre 1920*』으로 알려진 아포리즘을 썼다. 3인칭을 사용한 이 글은 주관적인 『아버지께 드리는 편지』와 달리 자신에게 거리를 두고 객관적으로 인간의 고뇌를 분석했다.

1920년 3월, 카프카는 공단의 네 개 부서 중 하나의 책임자인 국장으로 승진한다. 그 임무는 법률문제를 조사하고 국가기관이나 대기업이 연관된 중요한 사건을 처리하는 것이었다. 책임자가 된 그는 그 전의 과중한 노동으로부터 해방되어 여유를 갖게 되었다.

밀레나

사랑이란 무엇일까요? 그것은 아주 간단한 것입니다. 우리들의 삶을 높이고 확대하며 풍부하게 하는 모든 것은 사랑입니다. 온갖 높은 것과 깊은 것을 향해서 우리의 삶을 풍부하게 하는 것이지요. 사랑은 차량처럼 그 자체는 아무런 문제가 없는 것입니다. 문제가 되는 것은 오로지 조종자이며 승객이고 도로일 뿐입니다(『카프카 와의 대화』 233쪽).

1920년 5월, 카프카는 자신의 생애에 유일한 참된 사랑을 경험한다. 즉 1920년부터 23년까지 자기 작품의 체코어 번역자인 밀레나 예젠스카를 알았다. 카프카보다 12세나 연하인 당시 25세의 그녀는 유부녀였다. 그리고 카프카는 약혼 중이었다. 그러나 조종자, 승객, 도로에는 여전히 문제가 생긴다.

그녀는 명문가 출신으로 아버지는 저명한 의사이고, 어머니는 인기 있는 작가였다. 그러나 성격이 급한 아버지는 열렬한 체코 민족주의자로서 유대인, 오스트리아인, 독일인을 증오했다. 그녀의 어머니는 그녀가 13세 때 죽어 그녀는 아버지 밑에서 외동딸로 자랐다.

아버지는 그녀를 아들처럼 엄하게 키웠다. 그녀는 1891년 체코 지식인들이 설립한 체코 최초의 여성 김나지움 미네르바에 입학했다. 그 학교는 사립이어서 정부의 감독을 받지 않아 진보적이었다. 그래서 그 졸업생들은 체코 여성해방운동의 중심이 되었고, 체코 공화국이 성립되자 정계나 문화계에서 지도자들이 되었다.

밀레나는 김나지움 시절, 지적이고 진보적인 여학생들의 지도자로 활약했다. 그녀는 기이한 이사도라 던컨식 복장과 도발적인 행동으로 프라하 시민 사이에 유명했다. 예컨대 밤 묘지 산책, 몰다우 강을 옷을 입고 헤엄쳐 건너기, 화가나 작가 등과 첫사랑을 하기, 낭비벽, 무절제 등이었다. 심지어 아버지의 병원에서 마약을 훔쳐 흡입하기도 했다. 또한 그녀는 베르펠을 중심으로 한 카페 아르코 서클의 여왕으로 등극했다.

따라서 아버지와의 갈등은 당연한 것이었다. 아버지는 그녀에게 대학에서 의학을 공부하도록 강요했으나, 그녀는 한 학기만에 대학을 그만두었다. 그녀가 유대인 에른스트 폴라크Ernst Polak과 연애를 하자 아버지는 그녀를 정신병원에 감금했다. 은행원으로 문학을 지망한 폴라크는 브로트와 베르펠의 친구였으나, 대단한 바람둥이였고, 밀레나보다 열 살이나 연상이었다. 그러나 그런 이유에서가 아니라, 그가 독일어를 하는 유대인이라는 이유에서 아버지는 그를 싫어했다.

밀레나는 9개월 간 입원하면서 구타와 독방 구류 등을 견디다 못해 몇 번이나 도망을 시도했고, 연인과의 밀애를 계속했다. 그래서 아버지는 그녀와의 결별을 선언하고 일체의 유산을 거부했다.

밀레나는 폴라크와 결혼하여 빈으로 갔다. 폴라크는 여전히 바람을 피웠고 심지어 그녀에게 경제적인 독립을 요구했다. 당시 여성이 일자리를 구하기는 쉽지 않아 그녀는 영양결핍으로 각혈을 하기도 하다가 독일어를 체코어로 번역하는 번역가이자 작가가 되었다.

그녀가 한 최초의 일이 카프카 작품을 번역하는 것이었다. 그렇게 그녀는 카프카와 알게 되었다. 1919년 10월, 그녀는 카프카에게 번역 허가를 부탁했다. 카프카는 즉시 승낙했다. 그때부터 두 사람 사이의 편지 교환이 시작되었다.

지금 우리는 펠리체의 경우처럼 밀레나의 답장은 볼 수 없고, 카프카의 편지만 볼 수 있다. 그러나 펠리체와 달리 밀레나는 작가인 만큼 많 글을 썼고, 그녀가 브로트에게 보낸 편지, 감동적인 카프카 추도문, 많은 신문 기사와 논설, 특히 나치를 비판한 글들이 남아 있어서 우리는 그녀에 대해 보다 많은 것을 알 수 있다.

그 글들은 그녀가 여성으로서, 그리고 작가로서 얼마나 강렬한 에너지를 가졌고, 동시에 얼마나 깊은 정신을 지녔는지를 잘 보여준다. 따라서 카프카가 그녀의 편지에 얼마나 감동했고, 그녀를 사랑했는지도 충분히 이해된다. 그녀는 그야말로 카프카 생애 유일한 참된 사랑이었다.

밀레나에게 보낸 편지

카프카와 처음 만났을 때 그녀는 24세였다. 그러나 그녀의 정신적 고통 연령은 그 몇 배나 되었다. 카프카도 그녀 못지않게 일찍 늙었다. 그녀는 첫 편지부터 어떤 소시민적 위선이나 자존심이나 편견도 없이 카프카에게 자신을 알렸다. 자신이 추방당한 노예와 같이 살고 있음을, 한 치의 센치멘탈도 없이 솔직하게 고백했다.

그녀를 지배하는 주인 폴라크는 낮에는 철학자들 속에서 살고, 밤에는 뭇 여성과 자는 악마였다. 그녀는 그 주인이 악마임을 잘 알면서도 그로부터 벗어나지 못한 노예였다. 그 고통으로 그녀는 몸과 마음이 만신창이 상태였다. 그러나 그녀는 한 치의 자기 연민도 없이 자기 비판에 철저했다.

이런 밀레나에게 카프카는 자신을 포장할 필요가 전혀 없었다. 그래서 카프카가 펠리체에 보낸 편지에 나타나는 형이상학적인 냄새나 과잉된 수사는 밀레나에 보낸 편지에 전혀 보이지 않는다.

처음 몇 번의 편지 끝에 카프카는 그녀에게 그녀의 모국어인 체코어로 편지를 써달라고 부탁했다. 체코어만이 그녀 전체를 완전하게 보여주기 때문이었다. 편지를 주고받은 지 3주 만에 그들은 사랑에 빠졌다. 카프카는 불면 상태에서 그녀의 건강을 걱정했고, 밀레나는 카프카에게 율리에와의 약혼을 포기하라고 다그쳤다.

반면 카프카는 처음에는 그녀의 기이한 결혼 생활에 대해 그다지 명확한 태도를 취하지 않았다. 도리어 폴라크에 대해 열등감을 느꼈다. 그러나 그들의 편지가 시작된 두 달 뒤 카프카는 그녀에게 남편으로부터 멀리 떠나라고 권하며 필요한 돈을 자기가 대겠다고 썼다.

이 편지 때문에 밀레나는 분노했다. 그녀는 카프카에게 편지 속 상상의 여인으로 만족할 리 없었고, 더욱이 자신의 불행 때문에 카프카로부터 돈을 받는다는 것은 상상할 수도 없었다. 그래서 그녀는 카프카에게 만나자고 요구했다.

그러나 카프카는 만남을 두려워해 그 용감한 제안을 거절했다. 아무런 이유도 없었다. 그냥 자기는 그런 인간이기 때문이란 것뿐이었다. 그러자 밀레나는 네가 유대인이라서 그러냐 하고 따졌다. 그런 몇 번의 밀고 당김에 이어 그들은 마침내 만났다.

사실 카프카는 직접 만나면 그녀의 사랑이 살아질까 불안해했던 것이나, 결과는 전혀 달랐다. 밀레나는 그의 불안을 말끔히 씻어주었고, 그는 생애 최초로 사랑을 흠뻑 받고 있고, 자신도 여인을 비로소 완전하게 사랑할 수 있다는 느낌에 황홀해했다. 그들은 빈과 그 교외에서 나흘을 함께 지냈다.

프라하에 돌아온 카프카는 밀레나에게 약속한 대로 율리에와의 약혼을 취소해야 했다. 율리에는 당혹했으나, 카프카는 과거의 파혼 때와는 달리 아무런 죄의식을 느끼지 않았다. 직장도, 가정도, 특히 오틸리에의 결혼도 그의 행복을 깨뜨리지 못하고, 그는 밀레나만 기다렸다. 그러나 밀레나는 망설였다.

딩시 카프카의 건강도 악화되었으나, 역시 과거와는 달리 의사의 진단을 부정하며 자신은 건강하다고 믿고 밀레나를 설득했다. 그러나 밀레나는 자신이 여전히 남편을 사랑하고 있다고 답했다. 그녀의 남편은 카프카가 아내에게 빠져 있다는 것을 알고, 그녀에게 매달렸다.

그러나 당시 밀레나에게는 누구를 선택할 것인가의 문제가 아니라, 독립된 자신의 삶을 살 것인가, 아니면 생활능력이 없는 남자 옆에서 평생 살 것인가의 선택이 문제였다. 카프카는 집요하게 그녀에게 프라하에 돌아오라고 요구했으나, 그녀는 남편의 병을 핑계 삼아 거절했다. 대신 밀레나는 카프카에게 빈에 와서 자신을 도와달라고 했으나, 이번에는 카프카가 불가능하다고 답했다.

그런 긴장으로 하루 두 통씩 편지도 보내는 압박감 속에서 카프카는 다시 건강이 현저히 나빠졌다. 그리고 편지 속에는 의심, 불안, 질투가 나타나기 시작했다. 밀레나는 죄의식 때문에 카프카를 공격하고 그것은 다시 밀레나의 죄의식을 부추겼다. 서로의 오해는 격렬한 비난으로 이어졌다.

8월 중순, 그들은 빈과 프라하의 중간 지점에서 두 번째로 만났으나, 첫 만남과는 달리 격렬한 비난의 응수, 무거운 침묵과 오해로 이어졌다. 심지어 카프카는 그녀가 빈에서 부정한 짓을 했다고 비난했다.

그것은 파탄의 시작이었다. 곧 편지도 끊겼다. 밀레나는 결별했던 아버지와 화해했다. 반면 카프카의 건강은 더욱 나빠졌다. 10월, 카프카가 다시 병가를 받아 요양소로 떠날 즈음, 프라하에서 유대인과 독일인에 대한 폭동이 터졌다.

폭도들은 독일계 신문사를 습격하고 길거리에서는 유대인으로 보이는 모든 통행인이 폭력을 당했다. 프라하 시는 독일 극장을 접수하고, 유대교회 앞에서 히브리어 책들을 불태웠다. 프라하 시장은 그 행위를 '민족의식의 발로'라고 찬양했다.

카프카는 새 요양소가 빈에 가깝다는 이유만으로 화를 냈고, 빈에 가지 않겠다고 밀레나에게 편지를 썼다. 그렇게 사랑은 끝났다. 그러나 우정은 이어졌다. 밀레나는 1921년, 3개월을 프라하에서 보내면서 병상에 있는 카프카를 몇 번 찾았다.

물론 형식적인 방문이었으나, 카프카는 그때까지 누구에게도 보여준 적이 없는 일기를 그녀에게 전하며 자신이 죽거든 브로트에게 맡기라고 말했다. 그녀는 1922년 봄에도 카프카를 찾았으나, 그것이 마지막이었다. 그때 카프카는 『실종자』 원고를 전했다.

밀레나도 펠리체와 마찬가지로 카프카의 소심함과 우유부단에 화를 내고 결국 그를 떠났으나, 펠리체와는 달리 카프카의 작품을 높이 평가했다. 카프카가 만난 여인들 중에 유일하게 카프카를 이해한 것이다.

밀레나는 카프카가 그녀에게 맡긴 원고와 일기를 카프카의 지시에 따라 브로트에게 보냈으나, 편지는 자신이 보관했다. 카프카가 죽자 그녀는 남편에게 돌아갔다. 그 후 그녀는 오스트리아의 귀족이자 공산주의자인 샤프고체와 살면서 공산주의자가 되었다.

1925년 그녀는 프라하에 돌아와 체코 민족주의 신문에 정기적으로 글을 썼고, 1927년에는 건축가 야로밀 크레이커와 결혼했다. 그녀는 출산으로 인한 병 때문에 모르핀 중독에 빠지기도 했으나, 강한 정신력으로 극복했다. 1931년에 공산당에 입당했으나, 5년 뒤 제명당했다.

1939년, 나치가 체코에 침입하자 그녀는 저항운동조직에 가담했고, 자신의 집을 망명자에게 제공했다. 그녀는 유대인과 만나서는 안 된다는 명령에 저항하여 거꾸로 황색 별을 가슴에 달고 길거리를 걸었다. 그때 그녀는 카프카가 그녀에게 보낸 편지 일부를 빌리 하스에게 주었고, 하스는 이를 제2차 대전 후 카프카 전집의 일부로 출판했다.*

1939년 밀레나는 체포되어 1년을 프라하와 드레스덴의 감옥에서 보낸 뒤, 강제수용소에서 1944년 죽었다. 강제수용소에서 마가레테 부버-노이만Margarete Buber-Neumann과 나눈 우정이 1963년, 그녀가 낸 밀레나의 전기 『카프카의 연인 밀레나』로 세상에 알려졌고, 우리나라에도 그 번역이 나와 있다.

1920년대의 사회관

밀레나와의 사랑과 함께 우리는 1920년대 카프카의 사회관을 살펴 볼 필요가 있다. 야누흐의 『카프카와의 대화』는 그 대회가 있던 1920년대 카프카의 사회관을 보여준다. 물론 아래에서 보는 카프카의 말은 1920년대에 새삼스럽게 행해진 것은 아니리라.

우리는 오로지 절망적인 열망만을 체험하게 됩니다. (…) 우리는 파괴된 세

■ * 우리나라 번역본은 두 가지이다. 즉 이인웅 역, 밀레나 여사, 가정문고사, 1976과 김동사 역, 카프카의 연인, 밀레나여, 두풍, 1991이다.

계에서 사는 것이 아니라, 광란의 세계 속에 살고 있습니다. (…) 그러나 어느 누구도 우리가 부당한 세계에 살고 있다는 사실을 인정하려고 하지 않습니다. 그런 까닭에 우리는 핑계를 찾아냅니다. 오로지 유일의 죄, 즉 우리 자신의 죄를 변명하기 위해 사회적, 정신적, 국가적 그리고 그 외의 다른 부당성에 대해 이야기하고 있지요(『카프카와의 대화』 134쪽).

이에 대해 야누흐가 빈곤을 쫓을 새로운 공장의 건설에 대해 이야기하자 카프카는 다음과 같이 말한다.

공장들은 오로지 금전의 이윤증가를 위한 기관에 지나지 않습니다. 여기에서 우리 모두는 부차적인 역할을 할 뿐입니다. 가장 중요한 것은 금전과 기계입니다. 인간은 오로지 자본증대의, 유행에 뒤진 도구와 역사의 잔재에 지나지 않습니다. 이 잔재가 지닌 과학적으로 빈약한 능력을, 곧 마찰 없이 생각하는 자동기계들이 대치하게 될 것입니다(『카프카와의 대화』 134쪽).

또한 볼셰비즘이 종교에 대항하는 것이라고 하는 야누흐의 주장에 카프카는 역시 다음과 같이 말한다.

그들에게는 볼셰비즘 자체가 종교이기 때문에 그런 것입니다. 이러한 간섭, 군중의 봉기, 봉쇄 규정, 도대체 이것이 무엇들인가요? 이것은 바로 전세계로 번져 나가게 될 잔인한 종교전쟁들의 작은 서곡입니다(『카프카 와의 대화』 134쪽).

카프카가 여러 모양의 기를 들고 집회로 가는 노동자들을 보고 말한 것은 이미 앞에서 인용한 바 있으나, 다시 들어 보자.

그들은 자기들이 세계를 지배하고 있다고 생각합니다. 그러나 실상은 그들의 생각이 틀린 것입니다. 그들의 배후에는 비서, 관리, 직업정치인, 근대적 회교국의 군주들이 있는데, 이 사람들을 위해서 권력의 길을 만들어주고 있는 것입니다. (…)
참으로 혁명적인 발전의 종말에는 언제나 나폴레옹 보나파르트 같은 인간이 나타납니다. (…) 혁명이 증발하면 나중에 남는 것은 새로운 관료정치의 진흙뿐입니다. 괴로운 인류의 쇠사슬은 관청 용지에서 생겨납니다 (『카프카와의 대화』 156쪽).

전쟁과 러시아 혁명, 전 세계의 참상은 마치 악의 범람처럼 보입니다. 그것은 하나의 홍수입니다. 그리고 전쟁은 혼돈의 갑문을 열어 놓았습니다. 인간적으로 생존하는 데 필요한 외부의 보조기구가 무너져 가고 있습니다. 이제 역사적 사건은 개인이 짊어지는 것이 아니라 단지 대중이 짊어지게 되었습니다. 우리는 추방되고 압박 받으며 소탕됩니다(『카프카와의 대화』 164쪽).

카프카는 전후의 국제회의 등에 대해서도 회의적이었다.

이 굉장한 정치적 집회는 가장 흔한 카페 수준입니다. 사람들은 될 수 있는 대로 적게 말하려고 매우 큰 소리로 떠들어댑니다. 그것은 떠들썩한 침묵입니다. 이 때에 정말로 진실하고 흥미 있는 것은 한마디 말도 언급되지 않은, 배후에 있는 장사뿐입니다(『카프카와의 대화』 166쪽).

자본주의란 안에서 밖으로, 밖에서 안으로, 위에서 밑으로, 밑에서 위로 올라가는 예속 조직입니다. 모든 것이 멍에를 메고 있습니다. 자본주의는 세계와 영혼의 한 상태입니다(『카프카와의 대화』 198쪽).

카프카는 국제연맹에 대해서도 "새로운 전쟁터의 가면"으로 본다 "군대의 사단이 상인의 은행으로 바뀌"어 "국제연맹은 여러 국민의 동맹이 아니라 갖가지의 이해공동체의 거래소"에 불과하다(『카프카와의 대화』 169-170쪽).

그러나 카프카는 당시 체코 대통령 마사리크나 인도의 간디에 대해서는 신뢰했다. 특히 간디에 대해 그는 다음과 같이 말한다.

이제 간디의 운동은 승리하게 될 것이 확실합니다. 간디의 투옥은 그의 정당에 매우 큰 비약을 제공하게 될 것입니다. 왜냐하면, 순교자가 없는 모든 운동은 값싼 결말을 기대하는 투기업자의 이익단체로 천박하게 전락하기 때문입니다. 강물은 그 속에서 모든 미래에 대한 전망이 파괴되는 늪이 됩니다. 이념은—세계에서 초인간적인 가치를 갖고 있는 모든 것처—단지 개인의 희생에 의하여 존속되기 때문입니다(『카프카와의 대화』 174쪽).

1920년의 단편들

밀레나와의 사랑은 끝났으나, 그는 2년간의 침묵을 깨고 1920년 9월부터, 그리고 12월부터는 타트라 고원의 마틀리아리 요양소에서 다시 집필을 시작했다. 「도시 문장」, 「거절」, 「포세이돈」, 「공동체」, 「밤에」, 「법에 대한 의문」, 「독수리」, 「팽이」, 「작은 우화」 등이었다. 그 대부분은 정치소설이었다.

「도시 문장Das Stadtwappen」은 프라하 시의 도시 문장(紋章)을 뜻한다. 따라서 소설에 나오는 도시도 프라하 시를 의미한다. 사람들은 바벨탑을 세우고자 하나, 앞으로 건축술이 발전할 터이니 우선은 숙소를 짓거나 도시를 아름답게 꾸미는 일이 더 중요하다고 생각한다. 그러나 그것은 언제나 투쟁을 동반한다.

> 그렇게 첫 세대의 기간은 지나갔다. 그러나 그 뒤를 잇는 세대들도 전혀 다를 바가 없었다. 단지 교묘한 기술만이 계속해서 늘어났고, 그것과 더불어 병적인 투쟁욕 또한 늘어갔다. 두 번째 아니면 세 번째 세대는 이미 하늘에 닿는 탑을 건설하려는 것이 무의미하다는 것을 인식하게 되었다(『변신』 541쪽).

그리고 사람들은 그 도시가 파괴되기만을 기다린다. 이를 바벨탑 건설로 상징되는 사회발전의 방향이 잘못되어 정도에서 이탈하여 급진적 파괴를 통해 철회하기를 바란다고 보는 역사적 해석, 유대인의 가족 구조와 동화된 유대 민족의 정신 상태를 비판한다고 보는 문학사회학적 해석, 기술 발전에 의한 욕구 상실이 공격적 파괴로 나타났다고 보는 심리학적 해석 등이 있다(『카프카 문학사전』 46쪽).

어느 해석에나 일리가 있다. 그러나 이러한 해석들에서 더 나아가 바벨탑은 이성에 근거한 근대적 사유나 삶을 뜻하고, 위 소설은 결국 20세기 초에 와서 그 근대의 파괴를 목도하고 있다는, 아니 제1차 대전에 의해 이미 그 자체가 파괴된 상황을 카프카는 묘사한다고 볼 수 있다.

그러나 카프카 자신은 그러한 파괴 자체를 바라지는 않고, 그런 파괴에 무조건 부화뇌동하는 대중에게 회의의 눈길을 던진다. 이는 「거절 *Die Abwisung*」에서도 나타난다. 그 소설의 주제는 종래 '신의 신성불가침'이라는 식으로 종래 종교적으로 해석되었다(『카프카 문학사전』 23쪽). 그러나 나는 이 소설을 요양소에서 수도 프라하를 바라보며 그 역사를 쓴 소설이라고 생각한다.

> 수도에서는 높은 군주들이 서로 교대하거나 왕조조차도 사라져버리거나 중단되었고, 또다시 새로운 왕조가 시작되었다. (…) 가장 높은 공무원은 세무서장인데, 그는 대령급 신분을 가지고 있으며 또한 그렇게 불리고 있다. (…) 몇 명의 군인들이 이 모든 사람들을 감시했다. (『변신』 548-550쪽).

시민들이 세무서장에게 부탁을 하러 가면 대령은 성대한 식을 거행하고는 거절한다. 그리고 그때마다 대령은 "마치 개구리가 숨 쉬는 것처럼 겉으로 분명히 드러나게 숨을 쉬었다."(『변신』 551쪽) 그런데 시민들은 그 거절에 불만을 갖기는커녕 도리어 안도한다. 카프카는 분명 오스트리아 지배하 체코 민중의 맹목적인 복종을 비웃고 있다.

이 작품의 마지막에서 카프카는 청년들이 불만에 젖었음을 말해 사회주의에 대해 거는 기대를 암시한다. 그러나 「독수리*Der Geier*」에서는 그러한 기대조차 갖지 않는다. 자기를 쪼아대는 독수리를 죽이기 위해 신사가 총을 가지러 긴 순간, 독수리는 그것을 알고 나를 죽인다. 죽어가는 나는 독수리가 죽는 환상에 빠져 해방감을 맛본다.

이에 대해 독수리는 1917년부터 격화된 카프카의 병을 상징한다든가, 자아를 해빙시키는 문학적 영감을 뜻한다든가, 독수리는 어머니, 신사는 아버지를 의미한다고 보는 심리학적 해석 등이 있었다(『카프카 문학사전』 48쪽). 그러나 나는 이 작품이 전쟁과 체제에 의해 맥없이 죽어가는 민중의 운명을 풍자한다고 본다.

권력 신봉과 민중의 정치적 미숙에 대한 비판은 「법에 대한 의문*Zur Frage der Gesetze*」에서도 나타난다. 이 글은 흔히 산문이라고 하나, 사실은 하나의 논문이다. 카프카는 법을 '소수 귀족 계급의 비밀'이므로 일반적으로 모른다고 한다. 그러나 여기서 말하는 귀족이란 법률가를 말한다.

그런데 카프카는 법이란 것이 전통으로 존재한다고 믿는 전통이 있다고 한다. 그것은 "우리 민족이 고대로부터 귀족들의 행동을 주의 깊게 추적해오고 그것에 관한 우리 조상들의 기록을 가지고 있어서 그것을 계속해서 양심적으로 써 나감으로써," "우리가 우리들의 현재와 미래를 위해서 이렇게 극도로 면밀하게 가려지고 정리된 결론을 어느 정도 적용시켜 보려고 노력"하는 것이다(『변신』 555쪽).

여기서 카프카는 19세기에 유행한 로마법학파 또는 역사학파의 주장을 설명하고 있다. 그리고 그는 그것이 "모든 것은 불확실하며, 아마 단지 이성의 유희에 지나지 않을 것"이라고 비판한다. 이어 카프카는 그런 비판을 하는 학파(번역문에서는 정당이라고 한다)가 있으나, 그들 역시 귀족과 그의 존속의 권리를 인정한다고 비판한다. 이는 19세기에 역사학파를 비판한 개념법학파를 연상시키는데, 그들 역시 법률가이므로 문제가 있다고 비판한 것이다. 이어 카프카는 간단한 결론을 맺는다.

> 법에 대한 믿음 이외에 귀족마저 비난하려는 어떤 학파가 있다면 그것은 곧 전 민중의 지지를 얻을 것이다. 그러나 그런 학파는 생겨날 수 없다. 왜냐하면 감히 귀족을 비난하려는 사람은 아무도 없기 때문이다(『변신』 556쪽).

「징병*Die Truppenaushebung*」에서는 관리가 다루어진다. 전쟁의 위협에 대비해 젊은 귀족이 징병 업무를 담당하게 된다. 전혀 가망이 없는 처녀가 종교적 광신에 의해 징집에 응하려고 하나, 그것은 불가능하다.

또한 카프카의 「공동체*Gemeinschaft*」는 기존의 다섯 사람이 여섯 번째 사람을 거부하는 이야기로서 오스트리아 또는 유럽에서 유대인이 무조건 거부당하는 정치적 상황을 말한다.

> 그는 우리들에게 아무 짓도 하지 않았다. 그러나 우리들은 그가 귀찮다. (…) 우리들은 그를 모르며 우리들 안으로 받아들이고 싶지도 않다. 우리 다섯 사람도 전에는 서로 잘 몰랐으며, 굳이 말한다면 지금도 서로 잘 모른다.(『변신』 544쪽)

반면 「귀향Heimkehr」은 공동체에 돌아와도 그곳을 낯설게 느끼는 상황을 묘사한다. 이른바 카프카 작품에 대해 작품 내재적인 어문학적 해석을 주장한 바이스너Friedrich Beissner(1905-1977)는 이 작품을 카프카 작품 전제를 이해하는 데 결정적인 것이라고 보았다. 그런 해석에 의하면 카프카 작품은 '몽환적인 내면적 삶'의 묘사로서만 이해된다

> 문 앞에서 오랫동안 망설이면 망설일수록 점점 더 낯설어지는 법이다. 지금 누군가가 문을 열고 나에게 무엇인가를 묻기라도 한다면 어떠할 것인가. 그렇다면 나 역시도 자신의 비밀을 간직하려는 사람과 같지 않을까(『변신』 569쪽).

그러나 이 작품의 주제라고 하는 '실패한 귀향'을 단순히 내면의 묘사라고만 볼 수 있을까? 이미 이방인이 된 귀향자는 공동체로부터 거부되고 있는 것이 아닌가? 카프카의 소외는 내면의 몽환만은 아니지 않은가?

독일의 오토 만Otto Mann이 대표작으로 본 「작은 우화Kleine Fabel」는 앞에서도 보았듯이 고양이에게 잡아먹히는 쥐 이야기다. 이를 막다른 골목에 처한 현대인을 표현한다든가,* 인간의 운명을 표현한다든가, 쥐는 카프카 혹은 유대인이라는 견해가 있음도 앞에서 보았다(『카프카 문학사전』 201-202쪽). 또한 달려오는 좌우 벽과 덫, 고양이는 거대한 힘, 예컨대 국가권력, 자본주의와 사회주의, 마지막 방은 체코나 한국 같은 약소국을

■ * 김천혜, 신비로운 부정의 문학, 김광규 편, 『카프카』, 문학과지성사, 1978, 56쪽.

뜻한다고 볼 수도 있다.

1921년

1921년 2월, 21세의 부다페스트 출신 청년 로베르트 크롭슈톡Robert Klopstock(1899~1972)이 요양소에 입원했다. 그는 카프카를 아버지처럼 따랐고, 카프카도 그를 아들처럼 돌보았다. 그러나 병세는 호전되지 않아 집필은 중단되었다. 요양소에서 시작한 성서 읽기도 곧 중단되었고, 편지조차 쓰지 않았다.

4월 봄이 오자 그는 스위프트를 읽기 시작했다. 우리에게 스위프트는 『걸리버 여행기』의 저자 정도로 알려져 있으나, 그는 「빈민 자녀들이 부모나 국가의 짐이 되는 것을 방지하고, 그들을 공공복지에 도움이 되게 하기 위한 겸허한 제안」에서 부모의 이기주의는 자녀의 교육을 근본적으로 해치는 것이라고 비판했다.

카프카가 스위프트에 심취한 것은 뒤에 여동생 엘리가 열 살 된 아들 펠릭스의 교육에 대해 조언을 구하자 그가 스위프트 읽기를 권한 것에서 볼 수 있다. 아버지를 증오한 카프카가 펠릭스를 헤레라우의 자유학교 보내라고 권한 것도 스위프트의 영향이었다. 엘리는 스위프트나 카프카의 제안을 거부했지만, 카프카의 편지는 그의 가정관, 가족관, 교육관을 아는 데 몹시 중요하므로 조금은 길지만 읽어보자.

전형적인 하나의 가족이 의미하는 것은 일단 동물적인 관계이다. 말하자

면 유일무이한 유기적 조직체이며, 독특한 혈연 집단이야. 그러므로 가족
은 자기 아닌 다른 아무것에도 의존하고 있지 않으며, 그 자체를 넘어설 수
도 없어. 하나의 가족 자체로는 새로운 사람을 만들어낼 수 없다는 거야.
그럼에도 가정교육을 통해서 그걸 시도한다는 것은 일종의 정신적인 근친
상간이라고 해야 한다.

따라서 가족이란 하나의 유기체이긴 하지만, 극히 복합적이고 균형이 잡
혀 있지 않은 유기체이다. 그러므로 다른 유기체들과 마찬가지로 끊임없이
균형 상태를 추구하지. 이러한 노력이 부모와 자식 사이의 균형 상태를 지
향하며 이루어질 경우, 이 균형화과정을 가리켜 교육이라고들 부른다. 하
지만 왜 이렇게 지칭되는지 알 수 없는 일이야. 왜냐하면 형성 도중에 있는
인간의 제반 능력이 발현되도록 차분하게 비이기적인 사랑으로 이끌어주
는 교육, 그리고 독자적으로 발전해나가는 것만을 조용하게 용인해주는
교육, 이와 같은 진정한 의미의 교육을 여기서는 그 흔적조차 찾아볼 수
없기 때문이지. 오히려 여기에서의 균형화는, 다년간 극도의 불균형 상태
에 처해 있도록 선고받은 동물적 유기체가 거의 발작적으로 시도하는 균
형화일 뿐이야(『아버지께 드리는 편지』 177-178쪽).

8월 다시 프라하로 돌아와 근무했으나, 이제는 사실상 불가능함을 깨
달았다. 또한 10개월의 부재는 그를 프라하에서 더욱 외롭게 만들었다.
브로트도 프라하의 아내와 빈의 애인 사이를 오가며 절망에 빠져 있어
서 카프카에게 도움이 되지 않았다. 당시 그가 만난 유일한 사람은 25년
뒤에 『카프카와의 대화』를 쓴 구스타프 야누흐였다. 공단 동료의 아들인

그는 그 책을 쓴 뒤 복잡한 이혼소송에 지쳐 자살했다.

카프카를 더욱 지치게 한 것은 밀레나와의 재회였다. 그는 그녀에게 당시까지 쓴 일기를 모두 전할만큼 신뢰했으나, 쓰라린 사랑의 상처는 다시 그를 괴롭혔다. 그러나 10월 15일, 카프카는 2년간 중단한 일기를 다시 쓰기 시작했다. 그리고 일기는 과거의 그것과 완전히 다르게 본질적인 탐구로 나아갔다.

10월 말 그는 병가를 받고, 요양소로 가지 않고 프라하에 머물다가, 겨울 등산이라는 충격요법에 의해 건강을 다시 회복했다. 그리고는 그는 「돌연한 출발」「첫 번째 시련」「변호사」「어느 단식 광대*Ein Hungerkünstler*」를 집필했다.

「돌연한 출발」

「돌연한 출발*Der Aufbruch*」은 건강을 회복한 카프카의 새로운 의지를 담고 있다. 목적지도 없이, 어쩌면 굶어죽을지도 모르는 여행을 떠나는 이야기이다. 그러나 그의 의지는 굳다. "실로 다행스러운 것은 이 여행이야말로 정말 엄청난 여행이라는 걸세."(『변신』 570쪽).

그것을 최후의 심판 전에 와서 속세를 버리고 신에게 귀의할 것을 요구하는 그리스도라고 보는 종교적 해석, 진보를 향해 떠나는 여행이라고 보는 철학적 해석, 후기 자본주의의 사회적 현실에 대처하지 못해 꿈의 세계로 도피하는 예술가의 이야기라고 보는 마르크스주의적 해석, 현실과 떨어진 문학으로 도피하는 카프카 자신의 이야기라는 전기적 해석

등이 있다.

적어도 그리스도를 믿지 않은 카프카에게 종교적 해석은 무리이고, 진보 역시 불신한 카프카에게 그런 철학적 해석도 무리이다. 그렇다고 해서 여행을 도피라고 볼 수도 없다. 뒤에서 보는 단식 광대의 영원한 단식, 또는 공중 곡예사의 삶을 위협하는 공중 곡예 요구와 다를 바가 없으나, 다른 점은 여행자가 죽음을 두려워하지 않는다는 점이다.

그러나 「첫 번째 시련Erstes Leid」이 온다. 공중 곡예사는 하늘에서 내려오려고 하지 않고, '삶을 위협하는' 시련이 될 두 번째의 공중곡예를 요구한다. 그래도 아직 희망이 있으나, 「어느 단식 광대」에 이르러 그는 굶어죽게 된다.

그러나 그 전에 카프카는 다시 희망을 찾는다. 자신을 변호해 줄 「변호사Fürsprecher」를 찾는 것이다.

> 네가 위에서도 아무것도 발견하지 못한다면 그것 또한 곤란한 것은 아니다. 새로운 계단으로 뛰어올라라. 네가 올라가는 것을 멈추지 않는 한, 계단 또한 멈춰 있지 않을 것이다. 그것들은 올라가고 있는 너의 발밑에서 계속해서 앞쪽으로 자라날 것이다(『변신』 574쪽).

「어느 단식 광대」

「어느 단식 광대Ein Hungerkünstler」는 40일간의 시범 단식을 보여주는 광대의 이야기다. "그는 많은 사람들이 불쌍해서 그의 공연에 가보지 못할 만큼 그토록 말랐는데, 그것은 어쩌면 전혀 단식 때문이 아니고, 자기 자신에 대한 불만족 때문인지도 몰랐다.(『변신』 290-291쪽) "그것은 물론 단식 광대였지만, 전혀 다른 의미로는 순교자였다.(『변신』 290-291쪽) 이는 권력에 대해 굶주림으로 저항하는 인간의 참된 모습을 보여준다. 그러나 단식 광대는 자신이 군중들로부터 버림받는다.

> 왜냐하면 그들이 그에게까지 다가오면 계속해서 새로 형성되고 있는 정당들을 비난하는 그들의 고함소리가 그의 주위를 미친 듯이 날뛰었기 때문이었고, 그를 조용히 바라보고 싶어 하는 다른 사람들도—이들은 머지않아 단식 광대에게 더욱 고통스러운 존재가 되었다—그를 이해해서가 아니라 기분이 내키는 대로 그리고 모욕을 주기 위해서였다(『변신』 297쪽).

그래서 단식 광대는 끝없는 단식으로 저항한다. 죽기 전 그는 단식의 이유를 말한다.

> 왜냐하면 저는 입에 맞는 음식을 발견하지 못했기 때문입니다. 만약 그것을 찾아냈다면, 저는 결코 세인의 이목을 끌지는 않았을 테고, 당신이나 다른 모든 사람들처럼 배가 부르게 먹었을 것입니다(『변신』 300쪽).

그가 죽자 표범이 그를 먹어 치운다.

> 표범은 결코 자유를 그리워하는 것 같지도 않았다. 필요한 것은 무엇이든,

물어뜯을 것 까지도 마련이 되어 있는 이 고상한 몸뚱이는 자유까지도 함께 지니고 다니는 것 같았다. 아래윗니 어딘가에 그 자유가 숨겨져 있는 것 같았다(『변신』301쪽).

단식 광대는 「선고」의 그레고르를 연상하게 한다. 「선고」의 여동생은 표범에 대응된다. 광대는 회사를 거부하는 그레고르처럼 배부르게 먹기를 거부한다. 즉 일상의 관습을 거부하는 것이다. 그러나 그런 그에게는 굶어죽는 길밖에 없다.

이 소설의 단식을 예술로, 광대를 카프카로 보고, 작품 주제는 예술을 이해하지 못하는 관객 또는 표범을 변질된 예술가로 비판하는 것이라고 보는 견해가 있다(『카프카 문학사전』158쪽). 그러나 나는 관객은 민중으로, 그리고 표범은 권력자로 보는 것이 타당하다고 본다.

「성」

1922년 2월에서 8월까지 카프카는 프라하에서 『성*Das Schloß*』의 대부분을 썼으리라고 추측된다. 보통 '성(城)'으로 번역되나, 우리가 보통 말하는 남한산성 등의 '성'과는 달리 궁궐이 있는 '궁성(宮城)'을 말한다는 점에 주의할 필요가 있다. 일본에서 '성'이란 우리와 달리 그런 궁성을 말하는 것이기에 '성'으로 번역되었으나, 그것을 그대로 가져온 우리나라 번역에는 문제가 있다.

이 소설만큼 카프카의 자전적 요소, 특히 여러 등장인물의 모델이 많은 작품도 없다. 그래서 처음에 일인칭으로 썼던 것을 3인칭으로 바꾸어야 했다. 즉 소설 첫 부분, '나' 대신 'K'라는 익명이 등장하는 시점에서 카프카는 제1장을 다시 썼다.

그럼에도 불구하고 주인공인 측량사 K는 카프카 자신이다. 측량사는 카프카의 첫 단편소설집인 『관찰』에서처럼 관찰자이다. 그러나 그런 자전적 요소가 있다고 해서, 그리고 누가 누구를 모델로 했다는 것을 아무리 철저히 조사해도 그 점이 이 소설을 이해하는 데에 아무런 도움이 되지는 않는다.

그러나 재미 삼아 몇 모델을 살펴보자. 성과 마을은 취라우이고, 성의 고급 관리 클람은 밀레나의 남편인 폴라크이며, 클람에게서 놓여날 수 없는 프리다는 밀레나이다. 그리고 '영주의 집Herrnhof'은 빈에 있는 카페로서 폴라크가 자주 드나든 곳인데, '창녀집Hurenhof'으로 불렸다.

소설의 줄거리부터 보자. K는 어느 성의 아래 마을로 온다. 그는 성주인 백작이 자신을 측량사로 불렀다고 주장하고, 이튿날 성으로 가고자 하나 길을 찾지 못한다. 저녁에 그는 성의 고급관리 클람의 옛 애인 프리다를 만나 함께 밤을 지낸다.

3일 째 되는 날, K는 마을 이장을 찾아가나 이장은 측량사는 필요 없고 대신 학교의 사환자리를 줄 수 있다고 한다. 이튿날 K는 그 마을에서 배척당한 전령 바르나바스의 가족을 찾아간다. 프리다는 K가 그 가족과 접촉했다는 이유로 이별을 선언한다.

K는 그를 야간에 심문하려는 비서 에어랑어를 찾아가나 K는 방을 잘못 찾아 뷔르겔을 만난다. 뷔르겔이 K의 구직 요청을 들어주려고 한 순

간, K는 잠이 든다. 에어랑어는 K를 깨워 클람을 생각해 프리다를 포기하라고 명한다.

5일째 되는 날, K는 하인들이 관리들에게 서류를 분배하는 기이한 장면을 본다. 이어 눈을 뜬 K를 하녀가 페피가 함께 살려고 한다. 여기서 소설은 끝난다. 분명히 미완성인 채로.

『성』에 대한 해석

이 소설에 대한 종래의 해석은 다음 네 가지이다. 첫째, 초판 후기를 쓴 브로트를 비롯하여 성을 어떤 상징이나 비유로 보는 해석이다. 즉 신의 은총을 구하는 인간의 노력을 상징하거나 비유했다는 것이다.

브로트는 카프카로부터 이 소설이 7일째 되는 날 마침내 K가 마을에 사는 허락을 받았으나 죽어가는 것으로 끝난다고 하는 이야기를 들은 점에 그 이유로 내세운다. 즉 『파우스트』에서처럼 "항상 노력하는 자는 구원을 받는다"는 주제라는 해석이다.

이처럼 이 소설을 어떤 비유로 보는 견해는 성을 세속화된 유대교나 그리스도에 이르는 길로 보는 종교적 견해와 함께, 유대민족으로 보는 견해, 권력(특히 파쇼주의나 스탈린주의와 같은 전체주의적 지배체제), 관료제, 소외를 비유하는 것으로 보는 문학사회학적 견해로 나아갔다. 특히 사회학자들은 이 작품에 대한 시대의 영향을 중시했다.

스스로 '객관적'임을 자처하며 예컨대 K가 마을에 찾아가는 것을 그의 아버지가 프라하에 도착한 것을 시사한다고 보고, 소설 전체를 유대인의 삶을 상징한 것으로 보는 견해가 있으나, 역시 비유로 보는 것에 불과하다.

둘째, 프로이트주의의 심리학적 해석은 첫째와 같은 넓은 시야가 아니라, 특정한 상징성의 분석을 시도하여, K는 노이로제의 고통을 극복하기 위해 자신의 무의식과 접촉을 시작한 것으로 보았다.

셋째, 제2차 대전 후 유행한 실존주의를 비롯한 철학적 해석이다. 이는 성은 부조리의 상징으로서 그 앞에서 헤매는 K는 의존할 가치를 상실한 세계에서의 인간 실존의 위기를 보여주었다고 본 사르트르Jean Pau sartre 에서 비롯된 것이다.

마지막 넷째 견해는 그런 모든 해석을 중지시키고, 카프카는 퇴폐적인 전위예술이라고 규정한 루카치의 공산당 공식 견해이다.**

그러나 1963년 체코에서 열린 국제회의에서는 카프카가 소외의 예언자이고, 그의 작품에는 사회주의 국가에도 적용될 보편적 인식이 포함되어 있다는 주장이 제기되었다.

이 밖에도 많은 견해가 있다. 예컨대 헬러Erich Heller처럼 성 전체가 악, 타락, 기만, 부패의 저주받은 세계라고 보는 견해*** 또는 K를 돈키호테의 전통에 따르는 것이라고 보는 W. H. 오든이나 마르트 로베르의 견해도 있다.

한편 들뢰즈와 가타리의 『카프카』는 카프카에 이르는 길을 『성』의 첫

■   * 김종대, 『성』의 비밀, 김광규, 위의 책, 163쪽.
    ** 임철규 편역, 『카프카와 마르크스주의자들』, 까치, 1986, 75-92쪽.
    *** Erich Heller, *Franz Kafka*, New York: The Viking Press, 1974, pp. 102, 129.

장면에서 찾는다.(들뢰즈 14쪽) K가 머문 주막 벽에 걸린, 고개를 숙인 집 사의 초상화 장면이다(『성』 15쪽). 그리고 들뢰즈와 가타리는 그런 '숙인 고개'의 초상화가 카프카의 다른 작품에도 흔히 등장함을 강조한다.

이는 반대로 카프카 작품 속의 '쳐든 고개'나, 그 유사한 종탑이나 음식 등의 묘사에 대응된다고 들뢰즈와 가타리는 말하면서, 이를 다음과 같이 등식화한다(들뢰즈 20쪽).

- 숙인 고개-고정된, 복종적인 혹은 복종하는 욕망, 중립화된 욕망, 어린 시절의 추억, 영토성 또는 재영토화
- 쳐든 고개-치켜든 욕망, 혹은 슬머시 빠져나가는 새로운 접속으로 열리는 욕망, 유아기의 블록, 혹은 동물적 블록, 탈영토화

이러한 다양한 해석은 흔히 카프카 작품의 위대성의 상징으로 말해진다. 그러나 그 어떤 해석에도 공통된 점은 카프카가 어떤 계획에 의해 논리적으로 썼고, 집필 과정 중 여기저기에 교묘하게 상징을 배치하여 신비화를 불러 일으켰다는 전제에 입각한다는 것이다. 따라서 그 상징을 해독하면 작품의 이해가 가능하다는 입장에 서 있다.

그러나 이러한 전제 자체가 카프카의 특유한 창작방법과 일치하지 않는 것이다. 카프카는 집필 계획 같은 것을 세우지 않고, 그냥 자신의 딜레마를 쓰는 사람에 불과했다. 여기서 우리는 그 집필과정을 살펴볼 필요가 있다.

소설의 제1장을 썼을 때는 산에서 돌아온 직후였다. 이어 건강은 더욱

악화되어 6월에는 퇴직을 신청하고 7월에 정식으로 퇴직한다. 퇴직은 건강을 이유로 한 것이었으나, 더욱 중요한 것은 그것에 대한 절망 탓이었음을 우리는 그 직전 야누흐에게 한 다음 말에서 읽을 수 있다.

> 이 보험국은 노동운동의 수확입니다. 그러므로 진보적인 밝은 정신으로 충만해야 할 것입니다. 그런데 현재의 그곳이 어떻습니까? 그 보험국은 어두운 관료의 소굴입니다. 이 속에서 나는 유일한 유대인으로 구경거리 노릇을 하고 있습니다(『카프카와의 대화』 227쪽).

따라서 카프카에게 '성'은 그가 근무한 산업재해보험공단일 수도 있다. 물론 그것만은 아니다. 전쟁으로 민중을 도탄에 빠뜨린 국가권력 자체가 '성'이다. 공단은 그 권력체계의 작은 일부에 불과하다. 성의 세계는 악의 세계이다.

『성』은 권력에 대한 소설이다. 성의 주인은 권력자들이다. 그들은 국가의 기능과 개인의 운명에 대한 기능을 동시에 수행한다. 그 한계를 설정하고 금지하며 규정하고 굴욕을 주고 통제하며 속이고 꾸물거린다. 무법체계의 정상적인 기능을 보장하고 동시에 그들의 활동을 통해 억압받는 자들에 대한 시간구조를 형성한다. 민중은 그냥 권력에 호소하고 간청하며 희망하고 기다릴 뿐이다. 그러나 그들은 언제나 거절당하고 허위의 약속만을 다짐받는다.

시간이 흐르듯 삶도 흐른다. 결국 희망과 지연의 미로 속에서 그들이 얻는 것이라고는 아무 것도 없다. 세련되고 교묘하게 움직이는 권력의 끝없는 활동조직은 완전히 무용하게 돌아간다. 그 전제적인 권력은 저속하고 제멋대로이며 잔인하고 거만하며 변덕스럽고 추악하다. 그들은 악과 무분별한 세계질서의 필요도구이다.

그 완전한 어둠 속에서 인간은 더듬거리며 길을 찾으려고 애를 쓰며 움직인다. 유혹적인 작은 불빛이 가끔은 빛나기도 하나 그것은 기만과 환상에 불과하다. 모든 것은 허사고 슬프며 사악할 뿐이다. 왜 인간은 인간을 억압하고 괴롭히는가? 아무 이유도 없다. 그러나 인간은 '나는 포기한다'라고 말하지는 않는다. 그는 악의 지배를 확신하나 악과 타협하지는 않는다.

그리고 K는 지금까지의 카프카 작품에 등장한 주인공들과는 달리 강요에 의해서가 아니라, 자신의 결정을 통해 스스로 운명을 바꾸고자 투쟁에 뛰어든다는 점을 주목해야 한다. 나름대로 완벽한 그 세계는 그의 투쟁을 허용하지 않으나, 그는 열심히 성을 향하여 나아간다.

따라서 이 작품이 주는 메시지는 인간이 자신을 지배하기 위해 투쟁해야 한다는 것, 인간은 사랑과 노동을 통해서만 인간일 수 있다는 것이다. 여기에 종교적인 것은 없다. 흔히 카프카를 키르케고르나 유대교와 비교하지만, 그 자신 그것들을 부정했다.

여하튼 K는 절망이 아니라 저항의 외침이다. 그는 1917년 러시아 혁명에 대해 진심으로 공감했다. 물론 그것은 자신이 혁명가가 된다는 것을 뜻하지는 않은, 도덕적인 판단에 그친 것이었다. 그렇다고 해도 그것은 절망이 아니라 희망의 행동이다.

마지막 단편들

직장을 그만둔 뒤 카프카는 오틸리에와 함께 남부 보헤미아의 숲으로 우거진 프라나에 간다. 그곳에서 카프카는 『성』을 계속 썼으나, 아버지의 병환 등으로 인해 8월 말 집필은 중단된다.

9월에 카프카는 프라하로 돌아와 부모 집에서 칩거했다. 이어 두 달 동안 그는 「부부*Das Ehepaar*」, 「비유에 대하여*Von den Gleichnissen*」, 「포기하라!」와 「어느 개의 연구」 초고를 썼다.

이 중에서 「포기하라!*Gibs auf!*」는 어떤 남자가 길을 떠나고자 경찰관에게 길을 묻자 경찰관은 포기하라고 답한다는 단순한 이야기이다. 이는 당시, 특히 제국 시대의 권위를 상징한 경찰관에 대한 비판이다. 경찰관을 카프카의 아버지라고 보는 심리학적 견해도 있으나, 이는 너무나 단순한 비교이리라.

「어느 개의 연구*Forschungen eines Hundes*」는 그런 권력에 대한 자유를 추구한다. 내용은 개의 생존에 대해 연구하는 개 철학자의 탐구 기록이다. 어린 시절 만난 일곱 마리 개의 음악 연주를 보고 연구는 시작된다. 개 철학자는 먹이가 지상에서 온다는 학자 개인 공중견의 학설과 달리, 위(즉 인간이라는 권력)에서 온다는 것을 증명하려고 한다.

개 전체는 거짓으로 빛을 읽은 세계에서의 전반적인 인간 상황을 반영하고, 특히 공중견을 목적에 구애받지 않는 지성의 상징이라든가, 근거를 박탈당한 서유럽 유대교를 대변한다고 보는 견해들이 있다(『카프카 문학 사전』 156쪽). 그러나 학문에 대한 카프카의 태도는 지극히 냉소적이다.

학문에 별로 구애받지 않는 심정으로 사물을 관찰하는 자라면—그러나 학문 내용은 날로 커져가는 경향이 있어서, 학문에 매이지 않는 자는 극히 적은 수이나—지상의 주성분이 위에서 온다는 것쯤은 곧 알 것이다. (…) 어떠한 경우에도 경작이 필요하다고 원칙을 세우고 있는 학문은, 위에서나 가운데서나 하는 것을 거의 개의치 않는다. '입에 가득히 집어 넣으면 모든 문제는 우선 해결되는 것이다'라는 말을 인용해두고자 한다(『변신』608쪽).

개는 유럽에서 유대인을 뜻했다. 이미 『소송』에서 K는 '개처럼 죽는다.' 「어느 개의 연구」에서도 개는 유대인을 말하는 여러 표현을 볼 수 있다. 그리고 일곱 마리의 음악가 개는 유대어 극단을 연상하게 한다. 그러나 그러한 유대적인 것은 소재에 불과하다.

연구하는 개는 자신이 학문적으로 무능하다고 생각하여 단식을 한다. 그리고 그 무능의 원인을 본능에 있다고 본다. 다음과 같은 그 본능인 자유에 대한 설명으로 소설은 끝난다.

그 본능은 오늘날의 학문과는 달리 습득되어지는 바로 그 학문을 얻기 위해서, 즉 모든 학문 중의 궁극적인 학문을 얻기 위해서, 자유를 다른 그 어떤 것보다도 높이 평가하는 것을 나에게 가르쳐준 것이다. 자유! 물론 오늘날 허용되어 있는 자유란 빈약하기 이를데 없는 작물에 불과하다. 그렇지만 그게 어떤 자유이든 간에 일종의 소유물이라는 사실은 항상 존재할 것이다(『변신』626쪽).

다시 팔레스타인

그러나 연말에는 다시 집필이 중단되었다. 그는 침대에 누워 키르케고르 책읽기와 히브리어 공부로 시간을 죽였다. 히브리어 공부와 함께 팔레스타인 이주의 꿈을 계속 키웠다. 특히 만년에 그는 유대의 역사, 민화, 종교에 관련된 문학 작품이나 전문 서적을 더욱 많이 읽었다. 그러나 이는 그가 브로트가 말하듯 정통파 유대교에 회귀한 것을 뜻하지는 않았다.

앞에서 본 이디쉬어 극단과의 만남 이후 카프카는 자신을 유대인으로 의식하게 되었으나, 그것은 종교적 차원이 아니라, 어디까지나 민족적 차원에 그친 것이었다. 그는 서유럽 유대인의 동화 지향을 경멸하고 단죄했다.

그리고 그 극복 방법은 고유한 언어와 국토를 갖는 유대인 국가의 건설이라고 주장했다. 물론 카프카는 모든 종류의 국수주의에 반대했다. 따라서 시오니즘에 대해서도 회의적이었고, 그 조직에는 일체 관여하지 않고 그 주변에 머물렀다.

따라서 카프카는 만년에 와서 독일어로 글을 쓰는 것이 자신의 유대성에 어긋나는 것이고, 히브리어로 글을 써야 한다고 생각했다. 카프카는 1922년, 성서 히브리어를 현대 일상어로 바꾼 선구자인 에셔 벤 이에부다의 제자인 페어 벤트빔이 프라하에 오자, 그녀로부터 현대 히브리어를 배우기 시작했다.

카프카가 여전히 팔레스타인 이주를 꿈꾸었다. 그러나 그는 작가로서는 물론 법률가로 이주할 생각은 없었다. 의사 친구에게 보낸 다음 편지를 보면 그가 여전히 이주를 위해 육체노동을 추구했음을 알 수 있다.

진지하게 임하지 않는 모든 직업은 비열한 것. 정신노동이든 육체노동이든 마찬가지. 인간이해를 하는 작업은 위대하다. 이 또한 정신노동이든 육체 노동이든 마찬가지. 이걸 인식하기란, 끔찍스럽게도 쉬워. 동시에 이 인식 을 내면화하고 실행하기란 지겹도록 어려운 일인걸. 자네에게는 그리 어렵 지 않을 거야 의사니까, 그런데 법률가들 평균치 대중은 팔레스타인으로 갈 명분을 얻기 위해 우선 자신들을 부수고 갈아 흙먼지가 되어야 할걸. 팔레스타인에는 흙이 필요하지 법률가가 필요한 게 아니니까. 한 몇 년 법 공부를 하다 그만두고 금속공 일을 배우러 간 프라하 젊은이 하나를 좀 알고 있네.*

브로트를 비롯한 친구들도 만났다. 첫 번째 유언과는 다른 두 번째의 유언이 쓰여져 「선고」, 「화부」, 「변신」, 「유형지에서」, 「시골 의사」, 그리고 「어느 단식 광대」가 소각 대상에서 제외되었다.

많은 사람들이 카프카 작품의 특성으로 유대사상과 문학의 주제인 실 향, 박해와 관련된 죄의식을 다룬다고 한다(로베르 11). 그러나 그의 작품 속에는 유대인은 단 한 명도 등장하지 않고 유대란 말이 언급된 적도 없 다. 카프카 주인공들은 성이나 이름이 없는 경우가 많다. 또한『소송』과 『성』에는 K라는 이름만 등장한다. 이를 비개인성으로 본 철학적 해석도 있지만, 카프카 자신 그런 의도를 부여한 적은 없다.『실종자』의 로스만 과 「선고」의 벤데만은 독일식 이름이고,『소송』과 『성』에는 다른 이름도

■　　* Max Brod, *Franz Kafak: Briefe 1902-1924*, Frankfurt a. M. 1958, S. 364.

많이 등장한다.

그러나 『소송』과 『성』에서 K는 다른 고유명사의 사람들과는 다른 세계에 속한다. 이를 당시 이름을 들어낼 수 없는 상황에 놓인 유대인인 카프카 자신을 표현한 것이라고 보는 견해가 있으나(로베르 20), 익명이 아닌 실명의 세계인 권력에 대응되는 개인의 표상이라고 볼 수도 있다.

도라 디어만트

1923년 7월, 카프카는 팔레스타인에 가기 위한 예행연습으로 베를린을 거쳐 발트해의 해수욕장을 찾았다. 그곳에서 그는 도라 디어만트Dora Diamant(1902?-1952)를 만났다. 도라의 나이는 정확하게 확인되지 못하나, 카프카를 만났을 때 20세 전후였으리라고 짐작된다.

카프카보다 20세 정도 연하인 그녀는 폴란드의 경건한 하시디즘을 믿는 독일계 유대인 가정 출신으로 이디쉬어와 히브리어에 능통했고, 당시에는 베를린 '유대 민족 홈'에서 일했다. 진지하고 고지식한 그녀는 자신처럼 고독한 카프카를 사랑했고, 카프카 역시 자신이 동경한 동유럽 출신 유대인, 발랄한 소녀에게 반했다.

그녀와의 사랑은 카프카에게 마지막 몸부림이었다. 9월 그는 도라와 살고자 베를린 교외에 집을 마련했다. 사실 베를린은 카프카가 살기 원했던 유일한 도시였다. 1913년과 1914년 그는 펠리체를 만나고자 베를린을 거듭 방문했다. 1914년, 그녀와의 결혼이 좌절되자 그는 베를린에서 직업작가로 살고자 했으나 전쟁의 발발로 좌절당했다. 그러나 이제 카프카는 꿈에 그리던 행복한 가정을 맛보았다.

그러나 우익과 좌익의 충돌이 격심한 그곳 생활을 끔찍하다고 생각했고, 특히 높은 물가에 충격을 받았다. 프랑스군이 루르 지방을 점령하여 독일 경제는 붕괴 직전이었다. 게다가 카프카는 가난했다. 돈이 없어 전기와 가스도 끊겼다.

그들은 대부분의 시간을 히브리어 낭독으로 보냈다. 도라의 도움으로 카프카는 구약성서의 첫 부분인 토라나 히브리어 소설 등을 읽었고, 도라에게 자신이 좋아하는 독일 작품을 소개했다. 그리고 팔레스타인에서의 새로운 생활을 꿈꾸었다.

베를린에서 카프카는 팔레스타인에서의 새로운 생활을 위해 원예 공부를 시작했으나, 곧 포기하고 두 달 동안 유대대학의 강의에 참석했다. 그리고 다시 집필을 시작했다. 몇 달간 상당한 분량을 썼으나, 건강의 악화로 중단되었다.

뒤에 도라는 당시 카프카의 명으로 많은 원고를 없앴다고 말했다. 그래도 「굴」과 「작은 여인」은 지금 남아 있다. 「굴*Der Bau*」은 오랫동안 지하의 굴을 파 이제 그곳에 안정을 찾아 사는 카프카의 삶을 상징한다. 그러나 그는 '정적의' 굴속에서 행복을 추구했지만 여전히 불안하다.

> 나의 인생은 그 절정기에 있는 지금에 와서도 완전히 평온한 시간을 거의 갖고 있지 못하며, 나는 언젠가 저기 저 어두운 이끼 낀 자리에서 죽어가야 할 것이며, 꿈에 잠겨 탐욕에 찬 코를 킁킁거리며 끊임없이 돌아다니고 있는 것이다(『변신』 637-638쪽).

게다가 외부에서 쳇소리를 내며 접근하는 "마구잡이식으로 흙을 파 뒤집는 격렬한 도둑놈들"의 존재에 더욱 불안하다.

> 안전이라고는 없고 오로지 어딜 가나 창 없이 위험으로 가득 찬 생활, 그
> 러나 단 하나의 위험을, 나의 안전한 굴과 여타의 생활의 비교가 끊임없이
> 가르치듯이, 그렇게 정확하게 보면서 두려워하지 않아도 되는 생활을, 분
> 명 그러한 결심은 무의미한 자유 속에서 너무 오래 살다 보니 생기게 된
> 어처구니없는 바보짓이리라(『변신』 651쪽).

굴은 카프카의 베를린의 삶을 상징하거나, 그 삶 중에서도 밤의 집필을 상징하는 것으로 해석될 수 있다. 전자로 보면 도라와의 새로운 삶이 굴로 상징되는 것이고, 굴을 위협하는 쳇소리는 질병, 부모의 근심, 경제적 어려움 등을 상징한다고 볼 수도 있다. 반면 후자로 보면 도라와의 새로운 삶 자체가 위험을 상징하는 것으로 해석될 수 있다.

그러나 더 넓게 보면 굴은 유대인의 오랜 고통에 찬 삶을 상징하거나, 더 나아가 인간 존재의 오랜 고뇌와 투쟁을 상징하는 것으로도 볼 수 있으리라. 그렇게 보는 경우 쳇소리는 유대인이나 인간의 실존을 여전히 위협하는 외부 세계(카프카는 히틀러를 예언하는가)의 상징이 될 것이다.

「작은 여인Eine kleine Frau」은 그런 외부의 적에 해당되는 존재이다. 구체적으로는 카프카가 베를린에서 처음 구한 집의 불친절한 여주인을 말하나, 작품에서는 그것이 "아무 소용 없는 게으름뱅이이며 할 일 없는 사람"인 문단의 원로, 비평가, 출판업자 또는 대중으로도 나타난다(『변신』 285쪽).

도라가 카프카의 작품을 없앤 것이 카프카의 희망에 의해서라는 점은 의심할 수 없으리라. 그러나 카프카가 작가라는 것은 그녀에게 전혀 중요하지 않는 게 사실이었다. 카프카는 그녀만의 존재였기 때문이다. 그래서 그녀는 카프카를 그 누구와도 공유하고자 하지 않았다. 그런 독점욕 때문에 카프카 사후 브로트가 그의 장편소설을 간행하려고 하자 그녀는 반대했다.

카프카 사후 그녀는 상당 분량의 카프카 원고와 편지를 숨기고, 자신에게는 아무것도 없다고 거짓말까지 했다. 이는 뒤에 카프카 원고가 영원히 분실되는 요인이 되었다. 카프카가 죽은 뒤 도라는 독일공산당의 지도자와 결혼했다. 1933년 2월 히틀러가 정권을 잡자 게슈타포가 도라의 집에 있던 카프카의 원고를 압수했는데 그것은 지금까지 발견되지 않고 있다.

도라는 절망 상태에 빠져 브로트에게 도움을 구했고, 브로트는 백방으로 원고를 찾기 위해 노력했으나, 수포로 끝났다. 그 후 도라는 모스크바로 갔으나, 남편이 그곳에서 트로츠키파라는 혐의로 유죄판결을 받고 죽었다. 그녀는 영국으로 망명했으나, 1952년 런던에서 죽었다.

최후의 작품 「요제피네, 여가수 또는 서씨족」

1923년 말, 카프카는 브로트의 소개로 안 좌익 경향의 슈미데출판사를 알게 되었다. 사후 1924년 그 출판사에서 출판된 단편집 『어느 단식 광대』에는 제목 단편 외에 「작은 여인」, 「첫 번째 시련」, 「요제피네, 여가수 또는 서씨족」이 수록되었다. 「요제피네, 여가수 또는 서씨족」은 그해 6월 죽기 직전인 봄에 쓰여져 4월 〈프라하 신문〉에 발표되었다.

서씨족, 즉 쥐의 종족은 음악을 사랑하지 않는다. 삶이 고달픈 그들에게는 '조용한 평화'가 '최상의 음악이다.' 그리고 '확실하고 실제적인 영리함'을 최대의 장점으로 여긴다. 여기서 여가수 요제피네는 특이하다. 그러나 그냥 '찍찍거릴' 뿐이다.

그러나 요제피네는 자신이 예술가임을 주장하며 작업 면제를 주장한다. 이를 유대인 속에서 예술가임을 자처하는 카프카가 작업을 면제받고자 하는 것을 연상하게 한다는 견해가 있으나(『카프카 문학사전』 178쪽), 카프카는 그런 면제를 주장한 적이 없다. 팔레스타인에 간다고 해도 그는 작가로 살 생각이 없었다.

요제피네는 여가수라고 하나 사실은 누구나 할 수 있는 찍찍거림을 우쭐거리는 자세로 내뱉을 뿐이다. 여기서 카프카는 스타 숭배와 천재 찬미를 비웃는다. 근면한 쥐의 종족은 그녀를 보호하나 그녀의 요구를 거절한다. 그녀의 찍찍거림은 누구나 낼 수 있는 소리에 불과하기 때문이다. 종족에게 요구를 거부당한 요제피네는 사라진다.

그녀를 거부하는 쥐 사회에서는 어떤 위계도 없이 누구나 평등하다. 어른은 아이에 군림하지 않고 아이를 훈련하는 학교도 없다. 절대자도 지배 권력도 없다. 인간을 공동체에서 내모는 지적 노동 대신 인간을 인간들에게로 이끄는 자급자족적인 육체노동만이 존재한다. 이는 카프카가 꿈꾼 이상적인 공동체였음은 두말할 필요가 없다.

죽음

「요제피네, 여가수 또는 서씨족」은 카프카의 마지막 작품으로 1924년 3월, 병이 더욱 악화되어 도라는 베를린에 홀로 남겨두고 브로트와 함께 프라하로 돌아온 뒤, 그야말로 죽기 전 마지막 안간힘으로 쓴 작품, 마지막 기도였다. 여가수 요제피네는 노래를 부르지도 못하나, 자신을 최고라고 자부한다. 당시 카프카의 목소리도 잠겨 요제피네처럼 작은 목소리밖에 내지 못했다. 후두결핵이 전이된 것이었다.

3월 말, 도라가 프라하에 도착했다. 4월 그녀는 45킬로그램의 카프카를 데리고 빈의 숲 요양소로 갔다. 이어 빈대학 부속병원으로 옮겼으나, 그 관료적인 분위기 때문에 다시 빈 교외의 요양소로 옮겼다. 잠시 병세는 호전되었으나, 곧 말하기도 먹기도 힘들어졌다. 당시 그가 마지막으로 교정한 작품 「어느 단식 광대」처럼.

1924년 6월 3일, 카프카는 죽었다. "나를 죽여다오, 아니면 너는 살인자다"라는 말이 마지막이었다. 프라하의 몇 신문에 브로트와 밀레나의 것을 비롯한 추도문이 실렸다. 그러나 그중 하나는 카프카 이름의 철자마저 틀리게 썼다. 밀레나는 이렇게 추도했다.

> 프라하에서 그를 안 사람은 극히 소수였다. 그는 독행자이고 현자이며 세상을 두려워했기 때문이다. (…) 그의 작품은 세계를 너무나도 명석하게 투시했기 때문에, 스스로 그 투시를 이길 수 없어, 죽지 않을 수 없었던 한 사람의 인간, 메마른 웃음과 섬세한 통찰에 가득 차 있다.

카프카의 묘

6월 19일의 프라하 소극장 강당에서 열린 장례식에는 5백 명 가량이 참석했다. 그리고 프라하 땅에 묻혔다. 그렇게도 떠나고자 했던 프라하를 그는 죽어서고 벗어날 수 없었다. 특히 그렇게도 도망치고자 했던 부모로부터도 죽어서도 벗어나지도 못하고, 그들의 묘지 옆에 나란히 묻혔다. 그를 모두글 위힌 히니의 묘비에는 마치 세 사람이 오슈두슈 살았던 것처럼 세 사람의 이름을 기록했다.

그러나 그의 죽음과 함께 그의 이름과 작품은 오랫동안 고향에서 추방되었다. 마치 그것을 카프카가 바란 듯이. 아니 세계는 그를 추방했다. 그가 너무나도 명석하게 그 세계를 투시했기 때문에. 그 명석함을 참을 수 없었기 때문에.

그러나 그는 아우슈비츠의 비극 이후 다시 세계에 의해, 그리고 20세기의 마지막 해방을 맞은 프라하에 의해 다시 불려졌다. 그는 파괴적이다. 그러나 이는 그가 진리를 발견해서가 아니라, 도리어 그 발견에는 실패했으나, 거짓 진리나 타협적 해결에는 만족하지 못했기 때문이었다.

"청년은 행복하다. 왜냐하면 그는 아름다움을 볼 줄 알기 때문이다.

그러므로 아름다움을 볼 줄 아는 사람은 절대로 늙지 않는다."

카프카에 대한 평가

'여는 글'에서도 말했듯이 지금 우리나라에서 카프카는 여전히 '불안과 고독, 절망과 소외'의 작가이다. 사회사적, 마르크스주의적 관점은 철저히 결여되어 있다.

따라서 이에 대해 1984년 "한국의 독문학계가 한국 문학의 현장에서 격리되어 있음을 반영"하고 "현대문학을 이해하는 우리 문단 내의 이론적 심화과정에서 별다른 창조적 계기를 제공하지 못"했다고 지적한 것은 여전히 유효하다.[**]

그런 지적과 함께 1986년 『카프카와 마르크스주의자들』이라는 책이

■ [*] 염무웅, 카프카문학과 서구 리얼리즘의 한계, 백낙청 편, 『리얼리즘과 모더니즘』, 창작과비평사, 1984, 276쪽.
[**] 한국 문학 속에 카프카가 전혀 나타나지 않은 것은 아니다. 적어도 1990년대, 예컨대 김영현의 1992년 소설 「벌레」는 1970년대 말 정치 사회적 환경이 많은 사람을 벌레로 만들었다고 말한다. 그러면서 카프카를 '부르주아적 감성의 반민중성'으로 낙인찍는다. 이러한 카프카 이해는 그야말로 한국에서의 전형적인 카프카 이미지와 그것에 대한 사회주의적 반발이라고 해도 좋으리라. 반면 이성복의 1980년대 시나 장정일의 1990년대 시에도 카프카는 시대의 우울을 상징하는 존재로 등장하나, 이 책에서 내가 말하는 권력에 저항하는 카프카와는 다르다.

소개되었다. 그 책에 수록된 논문 중 가장 빨리 1934년에 집필된 벤야민의 「프란츠 카프카」는 브로트의 종교적 견해와 마르크스주의를 절충하는 입장이었다. 그래서 카프카를 '진정한 볼세비키 작가'로 본 브레히트는 벤야민이 '유대인 특유의 파시즘'을 조장했다고 비판했다.

반면 루카치는 1958년의 『오해된 사실주의에 대한 반론』에서 정통 마르크스주의 입장을 고수했다. 즉 개성의 해체, 작품 세계의 비현실성, 세계관적 시각의 결여를 비판하고, 그것이 자본주의적 제국주의를 옹호한다고 보았다.

1963년 5월 프라하에서 열린 '카프카 학술회의'에서 피셔나 가로디 Roger Garaudy(1913-2012)는 카프카를 리얼리스트로 부르고 그가 분석한 자본주의 사회의 소외가 사회주의에서도 극복되지 못했다고 주장했으나(『카프카와 마르크스주의자들』 95쪽), 체코 학자들은 사회주의에서는 소외가 없다고 반박했으며, 동독 학자들은 카프카가 소외의 원인을 찾지 못했다고 반박했고, 카프카가 리얼리스트라는 점도 부정했다. 동독 측 평가는 소련 측에서 내려진 평가와 유사하다.

나는 사회주의에는 카프카가 묘사한 소외가 없다는 주장은 더 이상 검토할 여지도 없다고 본다. 그래서 『카프카와 마르크스주의자들』에 수록된 대부분의 마르크스주의 논문은 이제 그 가치가 의심된다. 따라서 그것이 여전히 "우리 문단 내의 이론적 심화과정에서 별다른 창조적 계기를 제공하지 못했다고 지적"될 수 있으리라. 공소한 이데올로기 논문만을 우리에게 맛보인 것에 불과했다.

그러나 피셔의 글은 여전히 빛난다. 나는 위에서도 그의 견해를 일부

소개했으나, 여기서 특히 문장을 소개하고 싶다. 그것은 카프카의 삶과 문학의 본질을 가장 정확하게 말해주기 때문이다.

전적인 부정을 통해서, '이렇게 계속될 수 없다'는 준엄한 말을 통하여 카프카는 우리를 부정에 대한 부정으로 이끈다. 개인으로서만 권력자에 대항하여 자신을 방어하는 외로운 사람은 언제나 범죄자 내지 보이지 않는 법정에 의해 선고받은 사람이다. 그는 자신을 효과적으로 방어하거나, 무기력한 자기방어 속에서 그의 운명을 보호할 수도 없고, 지배자들의 악과 반인간적인 반대세계를 인정함으로써 그들의 인정을 얻기 위해 그들의 성으로 몰래 기어 들어갈 수도 없다. 공허한 개체일 뿐인 인간은 누구든지, 그에게 적대적인 사회조건들의 그림자에 대해 반항하는 사람은 누구든지 무기력하며 유죄선고를 받는다. 결정적인 매순간마다 효자이어야 하는 인간조건은 운명일 뿐 아니라 결점이기도 하다(임철규 16쪽).

마찬가지로 가로디의 다음 문장도 읽어보자.

그는 신비주의자는 아니다. 그는 사람들의 배후에 있는 어떤 것에 대해서도 언급하지 않았다. (…) 우리는 카프카에게서 실존주의적 사고는 단 하나도 발견할 수 없으니, 비극적인 것은 휴머니티의 일종의 형이상학적 법령이라는, 도구나 영원한 법령이라는 믿음 따위는 아예 발견할 수 없다. (…) 카프카는 절망하는 인간이 아니다. 그는 증인이다. 반복하지만 혁명가가 아니다. 책임의식의 각성자이다(위 책 124-125쪽).

카프카와 법

카프카는 법학을 공부했다. 왜? "인간에 대한 무관심을 체험할 수 있는 직업을 찾기 위해서." 그리고 법학 시험을 치르면서 "무의미한 지식을 습득하는 데"시간을 죽였다고 했다. 이처럼 그에게 법은 삶의 억압적 구조를 상징하는 비판의 대상이었다.

나는 여기서 카프카에 대한 넘쳐나는 해석의 바다를 헤엄칠 생각이 없다. 우리나라에서 가장 보편적인 해석인 종교적 또는 심리적 해석 내지 모더니즘적 해석은 유아론에 젖어 있고, 반면 우리나라에서는 거의 지지되지 않는 마르크스주의자의 해석은 카프카를 자본주의 비판가라고 하면서 사회주의를 옹호한다.

그러나 나는 카프카를 그 어느 체제에서나 문제가 되는 권력지배의 문제를 해부한 작가라고 이해한다. 견강부회라고 해도 좋다. 나는 카프카를 아나키스트 작가라고 규정한다. 카프카는 예술의 사회적 의의와 그것에 대한 국가의 포위를 명백하게 인식했다. 야누흐에게 그는 다음과 같이 말했다.

> 예술가는 현실을 변화시키기 위하여 인간에게 다른 눈을 주려고 시도하고 있습니다. 따라서 작가란 본래 국가의 위험한 요소입니다. 왜냐하면 작가들은 변혁을 원하기 때문입니다. 국가와 그의 모든 충복들은 그대로의 지속만을 원하고 있지요(『카프카와의 대화』 183쪽).

■   * 한국에서의 카프카 이해에 대해서는 이충섭, 『한국인의 눈에 비친 카프카, 1955-1989』, 한나라출판사, 1993. 참조.

카프카는 사회주의에 공감했으면서도 그들을 믿지는 않았다. 혁명이 일어나도 결국은 국가에 의한 관료제가 지배한다고 보았기 때문이었다. 그의 모든 작품은 거대한 국가에 짓눌린 인간의 고뇌를 표출하고 있는 것으로 느껴지기 때문이다.

카프카는 인간이란 병든고 힘없는 존재로, 그런 인간을 둘러싼 세계는 두렵고 변할 수 없는 것이라는 허무주의를 견지했다. 그는 인간성의 타락, 이성의 말살, 보편적 진보에 대한 부정을 공감했다. 그것을 단적으로 보여주는 작품이 「변신」이다.

그러나 카프카는 『아메리카』와 같은 작품에서 권력자와 그에 굴종하는 하층민을 대비하고 후자에 대한 지지를 보였다. 『아메리카』를 쓸 무렵 그는 자신이 고용된 보험회사에 대해 임금을 인상해 달라는 탄원서를 작성했으며, 노사분쟁은 그 시대에 가장 보편적인 사회현상이기도 했다.

카프카가 자본주의 사회의 인간소외를 가장 절실하게 그려낸 작가로 이해하는 데에는 누구나 찬동한다. 자본주의 사회에서 인간은 법을 비롯한 모든 외계와 단절되고 얼굴 없는 관료적 메커니즘의 지배를 받는다. 카프카는 야누흐에게 산업의 능률주의와 분업제에 대해 그것은 노예화 이상의 문제라고 하면서 다음과 같이 말했다.

그런 폭력적인 불법을 행하게 되면 결국에는 악에 의한 노예화밖에는 나타나지 않습니다. 이것은 뻔한 사실입니다. 모든 창조물의 가장 숭고하고, 가장 범해서는 안 되는 부분인 시간이 불순한 기업적 이해의 그물 속에 빠지게 됩니다. 그리하여 창조물뿐만 아니라 무엇보다도 창조물의 구성요소가 되는 인간이 멸시와 욕을 보게 됩니다. 이런 능률화된 생활이란 소름이 끼치는 저주로서, 여기서는 갈망했던 부와 이득 대신에 기아와 비참만이 생겨날 수 있을 뿐입니다. 이것이 세계의 멸망으로의 진전인 것입니다. …사람들이 적어도 확신을 가지고 그렇게 말할 수 있다면 좋겠습니다만, 확신은 조금도 없습니다. 그러니까 사람은 아무 말도 할 수 없는 것이지요. 그저 소리나 지르고, 더듬거리고, 헐떡거릴 수 있을 뿐입니다. 생활의 무한궤도가 인간을 어디엔가로 이끌어가고 있습니다. 어디로 가는지는 아무도 모릅니다. 인간은 생물이라기보다는 차라리 사물이고 물건인 것입니다(위 책 150쪽).

그러한 인간소외는 자본주의만이 아니라 사회주의 사회에서도 존재했다. 과거에 사회주의자들이 그 소외란 사회주의에서 더 이상 존재하지 않는다거나 또는 존재한다고 토론한 것은 이제 무의미하다. 왜냐하면 사회주의 사회에서의 인간소외란 자본주의 사회 이상으로 심각한 것이었음이 이미 밝혀졌기 때문이다.

카프카의 소설은 자본주의든 사회주의든 간에 존재하는 계층화된 관료사회의 잔인성을 우리에게 절실하게 보여준다는 점에서 충분히 아나키즘적이다. 그의 소설은 자본주의 사회의 계급 투쟁을 드러내거나 사회주의 사회의 무계급적 이상을 그리지 않는다. 그의 지향은 물론 그대로 드러나지 않지만 무계층 사회의 인간해방이라는 점에서 아나키즘적이다. 그의 작품은 그가 평생 혐오한 국가와 정부, 그리고 관료적 쁘띠 부르주아에 대한 고발이다.

카프카를 어떻게 읽어야 하는가? 왜 그를 이상하게 읽어 그를 신비롭게 만드는가? 나는 아주 쉽게 읽고자 한다. 예컨대 『성』은 정말 성의 이야기로, 『소송』도 진짜 소송의 이야기로 읽으면 어디가 덧나는가? 무슨 심리 분석이고 종교적 이해인가? 게다가 사회주의적인 것이고 모더니즘적인 것은 또 무엇인가? 문학평론가들이란 다음과 같이 말한다. 빌리 하스의 말이다.

> 카프카는 그의 위대한 소설 『성』에서는 천상의 힘, 은총의 영역을 묘사했고 또 마찬가지로 위대한 그의 소설 『소송』에서는 지하의 힘, 심판과 저주의 영역을 묘사했다(임철규 58쪽 재인용).

『성』과 『소송』을 그렇게 해석한 것은 브로트 이래의 전통이다. 그래서 랑은 『성』에 나타난 "부질없는 노력과 시도는, 신학적으로 말한다면, 신의 은총이 인간의 의지나 자의에 의해 억지로 얻어질 수 없다는 것을 의미한다"고 했다. 하스는 여기서 카프카를 키르케고르와 파스칼에 비교한다. 벤야민은 이러한 신비한 해석들이 무가치하다고 비판하나 그 자신도 그런 류의 해석에서 빠져 나오지 못한다.

카프카는 부르주아 세계를 생명이 없고 실제로 사멸한 세계로 보았으며, 그 속에 붙들려 기껏해야 개인적으로만 항거할 뿐 새로운 공동체를 건설하지 못하는 사람들도 마찬가지로 생명없는 존재로 여겼다. 여기서 개인주의는 더 이상 통하지 않는다. 카프카는 개인주의가 아니라 사람들을 자신들에게로 이끌고 더 이상 그들로부터 소외되지 않는 삶의 법칙으로 이끄는 새로운 공동체를 신뢰했다. 그러나 그것은 내세에 대한 희망이 아니라 이 세계가 달라질 수 있다는 가능성이다.

그는 인간을 공동사회로부터 떼어놓는 지적 노동을 그만두고 인간을 인간에게로 인도하는 수공업자나 농부가 되어 팔레스타인으로 갈 꿈을 꾸었다.

> 순수하고 명료한, 일반적으로 유익한 수공업보다 더 아름다운 것은 없습니다. 가구를 만드는 일 이외에도 이미 농업과 원예분야에서 일을 해보았습니다. 이런 일들은 모두 관청에서의 강제노동보다는 훨씬 아름답고 유익한 것이었습니다. 관청에서 일하는 사람들은 무슨 높고 훌륭한 사람들 같이 보이지만, 실은 그것은 하나의 껍데기에 지나지 않습니다. 실제로는 더욱 외롭고 따라서 더욱 불행한 사람들입니다(『카프카와의 대화』 19쪽).

카프카는 자유인을 꿈꾸었다. 직업도 없이 떠돌아다니는 자유인을 꿈꾸었다. 그것은 아나키스트 시인 월트 휘트먼이 쓴 「풀잎」의 세계였다. 카프카는 야누흐에게 휘트먼에 대해 다음과 같이 말했다.

> 그는 자연과 자연에 명백하게 대립된 문명을 유일하게 우리를 취하게 하는 인생의 감정과 결합시켰습니다. 그 이유는 그가 끊임없이 모든 현상의 단기적인 지속을 눈앞에서 직접 보았기 때문입니다. 그는 '삶이란 죽음으로부터 남아 있는 얼마 되지 않는 것이다.'라고 말했지요. …나는 예술과

삶을 조화시키는 그의 재능에 경탄했습니다. 오늘날에 볼 수 있는 기계세계의 가장 큰 힘이 영향력을 발휘하기 시작한 미국에서 남북전쟁이 발발했을 때, 월트 휘트먼은 간호보조원이었습니다. 그는 오늘날 우리 모두가 해야만 했던 일을 한 것입니다. 약한 자와 병자, 패배자를 도왔습니다(『카프카와의 대화』 219쪽).

밀레나의 편지

카프카의 삶에 대해 그의 만년 애인이었던 밀레나Milena Jesenska(1896-1944)만큼 정확하게 본 사람도 없을 것이다. 그녀가 카프카의 가장 절친한 친구 브로트에게 보낸 편지를 보자. 꽤 길지만 충분히 읽어볼 만한 가치가 있다.

우리들은 모두가 겉보기에 살아갈 수 있는 능력이 있습니다. 언젠가는 허위에로, 맹목에로, 열광에로, 낙관에로, 확신에로, 허무에로 혹은 다른 그 무엇에로 도피해 들어가버리기 때문이죠. 그러나 그 사람은 결코 감싸주는 피난처로 도피한 적이 없었어요. 그 어느 곳으로도요. 그 사람은 거짓말이라고는 할 줄 몰랐어요. 술에 만취할 수 없는 것과 마찬가지죠. 그는 손바닥만 한 은신처조차 없었어요. 엄호물이 없었어요. 그래서 그는 우리들로서는 보호를 받고 있는 그 모든 것에 무방비 상태로 노출되어 있었어요. 그는 옷 입은 사람들 가운데 있는 벌거벗은 사람 같아요. 그가 말하고, 존재하고, 살아가는 그 모든 것이 결코 진리는 아니지요. 그것은, 인생을 아무래도 매한가지지만 아름답게 혹은 비참하게 표현하도록 그를 도와줄 수도 있었던 모든 인생의 장식물에서 벗어나 있는, 그런 미리부터 결정되어 있는 존재 자체이지요. 그러니 만큼 그의 금욕은 전적으로 비영웅적이지요. … '영웅주의'란 뭐든지 허위이며 비겁이지요. 자신의 금욕을 하나의 목적을 위해 도구화하는 사람은 사람이 아니지요. 충격적인 형안, 순수를 지녔고 타협은 도저히 할 수 없기 때문에 할 수 없이 금욕할 수밖에 없는 사람이 사람이지요. … 저는 알고 있어요. 그가 생에 저항하는 것이 아니라, 다만 '지금 여기 있는 이런 생의 방식'에 저항한다는 걸(바겐바하 158-159 재인용).

밀레나가 말한 '지금 여기 있는 이런 생의 방식'을 나는 영웅주의나 권력주의적인 삶의 방식이라고 부른다. 그리고 밀레나처럼 나도 카프카가 평생 그것에 저항했다고 믿는다. 이는 밀레나가 카프카가 죽었을 때 그의 연인이었던 사람으로서는 유일하게, 아니 평생 그를 안 사람으로서는 유일하게, 가장 감동적인 다음과 같은 추도사에서도 읽을 수 있다.

그를 아는 사람은 많지 않다. 진실하지만 세상에 낙담한 채 자신의 길만을 외롭게 걸었기 때문이다. (…) 그는 무방비 상태의 인간을 절멸시키는, 보이지 않는 악마로 가득 찬 세계를 보았다. 그는 살아가기에 너무 예민했고, 아름답고 고결한 존재가 그렇듯이 투쟁하기에는 너무 허약했다. 이들 아름답고 고결한 존재들은 몰이해와 무례함, 지적인 거짓말에 대한 두려움으로 인해 싸움에 참여할 수가 없다. 싸움이 헛된 것이며 패자가 다시 승자를 치욕으로 뒤덮으리라는 점을 알고 있기 때문이다. 그는 타인을 알 수 있는 위대한 감식력을 가진 사람이었다. 유별나고도 심오한 방법으로 세계를 파악했던 그는 그 자신이 유별나고도 심오한 하나의 세계였다. (…) 전 세계에서 오늘날의 세대가 벌이는 투쟁들이 모두 이 안에 들어 있다. 물곤 교괴 같은 선거을 때지 않는다. 그것들은 아주 진실하고 적나라하며 고통스러운 저작들이므로, 상징적인 방법으로 표현할 때조차도 자연주의에 가깝다. 이 책들은 건조한 아이러니와 감각적인 통찰력으로 가득하다. 세계를 투명하게 파악하기 때문에 그는 이 세계를 감당할 수 없으며, 이성적인 사고에 의존하려 하지 않는다면 그에겐 죽음만이 남는 것이다. (…)

그의 모든 책들은 인간들 사이의 몰이해와 순진한 과오에 대한 공포를 서술하고 있다. 그는 자신이 안전하리라고 생각하는 귀머거리의 오류를 이해할 정도로 민감한 의식을 소유한 예술가이자 인간이었다(티에보 128-129 재인용).

"진실 없는 삶이란 있을 수 없다. 진실이란 삶 그 자체이다."

카프카 연보

Franz Kafka, 1883-1924

■ 1883년	7월 3일	상인 헤르만과 뢰비 가문 출신 율리에의 아들로 프라하에서 태어남. 누이동생 가브리엘은 1889년 생, 발레리는 1890년 생, 오틸리에는 1892년 생.
■ 1889-1893년		플라이쉬마르크트(Fleisvhmarkt) 초등학교에 다님.
■ 1893-1901년		김나지움(인문계 중등학교)에 다님. 루돌프 일로비와 오스카 폴라크와 교제함.
■ 1901-1906년		프라하의 독일계 대학에서 법학 전공.
■ 1902년		프라하에 있는 〈프라하 독일 학생 독서 및 강연 클럽〉 강연회에서 막스 브로트와 처음 알게 됨. 프란츠 브렌타노의 강연을 듣고 "루브르 서클"에 다니게 됨.
■ 1904-1905년		「어느 격투의 기술 *Beschreibung eines Kampfes*」집필 오스카 바움, 막스 브로트, 펠릭스 벨치와 규칙적으로 만남.

■ 1905, 1906년		추크만텔요양소에서 여름방학을 보냄.
■ 1906년		법학사 학위 받음. 10월부터 1년간 사법 연수 받음.
■ 1907년		「시골의 결혼 준비*Hochzeitsvorbereitungen auf dem Lande*」 집필.
	10월	'일반보험회사'에 입사
■ 1908년		7월부터 1922년 7월 은퇴할 때까지 '산업재해보험공단' 에서 근무함.
		《히페리온》 지(誌)에 8편의 산문을 처음으로 발표.
		막스와 그의 형 오토 브로트와 리봐에서 휴가를 보냄.
■ 1910년		일기를 쓰기 시작함. 유대인 극단원과 사귐.
■ 1911년		프리틀란트와 라이헨베르크로 여행.
		막스 브로트와 함께 북부 이탈리아의 바닷가에서 휴가를 보냄.
		에를렌바하 요양소로 감.
■ 1912년		「실종자*Der Verschollene*」 구상.
	7월	막스 브로트와 바이마르로 여행함.
	8월	첫 번째 책 「관찰*Betrachtung*」을 편집하여 12월에 출판.
		막스 브로트의 집에서 펠리체 바우어와 처음 만남.
	9월	「선고*Das Urteil*」 집필. 이듬해 11월까지 「실종자」 7장까 지 완성.
	10월	펠리체 바우어와 서신 왕래 시작.
	11, 12월	「변신*Die Verwandlung*」 집필.
	12월	프라하에서 최초의 작품 「실종자」를 공개 낭독함.

■ 1913년		부활제 때 베를린의 펠리체를 처음으로 방문.
		쿠르트 볼프 출판사에서 「화부Der Heizer」 출판.
		연간 〈아프카디아〉에 『선고』 실림.
■ 1914년	6월	베를린에서 펠리체 바우어와 약혼.
	7월	약혼 파혼함.
	7-8월	『소송Der Prozeß』 집필 시작.
	10월	『유형지에서In der Strafkolonie』 완성. 『실종자』의 마지막 장(章) 완성.
		그레테 브로흐와 사귐.
	12월	「법 앞에서Vor dem Gesetz」 집필.
■ 1915년	1월	펠리체 바우어와 다시 만남.
	11월	『변신』 출판.
	12월	쿠르트 볼프 출판사에서 「법 앞에서」 출판.
■ 1916년	7월	펠리체 바우어와 함께 생활.
	9월	『선고』 출판.
	11월	뮌헨에서 『유형지에서』 두 번째 공개 낭독. 『시골의사 Ein Landarzt』 집필.
■ 1917년	7월	펠리체 바우어와 두 번째 약혼하나 다시 파혼함.
	9월	첫 각혈. 폐결핵 확인됨. 취라우의 누이동생 오틸리에에게로 옮겨 감.
		가을부터 이듬해 봄까지 잠언집 집필.
		「학술원에 드리는 보고Ein Bericht für eine Akademie」, 「만리장성의 축조 때Beim Bau der Chinesischen Mauer」 집필.

■ 1918년	11월	병세가 악화되어 슐레지엔에 있는 요양소에서 지냄. 율리에 보리체크를 알게 됨.
■ 1919년	5월	『유형지에서』 출판. 율리에 보리체크와 약혼. 가을 단편집 『시골의사』 출판됨.
	11월	슐레지엔에서 자서전적인 글 『아버지께 드리는 편지 *Brief an den Vater*』 집필.
■ 1920년		빈에 있는 밀레나 예젠스키와 편지 교환 시작. 율리에 보리체크와의 약혼 파혼. 여름과 가을을 프라하에서 지냄. 「포세이돈*Poseidon*」, 「밤에*Nachts*」, 「법에 대한 의문*Zur* *Frage der Gesetze*」, 「팽이*Der Kreisel*」 등 단편 집필.
■ 1921년		「최초의 고민*Erstes Leid*」 집필.
■ 1922년		6월 말부터 9월 중순까지 플라나에 사는 누이동생 오틸 리에 집에서 보냄. 1-9월까지 『성*Das Schloß*』 집필. 봄에 『단식 광대*Ein Hungerkünstler*』, 여름에 「어느 개의 연구*Forschungen eines Hundes*」 집필.
■ 1923년		도라 디어만트를 알게 됨.
	9월	도라 디어만트와 베를린에 거주.
	10월	「작은 여인*Eine kleine Frau*」, 가을에 「굴*Der Bau*」 집필.

■ 1924년	3월	프라하로 감.
	6월 3일	마흔한 번째 생일을 앞두고 사망.
	6월 11일	여름에 네 개의 단편을 모은 단편집 『단식 광대』 출판.
		프라하 유대인 묘지에 묻힘. 자신의 일기와 편지들을 포함해 모든 유고를 소각해줄 것을 막스 브로트에게 유언함.